编写人员

主　编： 赵卫宽　　董浩晴

副主编： 姜晨雪　　明　秀　　郑雅芳

撰稿人： （以撰写内容先后为序）

董浩晴　　姜晨雪　　赵卫宽　　明　秀

郑雅芳　　李复蓉　　韩文伟

新时代司法职业教育"双高"建设精品教材

犯罪学基本理论

赵卫宽　董浩晴 ◎ 主编

华中科技大学出版社
http://press.hust.edu.cn
中国·武汉

内容提要

本教材将人为什么犯罪、如何预防犯罪的问题，分解为犯罪学基本理论的三大模块展开阐述。一是围绕人为什么"敢"犯罪及如何使人不敢犯罪，结合犯罪古典学派观点，阐述犯罪的主观意志理论。二是围绕人为什么"想"犯罪及如何使人不想犯罪，结合犯罪实证学派理论，阐述犯罪的个体生理理论、个体心理理论、社会宏观理论和社会微观理论。三是围绕人为什么"能"犯罪及如何使人不能犯罪，结合犯罪现代古典学派理论，阐述犯罪的情景条件理论。另外，专门阐述了犯罪的多元整合理论。同时本教材运用马克思主义犯罪学思想，对相关理论进行了批判和总结。

图书在版编目（CIP）数据

犯罪学基本理论 / 赵卫宽，董浩晴主编. -- 武汉 : 华中科技大学出版社，2025.6. --（新时代司法职业教育"双高"建设精品教材）. -- ISBN 978-7-5772-1790-1

Ⅰ. D917

中国国家版本馆 CIP 数据核字第 2025AL2557 号

犯罪学基本理论   赵卫宽   董浩晴   主编

Fanzuixue Jiben Lilun

策划编辑：张馨芳

责任编辑：殷　茵

封面设计：孙雅丽

版式设计：赵慧萍

责任校对：张汇娟

责任监印：曾　婷

出版发行：华中科技大学出版社（中国·武汉）　　　电话：（027）81321913
　　　　　武汉市东湖新技术开发区华工科技园　　　邮编：430223

录　　排：华中科技大学出版社美编室

印　　刷：武汉科源印刷设计有限公司

开　　本：787mm×1092mm　1/16

印　　张：13.75　　插页：2

字　　数：314 千字

版　　次：2025 年 6 月第 1 版第 1 次印刷

定　　价：59.80 元

前　言

　　犯罪学基本理论课程是司法职业教育类"刑事执行专业"的基础课程。《犯罪学基本理论》教材编写遵循现代司法职业教育规律，坚持以学生为中心、能力为本位，以司法职业岗位标准为依据，按照"校局联盟"的办学模式和"警学结合，教学练战"的人才培养模式要求，以刑事执行专业群综合职业能力培养为目标，基于行动导向教学模式和教学做一体化课程开发的要求，采用项目化设计方法，以任务驱动为主线设置学习单元，每个单元精心选择适当的任务情境，将课程知识目标、能力目标、素养目标融入项目任务中。

　　本教材的知识技能体系，共分为8个学习单元。

　　学习单元一为导论部分，简要介绍犯罪及其构成要素、犯罪现象和犯罪状况、犯罪原因和犯罪条件、犯罪治理和犯罪预防、犯罪学及其基本理论等课程基础知识。

　　学习单元二至学习单元七为主要犯罪学派理论部分。相应地，将人为什么犯罪、如何预防犯罪的问题，分解为犯罪学基本理论的三大模块，每个模块又分为若干子模块项目。具体为：

　　一是围绕人为什么"敢"犯罪及如何使人不敢犯罪的犯罪古典学派理论模块，设立"犯罪的主观意志理论"1个学习单元。

　　二是围绕人为什么"想"犯罪及如何使人不想犯罪的犯罪实证学派理论模块，设立"犯罪的个体生理理论""犯罪的个体心理理论""犯罪的社会宏观理论""犯罪的社会微观理论"4个学习单元。

　　三是围绕人为什么"能"犯罪及如何使人不能犯罪的犯罪现代古典学派理论模块，设立"犯罪的情景条件理论"1个学习单元。

　　学习单元八为犯罪的多元整合理论部分。

　　本教材总的特色是打破传统教材的学科知识体系，构建新形态教材的任务项目知识技能体系。以职业能力为依据确定课程内容，以项目任务为载体设计教学活动，以认知过程为基础安排学习顺序，以岗位要求为标准评价学习效果。具体特色为：

　　一是坚持正确的政治方向和价值导向。坚持以习近平新时代中国特色社会主义

I

思想为指导，全面贯彻党的二十大精神，深入贯彻习近平法治思想，坚决落实习近平总书记对监狱工作的重要指示。融入课程思政，立德树人，弘扬精益求精的专业精神、职业精神、工匠精神和劳模精神。

二是贯穿以任务驱动、以行动导向的教学模式方法。反映刑事执行专业群主要岗位群及典型工作任务的职业能力要求，教材体系体现一体化课程，学习内容紧扣工作情境任务，学习主线围绕完成任务过程，学习方式强调以学生为主体。注重以真实工作项目、典型实际案例等为载体组织教学内容，适应项目学习、案例学习、模块化学习等不同学习方式要求。

三是教材体例科学编排，图文并茂，生动活泼，形式新颖。遵循学生认知规律，循序渐进，教学做有机融合、一体呈现。

本教材适用于司法行政系统所属院校司法行政警察类专业、高职高专公安司法类相关专业使用，同时还适用于监狱在职民警业务培训使用。

本教材由赵卫宽、董浩晴担任主编，姜晨雪、明秀、郑雅芳担任副主编。全书由主编拟纲，集体定纲，分头撰稿，集中统稿，最后由主编统一修改定稿。

撰稿人分别是：

董浩晴：前言；

姜晨雪：学习单元一，学习单元六；

赵卫宽：学习单元二，学习单元八；

明　秀：学习单元三；

郑雅芳：学习单元四；

李复蓉：学习单元五；

韩文伟：学习单元七。

本书参考、借鉴了犯罪学方面的有关教材、著作、论文和网络信息资源，并引用了一些相关的文字、图片等资料，恕不一一注明，谨向原作者表示衷心的谢意！作为武汉警官职业学院的立项教材，本书在成书过程中得到了学校和相关系部处室的大力支持与帮助，在此一并致谢。

书中难免有不妥之处，敬请读者批评指正。

《犯罪学基本理论》编写组

2024 年 5 月 31 日

目　录

导论

💡 知识导航

一、学习任务目标

◆ 知识目标

了解犯罪的概念和犯罪行为、犯罪现象和犯罪状况、犯罪原因和犯罪条件、犯罪治理和犯罪预防、犯罪学及其基本理论。

◆ 能力目标

初步运用犯罪学理论解释犯罪行为、犯罪现象、犯罪状况、犯罪原因、犯罪治理和犯罪预防。

◆ 素养目标

培养科学精神和精细严谨的态度，理性客观地看待人类社会的犯罪现象；增强制度自信，彰显中国特色社会主义制度优势；加强法治道德修养，敬业奉献，促进使命担当；坚持与时俱进，求真务实，理论联系实际；强化系统思维和创新思维。

二、学习内容导图

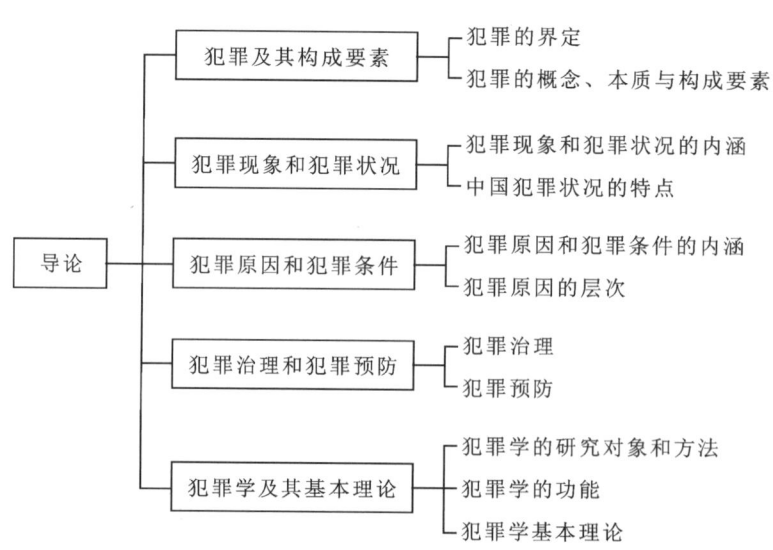

三、学习情境导入

"MM 条款"：有犯罪行为，但不予追究刑事责任

2002 年 7 月 24 日，某公司法定代表人刘某因涉嫌偷税漏税，经北京市人民检察院第二分院批准被依法逮捕。2003 年 8 月 16 日，刘某被取保候审。到了最后的庭审阶段，刘某没有列在被告人名单当中。北京市朝阳区人民法院对某公司偷税案作出一审判决，以偷税罪判处某公司罚金人民币 710 万元。

2018 年 6 月初，群众举报范某某"阴阳合同"涉税问题，范某某在电影拍摄过程中实际取得片酬 3000 万元，其中 1000 万元已经申报纳税，其余 2000 万元以拆分合同方式偷逃个人所得税 618 万元，少缴营业税及附加 112 万元，合计 730 万元。此外，还查出范某某及其担任法定代表人的企业少缴税款 2.48 亿元，其中偷逃税款 1.34 亿元。税务机关下达追缴通知后，范某某在规定期限内缴纳了偷税的税款、滞纳金、罚款，依法不予追究刑事责任。

同样是偷逃税，为何对范某某和刘某的处理方式不同？有人说是因为"MM 条款"，试加以说明。

💡 项目学习

学习项目 1　犯罪及其构成要素

什么是犯罪？为什么会犯罪？从语义上看，罪，原字为辠，犯法也。从辛从自，言辠人蹙鼻苦辛之忧。秦以辠似皇字，改为罪。罪是指作恶或犯法的行为；犯罪是指做出危害严重的、犯法的、应受处罚的事。

一、犯罪的界定

（一）不同的犯罪观有不同的犯罪界定

1. 政治角度：冲突观

站在政治的立场上，犯罪是某些政治团体为了维护自身利益而将某些低阶层者的

行为犯罪化。社会由许多利益冲突的团体组成，包括雇主、职员、专业工作者、学生及工人等。拥有足够政治和经济力量的团体将会利用刑事司法来维护自己的利益，这时刑事法被一些西方学者看成是有权和有钱者保障自己利益的一种工具，犯罪也因此成为有权和有钱者维护自己利益而将低阶层者某些行为犯罪化的一种价值观体现，而非全民共同一致的信仰或价值观。因此，较倾向于社会、经济及政治导向的犯罪理论，包括犯罪亚文化理论、紧张理论等。

2. 法律角度：共意观

犯罪是指违反刑事法律并且被社会广泛谴责的行为。从法律角度来看，犯罪的定义是违反刑事法律的行为，如果刑事法律没有明确禁止，那么这种行为就不被认为是犯罪。犯罪古典学派和大多数犯罪实证学派都持这种观点。

3. 社会角度：互动观

犯罪是指违反社会规范并被加上坏的标签的偏差行为。互动观认为，犯罪和法律是独立于绝对道德准则的。犯罪的定义反映了社会上掌权的意识形态，并以其独特的影响力，将这种定义强加于其他人。犯罪人因违反社会规范，被社会选择并标记为行为偏差。持互动观的人们认为犯罪是一种"社会建构"，并没有本质上的犯罪现象。

4. 历史角度：发展观

18 世纪以前，被视为犯罪的行为并不一定被作为犯罪处理，而是由宗教规范进行管理。因此，当时并不存在犯罪的概念。因此，过去定为犯罪的，现在可能除罪了；过去不认为是犯罪的，现在却归入犯罪范畴。

（二）偏差行为、异常行为、问题行为与犯罪行为的关系

1. 偏差行为与犯罪行为

偏差行为也称为越轨行为，是指背离、违反社会规范的行为，而犯罪行为通常更倾向于依据刑法的定义。偏差行为未必是犯罪行为，但犯罪行为通常属于某种类型的偏差行为。例如，酒后驾车可能被视为一种偏差行为，但也可能是犯罪行为。如图 1-1 所示，美国学者曾提出所谓偏差行为的漏斗效应：① 感到不对劲或奇特。这个范围是最广泛的，只要会使一般人感到奇怪就属于此类，例如奇装异服。② 感到厌恶。某种行为让人感到不喜欢就属于此类，例如很多人对抽烟者的行为会感到厌恶。③ 违反社会规范或价值。这里的规范非常广泛，包括宗教、风俗、习惯、道德、伦理等。④ 违反法律规范。即某种行为违反法律规定。⑤ 违反刑法规范。违反刑法的行为是最严重的违规行为。⑥ 绝对邪恶。即自然犯的概念，对此类行为的处罚不会因时空而有所不同。

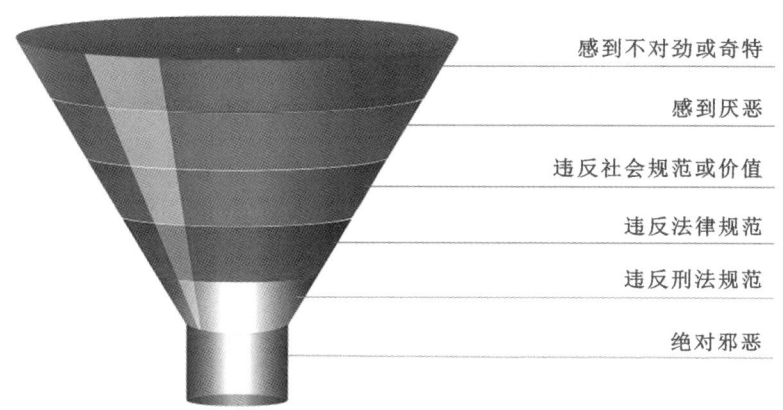

图 1-1　偏差行为的漏斗效应

感到不对劲或奇特
感到厌恶
违反社会规范或价值
违反法律规范
违反刑法规范
绝对邪恶

2. 异常行为与犯罪行为

异常行为是指那些偏离了社会公认的正常行为准则、规范或统计常模的行为。行为是否异常，可能来自以下几个基准。

（1）从统计的角度来看。以大多数人的行为为标准，如果某个人的行为偏离了这个标准，且这种偏离达到一定程度，那么这个人的行为就可能被视为异常。例如，特雷莎修女的行为曾被当时的人们视为异常。

（2）从心理学或精神医学的角度来看。随着现代心理学和精神医学的发展，已经对许多所谓的异常行为进行了科学研究，并归纳出这些异常行为的心理和生理因素。这为异常行为的判断提供了参考。

（3）异常行为与犯罪行为的关联。因智力低下所伴随的适应缺陷（如沟通、社交、生活自理等困难）造成的异常行为，与犯罪低相关；但由犯罪人格和变态人格等引起的异常行为则与犯罪高度相关。

3. 问题行为与犯罪行为

问题行为是指偏离社会正常要求或个人正常发展，引起麻烦，不利于自己与别人的行为，特别是儿童偏离正常标准并需要矫正的行为。这些问题行为大致可以分为两类。

（1）攻击型。表现为活动过度、粗暴、不守纪律、破坏公物、欺骗和偷窃等。

（2）退缩型。表现为羞怯胆小、神经过敏、过度焦虑、对人冷漠、自卑和孤僻等。低自我控制理论指出，低自我控制者不仅犯罪和偏差行为的可能性较高，其他类似的各种意外事故也较高。

犯罪行为和意外事故行为及各种问题行为的关联现象被称为问题行为症候群。低自我控制理论认为，所有的偏差行为或问题行为可能都是由相同的根源导致的，自我控制能力越低的人，问题行为的发生率就越高。

讨论交流

飙车、吸毒、打架、盗窃、伤害等行为的产生有什么相同的原因?

人类行为往往是追求短暂立即的快乐所引发的。意外事故、犯罪及偏差行为的共同特征,是一种追求短时快乐,不注意或不太考虑行为的长期后果,从而发生危险活动的形态。而且兴奋、危险或刺激的活动更为快乐,例如急速驾驶比慢慢开车更令人有立即的愉快。

二、犯罪的概念、本质与构成要素

(一) 犯罪的概念

由于社会生活的复杂性,犯罪的概念必然是多元的。可以有道德上的犯罪(如"贪污和浪费是极大的犯罪")、宗教上的犯罪(如"对天和神的造反就是犯罪")、社会上的犯罪(如"犯罪是正常的社会现象")、法律上的犯罪(如"犯罪是对刑法的违反")等等,其实,这些行为都是较为严重的社会越轨行为。其中,法律对犯罪的评价影响最大。中国犯罪学学会第 3、4 届会长王牧教授认为,刑法学作为探讨法律规定的法学,犯罪学作为探讨社会现象规律的社会科学,两者所研究的犯罪,从概念到研究的目的和方法,完全是不同的。[1] 中国犯罪学学会第 1、2 届会长康树华教授,从广义视角将犯罪界定为具有危害社会性、为法律所禁止且应当予以惩罚及矫治的行为。这一定义不仅涵盖刑法规定的犯罪行为,还扩展至严重危害社会但未被刑法完全涵盖的其他行为,体现了犯罪学对社会犯罪现象的全面研究。[2]

总而言之,作为社会科学的犯罪学,对犯罪行为的定义相当广泛,不仅包括刑法所禁止的行为,还包括其他法律、法规所规定的违法行为以及一切严重的不良偏差行为。违法行为和不良行为严重到一定程度,可能会纳入刑法作为犯罪行为来规制;犯罪行为也可能因为社会形势变化而剔除出刑法,作为一般违法行为和不良行为对待。

知识拓展

犯罪化与非犯罪化

犯罪化是指将不是犯罪的行为在法律上作为犯罪,使其成为刑事制裁的对象。非犯罪化是指将迄今为止作为犯罪加以处罚的行为不作为犯罪,停止

---

[1] 王牧:《犯罪学与刑法学的科际界限》,《中国法学》2004 年第 1 期。

[2] 康树华:《犯罪学通论》(第 2 版),北京大学出版社 1996 年版,第 45-47 页。

对其处罚。犯罪化与非犯罪化总是以行为是否侵害或者威胁法益、侵害与威胁的程度、处罚的必要性等因素为根据的。犯罪化与非犯罪化包括立法上的与司法上的。通常意义上的犯罪化与非犯罪化，是刑事立法上的犯罪化与非犯罪化，基本上等同于刑法的增删、修改；事实上存在司法上的犯罪化与非犯罪化，即成文刑法没有变化，但刑事司法实行犯罪化与非犯罪化。

犯罪化意味着刑事法网的扩张。随着社会经济技术的发展，出现了一些新型犯罪需要予以犯罪化；而随着社会生活的演进、人权内容的扩张，也出现了许多新型权利，需要将侵犯这些新型权利的行为予以犯罪化。经济、安全、网络、环境等违法行为的犯罪化问题是中国刑法未来要加以规制的重心。如酒驾入刑，2011 年 5 月 1 日以后醉酒驾车的，由人民法院依照《刑法》第 133 条之二的规定，对驾驶人判处 1 个月以上 6 个月以下拘役，并处罚金。

非犯罪化主要是针对传统的犯罪类型。人类的道德胸怀将日益宽广，社会的进步与发达也会使得昔日某些罪恶行为如今似乎没有那么"罪恶感"了。20 世纪中叶以来，英国、德国、瑞典、美国等许多国家取消了一些诸如堕胎、同性恋、通奸等传统被视为犯罪的罪名。我国《刑法》第 13 条的但书、赦免、追诉时效等都是非犯罪化规定，曾经的流氓罪、投机倒把罪等也都成了历史。

（二）犯罪的本质

马克思、恩格斯在《德意志意识形态》中关于犯罪的论述揭示了犯罪的本质，提出犯罪是阶级社会的特有产物，其实质是"反对统治关系"。[①]

犯罪的本质体现在以下三个基本方面：

（1）犯罪是阶级社会特有的现象。

（2）犯罪是危害统治阶级利益的行为。

（3）犯罪是统治阶级根据自己的统治需要规定的。

讨论交流

犯罪是同人类社会同时出现的吗？会不会消亡？

原始社会没有阶级，没有法律，因而没有犯罪。到原始社会末期，随着生产力的发展，人类社会出现了私有制，出现了阶级对立和统治阶级以国家意志表现的法律，犯罪现象从此出现。犯罪本质上是对统治阶级利益的侵害。统治阶级把严重危害其利益的行为以法律的形式规定为犯罪。

---

① 《马克思恩格斯全集》（第 3 卷），人民出版社 1960 年版，第 379 页。

（三）犯罪的构成要素

犯罪的构成要素指的是犯罪行为形成过程中必不可少的因素或条件，主要包括四个方面：犯罪人、被害人、犯罪情景和犯罪行为。

1. 犯罪人

指犯罪的实施者，是犯罪的主体，处于整个犯罪过程的核心地位。没有犯罪人，犯罪行为就不可能发生。除了自然人外，犯罪人还包括单位。

2. 被害人

指犯罪行为的直接受害对象，是合法权益或正当活动受到犯罪行为侵害的自然人、法人或国家。犯罪人与被害人之间存在相互依存、相互制约的关系。

3. 犯罪情景

指犯罪人实施犯罪行为时的环境和状况，包括一定的时间、空间、目标、保护力量等情景条件因素。它是犯罪构成中必不可少的自然元素。例如，没有作案的时间和空间，犯罪很难实施。

4. 犯罪行为

指犯罪过程中表现出来的犯罪事实。

以上四个构成要素共同存在并相互影响、相互制约。犯罪学的研究以这些构成要素为基础展开。犯罪古典学派主要研究犯罪行为，犯罪实证学派转向研究犯罪人，新古典学派重点研究犯罪情景条件，而被害者学则研究犯罪的被害人目标。

学习项目 2　犯罪现象和犯罪状况

一、犯罪现象和犯罪状况的内涵

（一）犯罪现象

犯罪现象指的是一定时期内在特定国家或地区中发生的所有犯罪行为的总和。它是一种社会历史现象，是犯罪学研究的基础和出发点。犯罪现象具有社会性、法律性、历史性、文化性、客观性和相对性等特征。

研究犯罪首先是通过对犯罪现象的认识和分析，总结出犯罪的规律，探索出犯罪的原因，然后再根据犯罪的原因和规律，制定出犯罪对策。

研究犯罪现象，就是要揭示犯罪的实质，考察犯罪的状况、结构等表现情况。

（二）犯罪状况

犯罪状况指的是特定时空内犯罪的结构和分布情况。犯罪状况反映了社会治安状况或犯罪的严重程度。

犯罪状况的指标体系主要包括以下三种犯罪结构。

1. 犯罪数量结构

犯罪数量结构情况可以用犯罪数量和犯罪率两方面的指标来描述。

（1）犯罪数量。指在一定地区和一定时间内（通常为一年）的犯罪总量，可以用犯罪人数和犯罪案件数来表示。以犯罪人数为标准，即一定时空范围内犯罪人数的总和；以犯罪案件数为标准，即一定时空范围内的全部案件数。

（2）犯罪率。指在一定地区和一定时间内犯罪数量与同期总人口数的比值，通常以万分比计算。它反映了犯罪的严重程度，是表现犯罪状况最重要的指标。

2. 犯罪人结构

犯罪人结构情况可以用生理属性和社会属性两方面的指标来描述。对犯罪人状况进行细分研究，可以了解不同犯罪人群的犯罪状况。

（1）生理属性。主要包括犯罪人的性别、年龄、种族等。

（2）社会属性。主要包括犯罪人的文化程度、职业状况、婚姻状况等。

3. 犯罪类型结构

犯罪类型结构是指不同犯罪类型的比例关系，反映出犯罪现象的质的规定性。犯罪案件可以按照犯罪案件的性质、行为手段等进行分类，反映一定时空范围内的犯罪类型等情况。其主要特点是具有层次性，从不同方面反映出犯罪现象的质的规定性。

（1）根据犯罪主体不同，将犯罪分为自然人犯罪和单位犯罪。自然人犯罪又可以分为青少年犯罪、女性犯罪、老年人犯罪等。

（2）根据犯罪有无组织形式，将犯罪分为有组织犯罪和无组织犯罪。

（3）根据犯罪的侵犯客体及行为特征不同，将犯罪分为经济犯罪、性犯罪、毒品犯罪、暴力犯罪等。

（4）根据犯罪违反的规范性质不同，将犯罪分为自然犯罪和行政犯罪。

（三）犯罪动态分析

对犯罪现象的研究可以从静态和动态两个角度进行。静态研究可以揭示犯罪的结构和性质特点，而动态研究则可以揭示犯罪现象的变化规律。犯罪动态指的是犯罪现象在未来某一时期内的变化趋势，包括犯罪状况和结构等方面。其具体表现为各种统计数据，如一定时期内的犯罪案件数、犯罪人数、被害人数、财产损失数额、各类型犯罪的增长或降低的数据、犯罪率的升降等。

1. 犯罪动态的影响因素

影响犯罪动态的主要因素包括社会因素和法律因素两类。社会因素是犯罪的原因和条件，如社会环境、经济状况、文化背景等。例如，当一个国家或地区进入老龄化社会时，青少年犯罪在居民中所占比例会趋于下降，老年人犯罪往往会成为备受关注的社会性问题。法律因素包括刑事立法和司法的变化，如法律制度的调整、打击犯罪的政策等。

2. 犯罪动态的分析

犯罪动态分析通常是通过统计指数的数值来研究犯罪现象的形成和发展趋势。例如，将某种犯罪现象的统计指数按照时间顺序排列形成数列，可以研究犯罪现象形成高峰期的规律，以及犯罪现象的发展变化趋势。

（1）犯罪高峰期。主要有两种情况。一是一定时期内犯罪绝对数量最高的一段时间，这往往与长期积累的各种矛盾相互作用，也同当时社会的政治、经济等状态密切相关。二是犯罪出现最多的年龄段。例如，当人的心理与生理发育不平衡、心理发育与社会化不平衡时，就容易发生犯罪。当前中国犯罪年龄高峰期是 14～25 岁。

（2）犯罪趋势。这是指一段时间内较为典型的稳定的犯罪发展动向。包括犯罪绝对量的增减、犯罪主体结构变化、犯罪行为结构变化、某些类型犯罪的增减等。掌握了犯罪现象的本质特征及发展变化规律，能够预测和把握犯罪的趋势，可以从影响犯罪动态的社会因素和法律因素中测定犯罪趋势。

二、中国犯罪状况的特点

（一）犯罪数量升中有降

1949—1999 年，犯罪数量呈现出波浪形低位平缓浮动的特点。在前 30 年（1949—1979 年）期间，刑事案件发案数量基本保持在每年 50 万起以下。在后 20 年（1979—1999 年）期间，刑事案件发案数量则基本在每年 50 万～100 万起以下。在这一时期内，共出现了 5 次犯罪高峰，基本每 10 年一次。[1]

改革开放以后，犯罪数量呈现出台阶形上升的特点。1979—1988 年，基本在每年 50 万～100 万间浮动；1989—1999 年，基本在 100 万～200 万间浮动；2000—2008 年，基本在 400 万～500 万间浮动；2009—2016 年，基本在 600 万～700 万间

① 康树华：《新中国成立以来的犯罪发展变化及其理性思考》，《中国刑事法杂志》1998 年第 3 期。

浮动，其中 2015 年形成犯罪高峰；2016 年来，立案总量连续下降，不到 500 万。总体来看，随着社会转型的深入推进，犯罪数量呈现出明显的上升趋势，并经历了六个台阶的变化。同时，立案总量自 2016 年开始出现下降趋势，这意味着社会治安状况明显改善。

（二）犯罪结构日益复杂

（1）传统犯罪数量减少、占比降低，犯罪特点更趋复杂。杀人、抢劫、爆炸等严重暴力犯罪在数量上和占犯罪总数比例上分别呈减少和下降趋势。盗窃、抢劫等传统犯罪持续减少，但占比仍较大，诈骗犯罪持续增加。"黄赌毒"等丑恶现象屡禁不止。常态化扫黑除恶背景下黑恶势力犯罪大幅减少，但向网络领域延伸。食品、药品和环境领域犯罪更趋复杂，但总体风险可控。

（2）新型犯罪不断出现，网络犯罪持续增长。以互联网为手段、对象和空间的网络犯罪持续增加，电信网络诈骗犯罪、帮助信息网络犯罪活动罪居多。金融犯罪、涉税犯罪、侵犯知识产权犯罪、经济犯罪增加且网络化趋势明显。犯罪行为方式从传统的复制使用、制假售假向利用深度链接、视频解析、网络爬虫、直播带货等网络技术工具、平台延伸，网络化趋势突出。

（3）针对老年人和未成年人的犯罪备受关注。针对老年人的电信网络类诈骗、投资类诈骗、保健品类诈骗、民族资产解冻类诈骗、医疗保健类诈骗、集资类养老诈骗、情感婚恋类诈骗、以房养老类诈骗等违法犯罪活动突出。侵害未成年人的犯罪总体呈上升趋势，强奸、猥亵、寻衅滋事、抢劫、交通肇事、盗窃等是未成年人被害的主要犯罪类型，直播打赏、网络游戏、网络购物等是未成年人被害的主要欺诈形式。

（4）危害国家安全的犯罪虽然数量相对较少，但其内容和形式以及危害后果却不容忽视。严重暴力犯罪、涉枪涉爆犯罪和涉黑涉恶犯罪等严重危害国家安全的案件数量稳步下降。严厉打击暴恐分子，暴恐犯罪得到有效控制。对"台独"顽固分子分裂国家犯罪强化打击，形成有力震慑。危害国家安全的犯罪形势呈现出复杂多变的特点，需要全社会共同努力，加强防范。

💡 思政园地

习近平：国家安全是民族复兴的根基

2014 年 2 月 27 日，习近平总书记主持召开中央网络安全和信息化领导小组第一次会议，他强调，"没有网络安全就没有国家安全"。

2014 年 4 月 25 日，习近平总书记在十八届中央政治局第十四次集体学习时指出："各地区各部门要贯彻总体国家安全观，准确把握我国国家安全形势变化新特点新趋势，坚持既重视外部安全又重视内部安全、既重视国土安全又重视国民安全、既重视传统安全又重视非传统安全、既重视发展问题又重视安全问题、既重视自身安全又重视共同安全，切实做好国家安全各项工作。"

2015年5月19日，习近平总书记会见全国国家安全机关总结表彰大会代表时强调："要高度重视加强国家安全工作，把思想和行动统一到党中央对国家安全工作的决策部署上来，依法防范、制止、打击危害我国家安全和利益的违法犯罪活动。"

2018年4月17日，习近平总书记在十九届中央国家安全委员会第一次会议上的讲话指出，"坚持人民安全、政治安全、国家利益至上的有机统一，人民安全是国家安全的宗旨，政治安全是国家安全的根本，国家利益至上是国家安全的准则，实现人民安居乐业、党的长期执政、国家长治久安；坚持立足于防，又有效处置风险"。

2020年10月23日，习近平总书记在纪念中国人民志愿军抗美援朝出国作战七十周年大会上的讲话强调："中国永远不称霸、不扩张，坚决反对霸权主义和强权政治。我们决不会坐视国家主权、安全、发展利益受损，决不会允许任何人任何势力侵犯和分裂祖国的神圣领土。一旦发生这样的严重情况，中国人民必将予以迎头痛击！"

2022年10月16日，习近平总书记在中国共产党第二十次全国代表大会上作报告强调："增强维护国家安全能力。坚定维护国家政权安全、制度安全、意识形态安全"，"确保粮食、能源资源、重要产业链供应链安全"，"维护我国公民、法人在海外合法权益"，"筑牢国家安全人民防线"。

（三）犯罪区域持续扩展

（1）犯罪的活动范围不断扩大，水上、空中等领域的犯罪数量增加，国际型犯罪也日益增多。犯罪传播速度提高，犯罪类型和手段的地区性差异逐渐缩小。

（2）犯罪地域分布向东南方向倾斜。20世纪80年代以来，沿海地区的犯罪数量增长幅度最大。

（3）境外犯罪时有发生，我国境外机构、企业、人员和项目也面临着武装分裂组织、恐怖组织的暴力犯罪袭击风险。

（四）犯罪主体日益多元

（1）由单一自然人变为单位犯罪与自然人犯罪并存。

（2）从年龄来看，青少年犯罪已占全部刑事犯罪的大部分。犯罪主要类型为盗窃、聚众斗殴、寻衅滋事、抢劫、强奸和故意伤害等。

（3）从职业来看，农民犯罪占全部刑事犯罪的大部分。职务犯罪影响恶劣。

（4）从性别来看，女性犯罪有一定增长，约占全部刑事犯罪的10%。

（5）从组织形式上看，组织犯罪的比重越来越大。

（五）犯罪手段愈发狡诈

这一时期的犯罪行为在数量增加的同时，性质也日益恶劣，手段越来越狡猾凶残。

犯罪分子也变得越来越狡猾奸诈。相当一部分犯罪分子高度重视将现代科技与谋略应用于犯罪，使得犯罪形式向组织化、智能化、国际化方向发展。

学习项目 3　犯罪原因和犯罪条件

一、犯罪原因和犯罪条件的内涵

（一）犯罪原因

引起犯罪的因素，从性质上来看，一部分属于直接引发犯罪的因素，我们称之为"原因"。犯罪原因是引起犯罪发生的各种因素相互作用而形成的一个系统。

犯罪原因的存在为犯罪人提供犯罪动机，如有的人因为贫穷而实施盗窃，有的人因心理扭曲而实施杀人。

（二）犯罪条件

引起犯罪的因素，从性质上来看，还有一部分属于犯罪发生借以利用的因素，我们称之为"条件"和"相关因素"。

犯罪条件为犯罪的发生制造机会。犯罪条件不会直接引发犯罪，而是在犯罪原因出现后才会被激发。

（三）犯罪因素聚合

犯罪学主要研究犯罪原因和犯罪条件，从而分析犯罪动机（潜在犯罪人形成动因）和犯罪机会（真实犯罪行为形成情景）。

犯罪的发生是犯罪原因和犯罪条件因素聚合的结果，可以归纳为：有动机的犯罪人加上犯罪机会，生成犯罪。

二、犯罪原因的层次

在引起犯罪的因素体系中，各因素所起的作用是不同的。有的因素对犯罪的产生、变化起决定性作用，而有的因素所起的仅是促进作用。前者是犯罪原因，后者则是犯罪条件。

罪因系统内部由犯罪根源、犯罪原因、犯罪条件、犯罪的相关因素以及个体犯罪人的个性特征等要素所构成。可以分为三个层次。

（1）第一层次：根源或本源是犯罪的根本原因，即最深层的原因，制约着犯罪原因、犯罪条件和相关因素，最终制约着犯罪的产生和消亡。

（2）第二层次：犯罪具体原因是引起犯罪行为的直接动因，对犯罪行为的产生起着直接和决定性的作用。

（3）第三层次：犯罪条件是犯罪现象和犯罪行为出现的客观因素，是罪因与结果的中介，如时间、空间、气候、人、对象、工具、物品等。

学习项目 4　犯罪治理和犯罪预防

犯罪的一个重要原因是环境因素，例如政治混乱、失业、贫困、教育缺乏等。因此，消除犯罪的最佳方法不是通过刑事手段，更不应依赖重典威吓，而是要从根本上消除导致犯罪的社会因素。犯罪对策主要关注如何有效地应对犯罪。这些应对手段不仅包括刑事手段，也包括其他社会政策。由于刑罚的严厉性，刑事手段应该作为最后的手段。最好的犯罪对策不仅仅是只采用刑事手段，而是结合其他社会政策，对犯罪进行科学治理。

犯罪治理是指社会各界（包括政府、社会组织、社区和个人等）通过多种手段和措施，预防犯罪行为的发生、控制犯罪的规模和频率、减少犯罪造成的危害，从而维护社会秩序和公共安全的活动。犯罪治理通过运用国家和社会的力量，采取多种方式来解决犯罪问题。犯罪治理的主要策略是犯罪预防与控制。

一、犯罪治理

（一）犯罪治理体系

1. 刑事司法系统

刑事司法系统的运作流程主要为：犯罪行为发生后，侦查机关根据发案信息启动侦查程序，锁定犯罪嫌疑人；侦查终结后，将案件移送检察机关，检察机关对符合起诉条件的向法院提起公诉；法院受理公诉案件后，依法开庭审判，对有罪判决确定刑罚；对于被判处刑罚的罪犯，根据刑罚类型在监狱、社区矫正机构等不同场所执行。

2. 社区预防

犯罪社区预防是指以社区为基础，通过整合社区内的各种资源，包括人力、物力和社会关系等，采取一系列综合性的措施来预防犯罪行为在社区内发生。它强调社区居民的积极参与，旨在从源头上减少犯罪的诱因，营造一个安全、和谐的社区环境。

可以通过大规模的社区改造计划以改善社会环境，也可以采取小范围的社区预防措施，例如组织守望相助队以及加强警民之间的合作。

3. 家庭、学校教育体系

这可能是防止少年犯最重要的一环。少年犯往往来自破碎的家庭，学业成绩不佳，甚至被学校放弃教育。根据赫希的社会控制理论，青少年对家庭或学校的依附越强烈，或者参与的正常活动越多，或者对社会的贡献越积极，他们就越能遵守社会规范，没有时间去参与不良行为，就越能防止犯罪的发生。

4. 大众传播

有些犯罪行为是通过与媒体的互动逐渐形成的。随着媒体的快速发展，媒体中的暴力、色情内容是促使潜在犯罪人采取行动的重要因素之一。在互联网时代，人们从媒体中获取大量知识，这种依赖媒体的做法可能导致他们沉迷于网络世界，与家庭和社会产生疏离感，进而引发紧张和焦虑情绪，最终走向偏差。成长中的儿童更容易接触到暴力、色情等成人内容，导致他们的人格发展受到扭曲，沉迷于网络游戏可能会导致盗窃等更进一步的犯罪行为。

（二）中国特色犯罪治理模式

将社会犯罪治理作为社会治理和国家治理的一部分，在保持社会发展和安全稳定的同时，形成了中国特色犯罪治理模式，即以社会安全为导向，采取综合治理和系统治理的手段，依靠新兴科技赋能，以专项治理和源头治理为手段，以依法治理为保障，以提升人民群众的获得感、幸福感和安全感为目标。这种模式融合了科技现代化和社会现代化，实现了犯罪治理趋势从打击控制和刑罚依赖向社会共建共享共治和安全风险防范的转变。将风险防范、社会防卫、安全防护的预防与治理理念贯穿于整个立法、司法、行政执法和社会管理的全过程。

1. 党委领导

党委在犯罪治理工作中发挥着领导核心作用。各级党委通过制定政策来引领犯罪治理的方向，包括对社会治安综合治理的整体规划，如加强社会治安防控体系建设等政策，推动从源头上预防和减少犯罪。同时，党委能够统筹协调资源，整合信息资源、人力物力资源，有效统筹政府各部门、社会组织等多方资源用于犯罪治理。

2. 政府负责

政府部门通过不断完善法律法规，为犯罪治理提供坚实的法律依据。行政执法部门在日常工作中加强对可能引发犯罪行为的监管。同时，政府加强社会治安综合治理，大力推进社会治安防控体系建设，对刑满释放人员、社区矫正对象等特殊人群提供就业培训、心理辅导等服务，帮助他们重新融入社会，降低再犯罪率。

3. 社会协同

其一，推进社会组织参与、公益组织积极参与犯罪治理工作，行业协会规范行业行为、预防行业犯罪。其二，加强社区治理力量整合，通过组织居民治安巡逻队、邻里守望等，增强社区的安全防范能力。其三，通过整合辖区内的单位、志愿者团队等资源，形成多元共治的局面。例如，社区联合辖区内的学校开展法制教育进社区活动，联合企业为社区安全设施建设提供资金支持。

4. 公众参与

通过开展形式多样的全民普法活动、学校法制教育，提高公众的法律意识。鼓励公众参与犯罪治理，建立多种举报渠道，强化群众监督；对提供有价值的犯罪线索的群众给予奖励，调动群众举报犯罪的积极性。

二、犯罪预防

（一）犯罪预防的目的

刑事司法部门可以通过预防犯罪来实现社会安全。预防犯罪的目的可以分为一般预防和个别预防。

1. 一般预防

一般预防或称一般威吓，是指通过惩罚犯罪人来吓阻潜在犯罪人的行为，犯罪古典学派强调刑法具有的一般威慑功能。传统上，一般预防主要强调刑罚对一般人的心理强制作用，这种强制是消极和威吓式的，认为刑罚越重，预防效果越好。然而，现代一般预防的理念更加积极，它强调刑法规范作为人们的行为规范，只有在刑罚作为后盾的情况下，才能强化人们对法律的信任和尊重。因此，现代一般预防更加注重培养人们的法律意识和守法习惯，而非仅仅依靠刑罚的威慑作用。

2. 个别预防

个别预防是指针对具体犯罪人的预防措施，例如通过教育、矫正、监督等方式改变犯罪人的思想和行为，以防止其再次犯罪。然而，再教育隐含着一个重要思考，即犯罪人不仅行为要受处罚，其思想也是需受改造的。这就会引申出犯罪人的思想到底与一般人有无不同，如果没有什么不同，只是环境因素所造成，那么这种强迫性再教育，无形中就是对服刑人的一种思想或人格的惩罚。

（二）犯罪预防的方法

在各种各样减少犯罪的方法中，比较有效的是犯罪预防，包括司法预防、社会预防与情景预防。

1. 司法预防

即通过法律的威慑作用，潜在的犯罪人意识到犯罪所要付出的代价，进而放弃犯罪。司法预防在预防犯罪中的作用应是无可替代的，但在我国目前司法人员的综合素质整体上有待提高、全面推进执法的严格性和公正性的情况下，不能期望它对于减少犯罪起决定性作用。

2. 社会预防

即通过缩小贫富差距、增加就业等缓解社会矛盾的方法来减少犯罪的发生。传统的社会预防强调的是社会的完善，其任务和目的在于创造一个有助于抑制犯罪的宏观和微观社会环境。社会预防强调了一种完美的极致状态，能从根本上预防和杜绝犯罪，但又不免失于理想而欠缺现实操作性。社会的进步与民族整体素质的提高是一项循序渐进的工程，社会的完善与公民综合素质的提高一直是我们各项工作致力追求的目标，若用追求的结果作为推进过程的工具，也有些颠倒先后、不合逻辑了。

3. 情景预防

即通过给犯罪分子制造犯罪的障碍，使其不容易达成犯罪或者增加了犯罪后被捕的概率从而减少犯罪。多数犯罪分子遇到机会时凭一时冲动而实施犯罪行为，所以可以通过加强安全防范措施来减少其危害性，达到预防犯罪的目的。情景预防素以简易、实用、有效著称：简易——该策略只需在城建规划与日常生活管理过程中进行适当注意，有极强的可操作性与明显的微观效应；实用——该策略的实施不需要投入过多专业人力与国家财政资源，符合预防犯罪的成本-效益原理；有效——公民的广泛主动参与，增强了他们的主人翁意识与责任感，使预防更为全面、有力，同时也增强了公民的社会归属感，对团结起来进行其他社会大型项目的建设不无裨益。当前，许多国家都在努力结合三种方法以达到预防犯罪的目标，而情景预防以其简便操作、高效率和低成本的特点，日益受到各国的重视。

长期以来，司法预防在我国犯罪预防中具有突出作用。从实践来看，我国司法预防手段比较健全，刑法体系十分完善。社会预防是我国犯罪预防的优势所在，中国式现代化建设的总体布局中，社会建设是条件，通过健全基本公共服务体系，加强和创新社会管理，推动和谐社会建设，可以预防和减少犯罪。进入新时代，我国强化以"易犯罪"空间整治为核心的情景预防工作，加强情景预防标准建设，建立公共空间和居民社区的空间犯罪数据库，评估并调整空间管理，积极开展社区警务和问题导向型警务，加强社会面巡防管控，取得明显成效。司法预防、社会预防和情景预防三种方法综合运用，切实提高人民群众的安全感。

学习项目 5　犯罪学及其基本理论

一、犯罪学的研究对象和方法

（一）犯罪学的概念

犯罪学是一门独立学科，形成和发展于 19 世纪 70 年代的资本主义社会。荷兰犯罪学家邦格认为，最早使用"犯罪学"这一概念的是法国人类学家和医生托皮纳德，他在 1879 年出版的《人类学》一书中首次提出了犯罪学的概念，指的是研究犯罪行为问题的科学。1885 年，意大利犯罪学家加罗法洛将他的著作命名为"犯罪学"，意味着关于犯罪人和犯罪行为的科学，与托皮纳德的犯罪学概念有所不同。从那时起，犯罪学这个概念开始被广泛使用。

从高等教育的角度来看，西方国家的犯罪学学位可以由许多教学和研究机构授予。除了专门的犯罪学系或学院外，大学中的社会学系、刑事司法、政治科学、心理学、经济学和一些自然科学系或学院也提供这种教育和学位。

在我国封建社会，关于犯罪和犯罪学的论述主要集中在治国安邦的政论性文献、著作以及成文的法典中。虽然有一些关于如何惩治犯罪的规定和注疏，但它们大多附在刑律条文之后，直到清朝末年变法改制才开始有专门的刑法学著述。20 世纪 80 年代，犯罪学作为一门独立的法律学科在我国创建。

犯罪是一种极其复杂的社会现象，因此犯罪学的概念和性质很难统一界定。根据目前我国犯罪学界的研究状况，我们给犯罪学所下的定义是：犯罪学是研究犯罪现象的产生、发展、变化规律以及犯罪原因、犯罪对策的一门综合性学科。

（二）犯罪学的研究对象

犯罪学的研究主要聚焦于三个关键领域。

1. 犯罪现象

犯罪现象研究关注的是犯罪的表现形式、犯罪类型及其发展与变化规律。这不仅包括了刑法所规定的犯罪，还把违法和不良行为也纳入研究范围。在我国，犯罪学界致力于对犯罪现象进行系统、整体和动态的研究。

2. 犯罪原因

犯罪原因研究致力于理解犯罪发生的原因和条件，包括犯罪个性形成的内在原因和外在条件，以及犯罪行为形成的各种主客观因素。特别关注的是犯罪根源、基本原因以及各种主客观因素之间的相互关系和作用。

3. 犯罪对策

犯罪对策研究是在对犯罪现象和犯罪原因进行深入研究的基础上，寻找出打击、预防和减少犯罪的各种手段、方法、措施和策略，为社会治安综合治理和根治犯罪提供理论依据。其目标在于构建一个全面、立体、高效的防御体系，以实现预防犯罪的最佳效果。

（三）犯罪学研究的方法论

1. 主观选择论

也称自由意志论、非决定论，其犯罪原因构架理论主要是犯罪古典学派的理性选择理论。以自由意志为前提的犯罪原因理论关注犯罪行为产生的主观意图，根据个体对犯罪行为所赋予的主观意义来理解犯罪行为发生的原因。行动者最终选择犯罪是行动者的理性行动所致。

主观选择论以人的理性行动为核心概念来寻求对犯罪原因的解释，虽然能很好地解释个体犯罪的主观意义，但却无法解释同样具有策略行动的个体为什么这个人犯罪，而那个人没有犯罪。事实上，不受外界影响的自由意志是不存在的，绝对的自由意志只能是一种幻想。

2. 客观决定论

以客观决定论为前提的犯罪原因理论，强调个体素质、个人环境以及社会环境与犯罪之间的因果关系。客观决定论主要从两个层面来构建犯罪原因理论框架：一是个人内环境，从个体的生理和心理异常特征来发现犯罪原因；二是外部环境，从社会环境和自然环境方面来探究犯罪原因。

犯罪实证学派以客观决定论为犯罪原因理论的基础，关注犯罪原因的因果法则，并从社会防卫的角度提出犯罪预防的社会责任论，并以此为基础构建了改善与矫治模式的预防体系。

客观决定论注重探究犯罪原因的因果规律。据此，它从个体素质与环境对人的决定性影响两个方面展开论述，这使得我们能客观地发现导致犯罪的因果法则与犯罪规律。但是，客观决定论对主体能动性的消解完全剔除了人类道德责任的基础。如果从客观决定论的一元论路径出发，完全否定个人的自由意志，那么人类和动物就没有区别了，而且个体的道德责任基础将面临瓦解，刑罚的正当性基础也会荡然无存。

3. 辩证决定论

主观选择论和客观决定论这两种方法论在解释犯罪原因时容易形成两极分化的局面。犯罪学学者要么倾向于主观选择论，即强调个体的自由意志，并否定社会环境对个体行动的影响；要么倾向于客观决定论，即强调社会环境对个体行动的决定性作用，并否定个体的自由意志。

主观选择论将犯罪归因于人类的理性行动选择，客观决定论则将犯罪归因于个体生理心理结构的异常或社会环境的决定性影响。然而，无论是主观选择论还是客观决定论，都难以解释实践中个体为何会犯罪这一问题。辩证决定论坚持辩证唯物主义原则，科学地兼容了主观选择论和客观决定论。既承认客观规律性，也承认主观能动性，既承认客观现实或环境对犯罪人行为的决定作用，同时又承认外因通过内因而起作用。

在犯罪原因构架理论中，辩证决定论遵循系统方法，整合各种犯罪学理论，强调社会的整体性，即多元的整合。社会是一个由生物、文化、经济、政治等元素组成的大体系，这些元素相互联系，不可分割。

（四）犯罪学研究的具体方法

科学的犯罪学研究应包括六个阶段，每个阶段可采用不同的研究方法。

1. 问题识别或假设提出

问题识别涉及找出、选择或确定要研究的问题或课题，这是犯罪学研究的第一步。在这个阶段，从大量的文献和实际现象中选择合适的问题作为研究课题，也可以对某种现象进行解释和探讨，或者检验别人已经提出的假设。最终，所识别出的问题会归结为某种假设，即对事物的存在或因果关系、规律性等的假定判断。

2. 研究设计

研究设计是为科学收集数据和研究问题而确定研究思路和制订研究计划的过程。为了保证研究结果的有效性和可靠性，在进行研究设计时，应注重效度问题。效度是指研究结果的真实性和有效性的程度，如果研究结果符合研究的目标，这个结果才具有效度。

3. 资料收集

选择好研究课题并做好研究设计后，开始进行资料收集工作，为最后的分析工作做准备。在犯罪学领域中，资料收集方法主要包括调查研究、个案研究、观察法、自我报告法、二次分析法、纵向研究法等。

4. 资料分析

资料分析是通过整理、计算等分析变量之间的相关关系以及推广使用研究结论的可能性的工作。在这个过程中，常常需要使用统计学的统计分析方法来汇总、分类、比较数据资料。

5. 研究成果的形成

在对收集来的研究资料进行整理和分析以后，下一步就是根据分析结论得出研究成果，从而建立起新的理论或对已有的理论进行新的验证。研究成果可以采取多种形式，如调查报告、研究报告、分析报告、建议书、预测报告、决策方案等。

6. 说明结果

犯罪学研究的最后一个步骤是说明研究结果。在这个阶段，犯罪学家要根据自己收集的资料进行整理和计算等工作，得出自己的研究结论。同时要考虑这些结论是否适用于所有同类人群或类似现象。

二、犯罪学的功能

（一）认识犯罪规律

对犯罪现象的正确认识是刑事政策调整和犯罪对策设计的基础，而认识犯罪规律是关键。犯罪现象是犯罪学的首要研究对象，目的是了解犯罪的特性和规律。通过研究犯罪现象，可以深入了解犯罪特征，探究犯罪原因，并提炼出犯罪的发生、发展和预防规律。这是研究犯罪学的基本思路和功能所在。在近代犯罪学诞生之前，人类并没有认识到犯罪规律。犯罪学的诞生使得人类与犯罪的斗争从经验转向理性。这一转变过程迄今尚未完成，对犯罪规律的探索仍需深入进行，并以具体时空的具体犯罪现象的分析为最终的落脚点。

犯罪规律分为基本规律和具体规律。基本规律是指所有犯罪都具有的本质特征和发展趋势，不受具体时空条件的限制。具体规律则是指某类犯罪在特定时空条件下所具有的特征和变化原因。关于基本规律的知识体系，其抽象程度较高，能够解释广泛的犯罪现象，但实际操作性相对较差。而具体规律的知识体系则恰恰相反，其抽象程度较低，只能解释特定类型的犯罪现象，但实际操作性较强。以犯罪原因理论为例，对于认识犯罪原因的需要来说，既需要有一种能够解释一切犯罪原因的理论（不需要考虑时空条件和犯罪类型），也需要有只能解释某些或某类犯罪原因的理论，以及只能从某一特定视角（例如生物学、心理学、社会学等）解释犯罪原因的理论。我们不能将那些只能解释某类犯罪或只能从某一方面解释犯罪的知识（如果它们不是荒诞臆测的话）斥之为伪科学或非科学。

（二）指导刑事政策

刑事政策是指国家或执政党根据犯罪态势，运用刑罚和相关措施，有效惩罚和预防犯罪的策略。不同国家在不同时期，其刑事政策的具体内容有不同的侧重点，其制定和调整依据的认识真理性程度也有所不同，因此并非所有的刑事政策都是合理有效的。刑事政策的有效性在很大程度上取决于犯罪学研究的深度。

刑事政策对刑事立法和司法具有导向作用。刑事政策的中心是科学合理地应对犯罪，具体表现在三个方面。一是确定打击范围，包括哪些行为应被视为犯罪并予以打击，哪些行为不应被视为犯罪并应从法律中删除。二是确定打击力度，即对犯罪的打击力度大小。三是设计惩治方式，虽然刑罚是惩治犯罪的一种方式，但并非唯一方式。这三个问题的决策都与对犯罪的认识有直接关系，不能简单地依据犯罪数量，更重要的是需要对犯罪态势进行研究和分析，这样的决策才能取得最好的效果。犯罪学研究为刑事政策的制定和调整提供了理论依据。

（三）促进刑法发展

近代第一部刑法典即 1810 年《法国刑法典》，便以犯罪古典学派理论为奠基。犯罪实证学派理论导致刑事政策的出现（有所谓"刑法刑事政策化"的说法），产生了与刑罚并存的保安处分制度，形成了刑罚个别化原则，相应地在刑事立法上出现了缓刑、减刑和假释等制度，在刑法适用上允许扩张解释和类推解释，在刑罚执行中产生了迄今已被各国普遍接受的囚犯累进处遇制度等。可见，犯罪学研究能够促进刑法思想发展变化，从而推动刑事立法前进。

三、犯罪学基本理论

普通犯罪学包括多个分支学科，如临床犯罪学、理论犯罪学和生物犯罪学等。在这些分支学科中，犯罪学基本理论，即理论犯罪学具有特别重要的地位。理论犯罪学侧重于对犯罪行为的理论解释和说明，是犯罪学研究的重要组成部分，也是犯罪学科学性的体现。在长期的犯罪研究中，犯罪学家们提出了许多理论和观点，这些理论和观点是犯罪学研究结果中最精华的部分，也是犯罪学发展的基础。理论犯罪学就是对这些理论和观点的整合或有机组合。

理论犯罪学的大部分内容是解释和阐述犯罪原因。这是因为，长期以来人们普遍认为，要解决犯罪问题，首先要了解犯罪原因；只有根据犯罪原因采取有针对性的措施，才能控制和减少犯罪。理论犯罪学的发展，就是按照这种思维逻辑进行犯罪学研究的合理结果。从理论犯罪学主要解释和阐述犯罪原因这种意义上讲，狭义犯罪学观点仍然是有生命力的。

💡 操作训练

本单元学习情境任务评析

轰动一时的范某某偷逃税款事件，以江苏省税务局下达《税务处理决定书》和《税务行政处罚决定书》初落帷幕。同样是偷逃税，范某某最终免除刑事责任，这很快成为公众舆论关注的焦点。

1979年《刑法》是新中国成立后的第一部刑法典。该法第121条简单地规定了偷税罪，对偷税的概念、行为方式未作任何描述性规定，并将偷税与抗税规定在一个条文内。1997年《刑法》对偷税罪进行修正，罪状方面增加了"经税务机关通知申报而拒不申报"的规定，修改了"数额＋比例"的入罪标准。

2009年2月28日，《刑法修正案（七）》出台，对1997年《刑法》第201条偷税罪作了较大的修改与补充。罪名上，"偷税罪"更改为"逃税罪"。追责方式上，增加纳税人初犯免责条款。刑法的目的不仅是让违法行为受到惩罚，更重要的是要保障合法权益不受侵害。逃税罪要保障的权益是国家的税收利益，虽然行为人有逃税的行为，但及时补上了，并且也通过缴纳滞纳金、罚款等前置行为受到了一定惩罚，国家的税收利益得到了保障，同时也达到了维护税收征管秩序的目的，在刑事责任上网开一面也是合情合理的。

根据2009年修正后的《刑法》第201条的规定，由于范某某属于首次被税务机关按偷税予以行政处罚且此前未因逃避缴纳税款受过刑事处罚，上述定性为偷税的税款、滞纳金、罚款在税务机关下达追缴通知后已在规定期限内缴纳的，依法不予追究刑事责任。这项条款当然不是为了范某某创设的，却是范某某没有被追究刑事责任的关键。有人称之为"MM条款"。

税务机关认定：范某某及公司的逃税偷税行为，是首次违背税收行政法律的违法行为，且此前未因逃避缴纳税款受过刑事处罚。在税务机关作出行政处罚决定后，如果范某某在规定期限内缴纳了税款和滞纳金，可以不负刑事责任。"MM条款"是2009年之后才有的，刘某的事发生在2002年前，自然适用不同的处理方式。

💡 思考练习

1. 什么是犯罪？
2. 犯罪的构成要素有哪些？
3. 说一说中国特色犯罪治理模式。
4. 犯罪预防的方法主要有哪些？
5. 犯罪学的研究主要聚焦于哪三个关键领域？

犯罪的主观意志理论

💡 知识导航

一、学习任务目标

◆ **知识目标**

了解人性自私、自由意志、价值功利等因素与犯罪的关系；了解贝卡利亚、费尔巴哈和边沁等人的犯罪原因理论。

◆ **能力目标**

运用犯罪古典学派理论解释犯罪原因，构建基于犯罪主观能动因素的因应对策。

◆ **素养目标**

培养批判质疑精神和求真创新的态度；强化工匠精神与精益求精的职业追求；强化比较思维和辩证思维，既有包容通达、文化互鉴，又坚守正确立场、文化自信，善于吸收借鉴犯罪研究的优秀成果；提升跨学科综合素养，整合多学科知识理解犯罪主观成因并制定预防策略。

二、学习内容导图

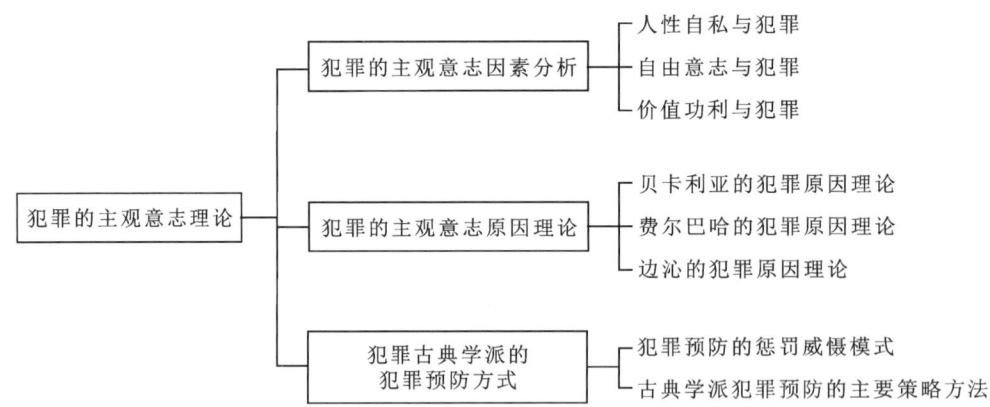

三、学习情境导入

王某病理性醉酒后的意志是自由的吗？

病理性醉酒，是指因酒精中毒导致幻觉、妄想等精神病症状，是精神病的一种。

王某知道自己饮酒后思维模糊，陷入"发飙"的状态，引发病理性醉酒，并且有过病理性醉酒后伤人的经历。但王某为了伤害姜某，故意在姜某面前饮酒引发病理性醉酒，然后杀死了姜某。

病理性醉酒的人是否有自由意志？王某杀人是自由意志支配的吗？试用犯罪的主观意志观点对导致王某杀人的因素加以分析。

☀ 项目学习

学习项目1　犯罪的主观意志因素分析

主观选择论是以自由意志为前提的犯罪原因理论，揭示出犯罪的主观能动因素。随着欧洲社会工业化、人道主义的发展，欧洲社会原来刑罚过于严厉、残忍且缺乏标准的状况有所改变，刑事处罚的理性化开始出现，不过此时尚未出现独立的犯罪学研究。霍布斯、洛克、伏尔泰、卢梭等启蒙哲学家的社会契约论是犯罪古典学派的重要哲学基础。自由意志论是犯罪古典学派解释犯罪原因的一个主要论点，认为人类是理性的、会考虑的、有自由意志的、享乐或自我利益导向的动物。自由意志论将人类的固有欲望具体化约为避苦求乐的本能，犯罪行为则是个人受这种欲望的驱动而作出的理性选择。从功利主义的角度分析，犯罪是个人自由意志与理性思考的结果，犯罪人考量犯罪与非犯罪的成本与利益，两者比较后决定采取何种手段来满足个人的欲望。

人为什么敢犯罪？主要从三个方面剖析其原因。

一、人性自私与犯罪

犯罪的主观意志理论认为，人性中包含自利的倾向，即倾向于追求个人的利益和欲望，而人性自私是犯罪的根源。霍布斯的人性恶学说认为，人的本性是自私、邪恶的，由于人们总是想自我保存和寻求快乐，所以普遍共同的倾向便是"得其一思其二、死而后已、永无休止的权势欲望"①。人性的恶是不可以改变的，所以要围绕性恶来构建一种体系，使之被控制在其中。在霍布斯看来，国家政治制度的建立是来源于自然状态中人与人之间的冲突，正是这种冲突使契约的订立成为可能，因为如果在自然状态中人人和谐的话，就没有订立契约的必要了。

自然状态中为什么会有冲突存在呢？因为人们对财富、荣誉、权势的追求，在于人们人性的贪婪，在于人天生就有很多的欲望。霍布斯认为，自然状态下，人们天性是倾向于相互争斗、相互竞争和相互猜疑的。人对人像狼对狼，是一切人反对一切人的战争状态。人性使人们相互离异、相互侵扰，以至于人们"当他外出旅行时，他会要带上武器并设法结伴而行；就寝时，他会要把门闩上；甚至就在屋子里面，也要把箱子锁上"②。所以，人性自私是犯罪的根源，任何人都有犯罪的可能。

贝卡利亚认为，犯罪是由人的本性决定的，人的本性是自私、邪恶的，犯罪就是人的邪恶本性的体现。由于人的自私和贪利的本性，就产生了犯罪以及犯罪现象。犯罪就是人的本性的表现，任何人都有可能将这种本性表现出来。

马克思曾指出，贪欲以及贪欲者之间的战争即竞争，是国民经济学家所推动的仅有的车轮。

人性的自私和恶念可以表现在战争和暴力方面，战争摧毁了无数的生命和财富，杀人、强奸和虐待等犯罪行为屡屡发生，给人们带来了巨大的痛苦；人性的自私和恶念也体现在环境破坏和资源浪费方面，大规模的森林砍伐、水源污染、气候变化和生态系统的崩溃等问题，都是人类对自然环境的罪恶行为；人性的自私和恶念还体现在道德和价值观念的缺失方面，一些人为了自己的利益和欲望，不惜牺牲别人的权益和尊严，一些人因为缺乏道德和价值观念，对其他人的生命和尊严漠不关心、粗暴践踏。

💡 知识拓展

奥古斯丁：世界上没有一个人是无罪的

古罗马基督教思想家奥古斯丁指出，尽管最初的人性是纯洁无邪的，但是自从亚当堕落以后，人性就注定成为有罪的和邪恶的。亚当的犯罪导致两个方面的恶果：一是败坏了人的本性，二是将人抛入病痛、死亡、灾害等各种现实苦难中（这些苦难被说成是上帝对亚当所犯罪过的一种公正惩罚），这就是"原罪"的具体含义。

奥古斯丁认为，上帝所创造的一切事物就其"本性"（natura）而言都是善的，包括自由意志在内；上帝并没有创造恶，恶只是对上帝所创造的善的东西的一种缺乏或背弃。人滥用自由意志来作恶，错不在于上帝，而在于人

---

① 霍布斯：《利维坦》，黎思复、黎廷弼译，商务印书馆，1985 年版，第 72 页。
② 霍布斯：《利维坦》，黎思复、黎廷弼译，商务印书馆，1985 年版，第 95 页。

身。从根本上来说，自由意志是人从善和作恶的最终根据。虽然"原罪"的原因是由于人滥用自由意志，但是"原罪"的结果却构成了一种不可改变、不可逃避的严格决定论，它注定了人类的邪恶本质、必死命运和苦难遭遇。奥古斯丁强调说，亚当的堕落已经通过一种神秘的遗传作用而使其子孙的本性"受到罪恶的污染"，因此世界上没有一个人是无罪的。

二、自由意志与犯罪

犯罪的主观意志理论认为，犯罪行为的最终抉择出于自由意志的选择，即人在社会上是凭借自己的自由意志来选择犯罪或守法行为，以满足其需要或解决问题。任何人都有同样的意志自由，都能根据自己的意愿作出选择；由于个人意愿和外部条件的不同，人们既有可能选择犯罪行为，也有可能选择守法行为。一个人只要达到一定的年龄，除精神病人外，都有认识和区分是非善恶的能力，实施犯罪行为完全是其自由意志选择的结果。犯罪人应当对其自由选择的犯罪行为承担责任。

洛克和卢梭等人对自由意志与犯罪的关系作过充分的阐述。他们认为，人的犯罪行为是由违法者不受限制的自由意志决定的，行为人对自己所犯的罪行要负责，法律惩罚就是基于人的自由意志的行为。

知识拓展

自由意志

自由意志（free will）是指人们依照其拥有的条件去决定是否做一件事情时能够自主选择的能力。即意味着意识选择作什么决定，体现出意志的主动性。这种能力来源于人类的自我意识和自我决定。自由意志不仅是人类行为的基础，也是人类文明进步的源泉。构成自由意志的主要架构包括多种方面。例如，宗教范畴内，自由意志意味着全能的"神"或某种神秘力量并不以其力量掌控个人的意志和选择；伦理学中，自由意志意味着个人在道义上要对自己的行为负责；心理学上，自由意志表明心灵控制身体的部分动作；科学领域里，自由意志则意味着身体（包括大脑在内）的动作不全由物理的因果所决定。

奥古斯丁认为，虽然人滥用自由意志导致了罪恶，但是如果没有自由意志，人就不可能正当地生活，不可能超越一般自然界而成为万物的灵长。自由意志既是善良的根源，也是罪恶的根源。黑格尔第一次将自由提高到上帝的高度，同时也把罪恶与自由联系起来。由于自由，人与上帝相分离，人犯了原罪。从此以后，自由取代了上帝成为人的宿命、人的本质。用萨特的话来说，人被判了一种自由的徒刑，人被自由流放了。但是，这条自我流放的道路同时也是一条自我提升的道路。

自由是不需要根据的，它自己就是自己的根据。如果自由还需要一个根据，那么它就不是自由的，而是被决定的。关于人的自由意志的有无，一直充满争议。张明楷认为，即使认为自由意志是一种假定，这种假定也和社会契约论一样，具有积极意义。概言之，承认人具有自由意志比否认人具有自由意志更好。

自由意志是人类特有的。危害社会的因素有多种，例如自然灾害、动物的侵害行为，但我们并不把这样的危害因素称为犯罪。原因很简单，前者的主体是大自然，它没有意志也无法对其加以非难，它无法承担刑事责任；而后者的主体，没有人类的自由意志，它们不能理解人类制定的刑法，将其行为规定为犯罪毫无意义。

💡 讨论交流

他的意志是自由的吗？

哲学家维特根斯坦认为，不可预测性使我们推断人们通常具有自由意志，但有一些观察可以让我们相信人们没有自由意志。[①]

有这么一则人的性格突然发生改变的案例：他从一个守法的人变成了一个犯罪分子。他不断地猥亵女性，最终被捕。这件事给人的印象是他有自由意志，大家都认为是他选择这样做。但后来发生了一件事，使所有人重新评估他是否在自主行动——当他即将被送回监狱时，发现他的新皮质上有一个生长物。新皮质负责抑制冲动行为，是人类行为表现得像人而不是野兽的原因之一。新皮质上面长了东西，显然影响了新皮质的功能。他被送到医院接受手术。切除了生长物后，他恢复成过去守法的自己。然而后来，生长物又长回来了，他又变成了歹徒，不得不再次手术切除。瞬间，他又变成了好公民。人们知道了他的行为有医学原因，这样一来，他的意志就不再被认为是自由的，他的行为不再能完全说是他选择的责任。

分组互动讨论：他有自由意志吗？他的犯罪行为是自由意志主导的自主行动吗？

提示：

（1）他有无自由意志，受到生长物的影响。没有生长物前，他的自由意志是选择守法；有生长物后，他失去了自由意志；手术切除生长物后，他恢复自由意志，选择守法。

（2）他的犯罪行为不是自由意志主导的自主行动，而是生长物导致其失去了自由意志后的非理性选择行为。

[①]　维特根斯坦：《哲学研究》，李步楼译，商务印书馆1996年版，第620-628页。

三、价值功利与犯罪

犯罪的主观意志理论认为，功利原理是解释行为人之所以犯罪的一个主要法则。基于人类本能，人都有趋吉避凶的心理，个人会理性选择对己有利的行为，用最小的代价获取最大的利益和享受。具有意志自由的人之所以选择犯罪行为而不选择守法行为，是由人们的功利主义或享乐主义倾向决定的。在价值功利的支配下，与守法行为相比，如果犯罪行为正好符合这样的要求，以犯罪来解决问题就会比守法的方式要吸引人，因为可以用较少的功夫获得较大的回报。这时，从功利角度出发的人就选择进行犯罪行为。

个人选择犯罪行为的解决方式，可以因害怕社会对该行为的否定性反应及惩罚而受到限制，甚至选择不犯罪。社会的反应及惩罚愈确定而迅速，愈可能控制犯罪行为。一种有效的犯罪预防方式是有足够的惩罚，从而不使犯罪成为吸引人或值得的选择。假若没有惩罚恐惧的制衡，无论男女，都有犯罪的可能性。

犯罪古典学派强调的是行为与惩罚的相当性。由于强调的是行为，而非行为人，基于自由意志，所以任何人都能理性的决定行为、或不行为，行为人的研究就显得不重要，忽略人的个性及环境对人的影响，受到批判。

讨论交流

电车难题：该不该把胖子推下桥？

"电车难题"（Trolley Problem）是英国哲学家福特在 1967 年提出来的：一辆有轨电车失去控制，前面只有两条路，前行的路上有 5 个无法离开轨道的人，岔道上有 1 个人，司机应该继续前行还是走岔道？

美国哲学家汤姆森从"电车难题"引申出来一个该不该把胖子推下桥的难题：你站在一座跨越电车轨道的天桥上，轨道上有 5 个无法离开的人，你发现要救这 5 个人唯一的办法就是在电车前投以重物，迫使电车停止。而你身边唯一的"重物"是同时站在天桥上的一个胖子。你是否应该把胖子推下桥来挽救那 5 个生命？如果胖子是世界首富，是你的亲人，或者就是你自己，你怎么选？如果那 5 个人都不是好人或者有你的仇人，你怎么选？

案例：一位女士扳动道岔，将一辆失控电车引入岔道，挽救了 5 个人的生命，但因此造成了站在岔道上的一位先生身亡。这位女士获得了市长颁发的见义勇为奖，大陪审团却对这位女士提起公诉。

美国关于杀人罪的法定条款：为避免自己或他人丧生或重伤，造成他人死亡的，不论是否故意，不构成杀人罪。

我国刑法关于紧急避险的认识：法律中的紧急避险，指的是在紧急状态下，为了保全自己或他人的合法权益，可以通过损害一个较小的利益来保全一个更大的利益。

互动讨论：功利原则 VS 道义原则——该不该把胖子推下桥？

提示：

罗翔分析指出，如果功利主义不接受道义的指导，法律就可能沦为纯粹的工具，整个道德秩序可能崩溃，社会也会瓦解。紧急避险对物而言较易接受，但涉及人的生命时不能比较，因为每个人的生命都是无价的，有了比较就逃脱不了道德的谴责。在危难来临的时候，我们有一种道德上的义务，我们可以为了保全别人的生命来牺牲自己，但这只是对你个人的一种道德义务，你不能把它演变为，我可以牺牲他人来保全我自己或保全另一些人的生命，那就是错误的，因为道德在绝大多数情况下都是一种自律，而不是他律。如果你接受电车案中价值对比式的功利计算，那么是否可以为了挽救大有前途的年轻人，而任意割取无辜老人的器官？为了挽救自己爱人的生命，是否可以随意抽取不愿献血的他人的血液呢？社会存在的前提是对生命的尊重，离开了对生命的尊重，社会将不复存在。这也是人类社会必须坚守的一项基本价值。

💡 思政园地

习近平：坚持正确义利观

我国传统文化一向强调正确处理"义"和"利"的关系，突出"义"的价值。重义轻利、先义后利、取利有道，是中华民族数千年来一以贯之的道德准则和行为规范。孔子说"君子义以为上"；墨子说"义，利也"；孟子说"生，亦我所欲也；义，亦我所欲也。二者不可得兼，舍生而取义者也"。

习近平总书记关于坚持正确义利观的重要思想，符合中国特色社会主义的内在要求，顺应了时代发展潮流及中国与世界关系的发展大势。他多次在公开讲话和文章中提及正确义利观。

2013年3月，习近平总书记访非期间，首次提出正确义利观，阐述了正确义利观的基本内涵："义，反映的是我们的一个理念，共产党人、社会主义国家的理念。……利，就是要恪守互利共赢原则，不搞我赢你输，要实现双赢。我们有义务对贫穷的国家给予力所能及的帮助，有时甚至要重义轻利、舍利取义，绝不能惟利是图、斤斤计较。"

2014年7月，习近平总书记在韩国国立首尔大学发表重要讲话中指出："'国不以利为利，以义为利也。'在国际合作中，我们要注重利，更要注重义。"

2014 年 11 月，习近平总书记在中央外事工作会议上强调：“要坚持正确义利观，做到义利兼顾，要讲信义、重情义、扬正义、树道义。”

2017 年 1 月，习近平总书记在联合国日内瓦总部的演讲中指出：“中国将继续坚持正确义利观，深化同发展中国家务实合作，实现同呼吸、共命运、齐发展。”

2019 年 3 月，习近平总书记在中法全球治理论坛闭幕式上的讲话指出：“要坚持正确义利观，以义为先、义利兼顾，构建命运与共的全球伙伴关系。”

学习项目 2　犯罪的主观意志原因理论

犯罪古典学派代表人物主要有贝卡利亚、费尔巴哈和边沁，他们对犯罪主观能动因素进行了系统化、理论化的阐释。

一、贝卡利亚的犯罪原因理论

意大利著名学者贝卡利亚作为犯罪古典学派的奠基者，其犯罪原因理论的构建，以“人性自私”“自由意志”和“趋乐避苦”为核心逻辑起点，认为犯罪行为是个体在特定社会环境中，基于自身意志对利弊进行权衡后作出的自由选择。1764 年，他出版了重要论著《论犯罪与刑罚》。其犯罪原因理论包括以下内容。

1. 犯罪是社会与个人内心的对抗不断加剧的产物

从根本上说，产生犯罪的不是法律，而是社会与人的其他种种因素。作为一个社会的人，在与诸多社会外在因素的对抗与影响下，他的内心会发生变化。当这种变化随着社会外在因素与内心的对抗不断加剧之后，便容易导致犯罪。

2. 犯罪的根本原因在于社会结构层面的社会矛盾

贝卡利亚认为，犯罪是社会不公的必然结果，是行为人在特定环境下趋利避害的必然选择。他强调经济条件和坏的法律是犯罪的两个主要原因：一方面，财产犯罪主要是由贫穷产生的，也主要是由穷人实施的；另一方面，对某种犯罪过于严厉的惩罚，虽然可以遏制一些人犯罪，但同时却通过比较对另一些人更具有犯罪的吸引力。

在贝卡利亚看来，偷盗通常是由于贫困或实在毫无办法而产生的，走私是因为关税增长的法律本身产生的，通奸、溺婴等犯罪是由于人们的本能欲望、生活处境与不合理的法律规定之间的冲突造成的。他甚至还指出，有些犯罪的产生是由罪恶的社会制度本身造成的。法律是权势者和富人们所设置的，穷人的被剥夺导致他们与富人间的一种尖锐冲突。不同社会阶层经济利益、政治地位等的极大悬殊，造成了下层贫苦者心理的不平衡。犯罪是富人的界定，而在穷人看来是为自由开战。

3. 人实施犯罪与否最终由其自由意志决定

贝卡利亚认为，犯罪是人的邪恶本性的体现，是行为人在欢乐和痛苦之间权衡的结果。人实施犯罪与否由其自由意志决定，行为人的自由意志是社会对犯罪施加刑罚的基础。人们之所以选择犯罪行为，就是为了趋利避害，获得享乐。

贝卡利亚的理论揭露了犯罪的社会根源是社会不公，批判法律的不合理性，认为法律是统治阶级的工具，有其进步性。然而他并未触及私有制这一阶级社会犯罪的根本原因，过度强调自由意志，忽视了人的行为受经济基础制约，未提出革命性解决方案。其实只有消灭私有制和阶级压迫，才能根本解决犯罪问题，有其局限性。

💡 知识拓展

犯罪是社会不公的必然结果

贝卡利亚认为，犯罪是社会不公的必然结果，是行为人在特定环境下趋利避害的必然选择。他在《论犯罪与刑罚》中生动形象地描述了盗贼和杀人犯对社会不公的反抗心理："我应该遵守的算是些什么法律呀！它在我和富人之间设置了一条鸿沟。富人对我一毛不拔，反倒找借口让我尝受他所没有尝受过的痛苦。这是谁定的法律？是富人和权势者。他们对于穷人阴陋的茅舍从来不屑一顾，他们眼看着儿童们在饥饿中哭嚎，妇女们在伤心落泪，却连一块发了霉的面包也不肯拿出来。我们要斩断这些给多数人造成灾难并为少数懒惰的暴君服务的绳索！我们要向这不平等的根源开战！我将重新恢复自然的独立状态，我将以自己的勇敢和辛勤来获取一定时间的自由愉快的生活。也许痛苦和忏悔的一天会来临，但那是短暂的，在度过多年自由和享乐的生活之后，我会有那么一个烦恼之日的。作为少数人之王，我将纠正命运的荒谬，将让那些暴君在被他们的奢侈侮辱得还不如他们的马和狗的人面前，面如土色，失魂落魄。"

二、费尔巴哈的犯罪原因理论

费尔巴哈是德国犯罪古典学派的代表，其犯罪原因理论包括以下三方面。

1. 犯罪行为的根源在于趋向犯罪行为的精神动向、动机形成源

费尔巴哈认为，人之违法精神动向的形成是被潜在于违法行为中的快乐以及不能得到该快乐所带来的不快所诱惑与驱使。违法犯罪的精神动向、动机形成源驱使人们违背法律，通过实施违法行为寻找潜在于其中的快乐或由此排遣一定的不快。

2. 犯罪的原因是感性的冲动

费尔巴哈认为，人是自然存在者，受不变的自然法则支配，完全不可能自由。人生活在感性的世界里，受到自然因果规律的支配而没有自由。犯罪的原因不是自由，而是感性的冲动。人具有追求快乐、逃避痛苦的本能，正是从犯罪获得的快乐的感性冲动促使人犯罪。

3. 犯罪是一种权衡利弊的本能选择

费尔巴哈认为，人不仅能区分善恶，分清是非，而且具有权衡利弊，进行选择的本能。人在实施犯罪前，既能预见犯罪成功带来的精神上、肉体上"快感"的满足，也能预见犯罪失败后遭刑罚惩罚所带来的痛苦。人们实施犯罪是基于理性计算，即如果实施犯罪行为而受到刑罚处罚所形成的痛苦小于因犯罪行为本身所产生的快乐，人们就会实施犯罪。

费尔巴哈的理论否定自由意志，认为犯罪是自然因果规律的产物，符合马克思主义的决定论思想，有其进步性。但是他将犯罪归因于感性冲动，忽视了社会关系的影响，陷入机械唯物论，未认识到犯罪在不同阶级中的不同表现，其理论是静态的，未考虑社会变迁的影响，有其局限性。

三、边沁的犯罪原因理论

边沁是英国的功利主义者，以实用、功利为基础来阐述其理论，其犯罪原因理论包括以下三方面。

1. 避苦求乐的本能主宰了犯罪

边沁认为，人的行为基础都是功利性的，人有自由意志，人类的一切行为都受两种基本动力的驱使，即追求快乐和避免痛苦。这是一切道德行为的原因和动力，也是一切不道德行为包括犯罪行为的原因和动力。犯罪是人依其本性而作出的选择。当犯罪人认为从犯罪中得到的快乐或好处小于这样做的麻烦和危险时，可以说诱惑力弱，反之则诱惑力强。犯罪人的内心存在着两种相互作用的动机，即驱使犯罪的动机和制止犯罪的动机。如果驱使犯罪的动机大于制止犯罪的动机，则诱惑力强，就会诱发犯罪。犯罪完全取决于诱惑力的强弱，而诱惑力的强弱又受功利原则支配。

2. 外部的特定环境使一些人在追求快乐、幸福时使用了犯罪的方式

边沁认为，外部的特定环境使人们有了选择的差别。在缺乏适当的威慑（痛苦）的情况下，处在这样环境中的人们会使用犯罪的方式去行动。造成人们犯罪或不犯罪的差别的，不是个人之间的差别，而是所处的环境的不同。

3. 意志、认知和能力是确定犯罪行为的三个要素

在边沁看来，意志、欲望是犯罪的重要因素。他指出，不能自制、仇恨和贪婪是三个主要犯罪源。人主要有复仇欲、物欲、性欲三种欲望，如不能恰当地处理三种欲望，则易导致犯罪。当人们处在物质需求的重压之下时，就会滥用其手中的权力，变成贪婪的敲诈者和抢劫者。恶欲产生于有害的情绪、嗜酒和懒惰三种情形。

受教育程度、道德宗教政治等的说教、仁善文化等认知因素与犯罪也有一定的联系。只有受过教育的人才能够了解禁止犯罪的法律。一个人越愚昧，就越趋向于将其个人利益与他人利益截然分开。一个人所受教育愈多，就会愈清楚地认识到本人利益与整个社会利益之间存在着联系。人们所受的教导越多，他们所形成的博爱精神就越强大，因为教导能使人们清醒地认识到，人们之间更经常的是和谐，而不是不和谐。

能力也是影响犯罪的一个因素，特别是侦查能力。大多数犯罪的实施主要是因为犯罪人具有虽未确知但很宏大的逃避制裁的希望。危险来自那些因贫穷或失去同外界的一切联系、可能轻而易举地隐瞒其所作所为、逃避法官眼睛的人。

边沁的理论强调社会环境对犯罪的影响，指出教育对犯罪的影响，有其进步性。但功利主义犯罪观掩盖了阶级压迫的本质，主张通过法律威慑减少犯罪，可资产阶级法律本身就是压迫工具，同时也未分析资本主义经济制度如何制造犯罪，而仅从个人心理角度解释犯罪，有其局限性。

知识拓展

圆形监狱

边沁最早提出圆形监狱（panopticon）的设想。其构造的基本原理是：四周是一个环形建筑，中心是一座瞭望塔。瞭望塔有一圈大窗户，对着环形建筑。环形建筑被分成许多小囚室，每个囚室都贯穿建筑物的横切面。各囚室都有两个窗户，一个对着里面，与塔的窗户相对，另一个对着外面，能使光亮从囚室的一端照到另一端（见图2-1）。

图 2-1　美国伊利诺伊州斯泰特维尔惩教中心的"圆形监狱"

圆形监狱推翻了普通监狱的三个特征：封闭、剥夺光线和隐藏。在圆形监狱中，瞭望塔只需安排极少数的监督人，甚至可以只安排一个人，这样能够最大限度降低监狱管理囚犯所需的开支。因为通过逆光效果，监视者可以从瞭望塔内与光源恰好相反的角度观察四周囚室里被囚禁者的小人影。在圆形监狱的环行边缘，被监视者是彻底地被观看的，但他不能看到监视者；同理，在瞭望塔，监视者能观看一切，但是不会被看到。罪犯因此而惶惶不可终日，不敢造次。

作为著名的心理学建筑，"圆形监狱"被认为是一种完美的权力技术，具有"经济"和"人道"象征意义的精心设计。福柯认为，"圆形监狱"产生的主要后果是使囚禁者处于一种有意识的、持续的可见状态，从而确保管理者的权力自动发挥作用。

学习项目 3　犯罪古典学派的犯罪预防方式

如何使人不敢犯罪？犯罪古典学派认为，犯罪系自由意志和个人理性的选择。基于抽象的自由意志论的立场，犯罪古典学派以道德责任论为基石，建构起惩罚威慑模式的预防犯罪对策体系，透过严厉、确定及迅速的惩罚，可使犯罪成为不值得的选择。

一、犯罪预防的惩罚威慑模式

犯罪古典学派认为，犯罪的本质是侵害权利的行为，社会契约赋予国家使用刑罚惩罚手段维持社会和平的权力；注重犯罪行为，强调考虑行为本身的性质和行为所造成的客观后果，而不考虑行为人的主观恶性。犯罪古典学派还认为法律不同于伦理，只能规制侵害权利的外部行为，内心的恶意不是其规制对象。

犯罪古典学派提出，因为有犯罪行为，所以要处罚，刑罚宜采惩罚思想。因人有自由意志，刑罚的威吓效果才有意义，故而可以用刑罚之苦抵消因犯罪而获得的利益或者快乐，发挥刑罚的威慑效果，让人不敢去犯罪。

贝卡利亚认为，刑罚的目的仅仅在于阻止罪犯再重新侵害公民，并规诫其他人不要重蹈覆辙。前者是特殊预防，后者是一般预防。他更强调一般预防的价值，提出了诸多具体措施。

费尔巴哈认为，要防止犯罪，根本在于人的内心形成一种犯罪与刑罚结合的确信，法律是普遍的、必然的。

边沁认为，对犯罪人科处刑罚不以犯罪人遭受痛苦为目的，而是为了使犯罪人通过刑罚惩处改过迁善，适应社会生活，不致将来再犯罪，同时规诫其他社会成员不要重蹈覆辙。他将预防和矫正犯罪统称为补救方法，分为预防方法、遏制方法、补偿方法和刑罚方法四种类型。边沁主张通过引导人们热衷于有益的公众娱乐，改变危险的欲望，在无害或尽可能小的限度内满足本能欲望；从法律上采取各种措施取缔各种容易导致犯罪发生的条件和因素；运用教育、训示、良风美俗等多层次的方法手段，预防犯罪。

☼ 知识拓展

你们想预防犯罪吗？

贝卡利亚将预防犯罪看作是一切优秀立法的主要目的，认为预防犯罪比惩罚犯罪更高明，从而提出了包括改善立法、增进知识、严格执法、奖励美德、完善教育等诸多措施。他在《论犯罪与刑罚》里大声疾呼：

你们想预防犯罪吗？那你们就应该把法律制定得明确和通俗；就应该让国家集中全力去保卫这些法律，而不能用丝毫的力量去破坏这些法律；就应该使法律少为人的某些阶层服务，而让它为人服务；就应该让人畏惧这些法律，而且是让他们仅仅畏惧法律。

你们想预防犯罪吗？那你们就应该让光明伴随着自由。知识传播得越广泛，它就越少滋生弊端，就越加创造福利。

预防犯罪的另一项措施是：使法律的执行机构注意遵守法律而不腐化。

预防犯罪的再一项措施是：奖励美德。……如果说，科学院对于真理发现者的奖励促进了知识和优秀著作的繁荣，那么，慈善的君主所颁布的奖励为什么就促进不了道德行为的昌明呢？在明智的分配者手里，荣誉的奖金总是用之不竭，一本万利的。

最后，预防犯罪的最可靠但也是最艰难的措施是：完善教育。……教育不在于课目繁多而无成果，而在于选择上的准确，当偶然性和随意性向青年稚嫩的心灵提供道德现象和物理现象的摹本时，教育起着正本清源的作用；教育通过感情的捷径，把年轻的心灵引向道德；为了防止它们误入歧途，教育借助的是指出需要和危害的无可辩驳性，而不是捉摸不定的命令，命令得来的只是虚假的和暂时的服从。

☼ 思政园地

习近平：强化不敢腐的震慑

对腐败犯罪行为，习近平总书记强调，要强化不敢腐的强大震慑效能，让党员干部因敬畏而"不敢"犯罪。

2016年1月，习近平总书记在第十八届中央纪律检查委员会第六次全体会议上的讲话指出："实现不敢腐，坚决遏制腐败现象滋生蔓延势头。只要谁敢搞腐败，就必须付出代价。一棵参天大树，如任蛀虫繁衍啃咬，最终必会逐渐枯萎。惩治腐败这一手必须紧抓不放、利剑高悬，坚持无禁区、全覆盖、零容忍。"

2018 年 1 月，习近平总书记在第十九届中央纪律检查委员会第二次全会上的讲话强调："要坚持无禁区、全覆盖、零容忍，坚持重遏制、强高压、长震慑，坚持受贿行贿一起查，坚决减存量、重点遏增量。'老虎'要露头就打，'苍蝇'乱飞也要拍。要推动全面从严治党向基层延伸，严厉整治发生在群众身边的腐败问题。""要把扫黑除恶同反腐败结合起来，既抓涉黑组织，也抓后面的'保护伞'。要加强反腐败综合执法国际协作，强化对腐败犯罪分子的震慑。"

2018 年 12 月，习近平在第十九届中央政治局第十一次集体学习时的讲话指出："要强化不敢腐的震慑，保持惩治腐败高压态势，强化监督和监察全覆盖的震慑效应，不断释放全面从严强烈信号。"

2023 年 1 月，习近平总书记在第二十届中央纪律检查委员会第二次全体会议上的讲话强调："要在不敢腐上持续加压，始终保持零容忍震慑不变、高压惩治力量常在，坚决惩治不收敛不收手、胆大妄为者，坚决查处政治问题和经济问题交织的腐败，坚决防止领导干部成为利益集团和权势团体的代言人、代理人，坚决防止政商勾连、资本向政治领域渗透等破坏政治生态和经济发展环境。"并指出："要在不能腐上深化拓展，前移反腐关口，深化源头治理，加强重点领域监督机制改革和制度建设，健全防治腐败滋生蔓延的体制机制。""进一步健全完善惩治行贿的法律法规，完善对行贿人的联合惩戒机制。严厉打击那些所谓'有背景'的'政治骗子'。"

二、犯罪古典学派犯罪预防的主要策略方法

（一）犯罪刑罚衔接

首先，犯罪与刑罚紧密联系。一般人都根据比较直接和直观的联系行事，因此，罪与刑要衔接紧凑，不仅须法定，且须明确、相当，使一般民众有可预测性，让人们在心理上使刑罚观念与犯罪观念相互间产生强烈的引力，抑制人们的犯罪欲念，从而达到减少和预防犯罪的目标。

其次，罪与刑的衔接要做到及时、均衡、确定，即犯罪要及时受到惩罚，刑罚的强度和性质与犯罪的严重程度和性质相适应，犯罪必受刑罚处罚。通过确立这样的刑罚制度和适用刑罚的原则，抑制人们的犯罪欲念，以达到预防犯罪的目的。

贝卡利亚认为，人都有理性，能够决定自己的行为和预测行为的后果，因此，明确的法律可以使人们在打算犯罪时就想到犯罪带来的不利后果，从而打消犯罪念头，预防犯罪的发生。刑罚的确定性和及时性是以刑罚阻止犯罪的前提条件。同时，法律条文应当尽量简单和通俗易懂，否则，法律就会成为少数人的私有财产，不能对大多

数人产生影响。要使显贵的人和最贫困的人都同样受到法律的约束，堵塞走向为所欲为的一切道路。这就是法律控制论。法律控制论认为，只有通过制定法律，执行法律，人人平等地遵守法律，才能预防犯罪。霍布斯提出的罪刑相适应的思想对贝卡利亚有很大的启发作用。贝卡里亚指出，犯罪对公共利益的危害越大，促使人们犯罪的力量越强，制止人们犯罪的手段就应该越强有力。这就需要刑罚与犯罪相对称。

费尔巴哈认为，为了防止犯罪，就需要遏制其感性的冲动，即先制定出作为恶害的刑罚，并使人们预先知道受刑的痛苦大于犯罪所能带来的快乐，从而遏制犯罪的冲动。这就是费尔巴哈著名的"心理强制说"。心理强制体现在人们对犯罪与痛苦之间必然联系的确信上，即通过法律的威吓，使人们确信一定的违法行为必然招致一定的具有严重痛苦的刑罚制裁，以有效阻止犯罪的发生。该说与威吓说不同，后者是刑罚执行上的威吓，并没有明确罪与刑之间的对应关系，难以建立二者必然结合的理念。

边沁认为，惩罚本身是一种恶，但只要惩罚所要排除的犯罪之恶大于惩罚之恶，惩罚就是善的。利用惩罚来防止犯罪，对犯罪惩罚的严厉程度应该与犯罪的诱发力成正比例关系。惩罚要重于利得，刑罚之苦必须超过犯罪之利，这样才能抑制与消除犯罪引诱力。强调刑罚的惩罚效果，以过量刑罚来使一般人在功利的思考下放弃犯罪。法律须明确、公平。他特别注重刑罚适用过程中罪刑相称，对惩罚的均衡性作了复杂的功利主义解释，主张刑罚多样化及选择运用。例如，对贪利犯罪最好用罚金处罚，对侮辱类犯罪通过羞辱刑处罚，对游手好闲的犯罪通过强制劳动或强迫安宁处罚。边沁特别强调人们对刑罚的不同感受性，认为年龄、性别、地位、命运和许多其他情节肯定会影响对同样的犯罪所处的刑罚。例如，同样的金钱刑罚，对富人来说是小事，而对穷人来说是沉重的负担；同样是监禁，对商人来说可能意味着破产，对患病的老人来说可能意味着死亡，对妇女而言可能代表着永久的耻辱，但是对一个具有其他情况的人来说，则可能毫无影响。边沁也告诫说，不应当刻意追求刑罚与犯罪之间的相适应，以致使法律变得难于捉摸、复杂和难懂。

💡 知识拓展

苦乐计量法与量刑精确化

边沁发明了苦乐计量法（Hedonic Calculus），要求对快乐和痛苦的值进行量的估算，从而较精确地估算出任何一个行动或事件所造成的苦乐倾向，并且最终通过对苦乐估算的结果来让人们选择出能给大多数人带来最大快乐的行动方案，让政府制定出能给大多数人带来最大快乐的政策。

边沁还试图将量刑精确化，认为刑事立法或司法在量刑上须注意：

（1）惩罚重于利得。基于成本效益的考量，犯罪成本（即惩罚）须高过犯罪利得，否则将无吓阻效果。

（2）惩罚预留空间，要让行为人有选择较轻行为的空间。犯罪现象是必然的，在无法根除的情形下，刑法需有一定的空间和层次性，迫使行为人选择较为轻度的行为。如对于绑架勒索罪，保留一定的减免刑罚的空间，即如果行为人将被害人释放，应从轻、减轻或者免除刑罚；如果无此空间，可能迫使行为人杀掉被害人。

（3）惩罚不过限度。刑罚须适度，刑罚过量虽具有吓阻犯罪的效果，但不能超过人的极限，一旦超过，反而会逼使行为人孤注一掷。

（4）惩罚需要平等。处罚应公平，如果处罚不一，会减弱刑罚的效果。

（5）惩罚应有必要。无必要的处罚不应存在。无根据、无效果、无必要，或利用刑罚反造成更大损害的规定，不应存在。

（二）剥夺再犯能力

刑罚是对犯罪人赖以实现犯罪的一定权益的剥夺或限制，因而刑罚的实际执行在客观上可以消除或限制犯罪人的再犯罪条件。剥夺犯罪能力是实现犯罪个别预防目的的重要手段。犯罪古典学派主张将剥夺再犯能力的有效性作为选择刑罚的标准，尊重人性尊严，废除残酷刑罚（身体刑与流放等），改采自由刑制度。

贝卡利亚肯定了剥夺再犯能力是实现刑罚个别预防目的的重要途径。他认为，如果剥夺自由足以阻止罪犯再犯罪，便没有必要动用死刑。只有剥夺自由不足以阻止罪犯再犯罪，死刑才是彻底剥夺其再犯能力的必要而合理的选择。只要刑罚的恶果大于犯罪所带来的好处，刑罚就可以收到它的效果。严峻的刑罚会造成罪犯为了摆脱对一次罪行的刑罚，犯下更多的罪行。

边沁将矫正论与剥夺犯罪能力论综合于一体。他认为，刑罚方法有两种，即消除再犯意图和消除行为能力。前者称作改造，后者称作剥夺能力。对于能够矫正的犯罪人，施以指导、示范、请求、缓期、褒奖等温和的手段。对不可矫正者，通过剥夺其犯罪能力的方式杜绝行为人再犯的可能性。在许多案件中，惩罚虽然不可能矫正已经实施的罪恶，但有可能消除其再犯的意图，因为惩罚所造成的痛苦超过了实施犯罪所获得的快乐。

后来，犯罪实证学派的代表人物龙布罗梭（又译作"龙勃罗梭"）也立足于剥夺犯罪能力的刑罚目的论，提出了保安处分、生理矫治、流放荒岛、终身监禁、处以死刑等方法。

☀ 案例推送

最高人民法院典型案例：加大财产刑适用力度，剥夺再犯能力和条件

自 2013 年起，吕某某通过物流向李某等人销售非法生产的保健品，并通过他人银行账户收取货款 517 万余元。吕某省涉案金额 302 万余元，吕某伟涉案金额 34 万余元。经抽样检验，上述保健品及原料中检测出国家禁止添加的格列本脲和西地那非成分。吕某某三人犯生产、销售有毒、有害食品罪，吕某某判处有期徒刑十五年，并处罚金人民币1200万元；吕某省判处有期徒刑十年三个月，并处罚金人民币650.3万元；吕某伟判处有期徒刑二年，并处罚金人民币70万元。吕某某、吕某省的违法所得予以追缴，上缴国库。

人民法院审理危害食药安全刑事案件，综合利用自由刑、财产刑等刑罚措施，充分发挥刑法的威慑作用，保障刑法实施的效果。针对危害食药安全犯罪的贪利性特点，注重加大财产刑适用力度，剥夺再犯能力和条件。如在本案中，人民法院在判处有期徒刑的同时，除追缴各被告人的违法所得外，还判处生产、销售金额二倍以上的罚金，斩断其再犯的经济基础。

（三）监狱行刑政策主张

惩罚威慑模式下，预防犯罪的对策主张对监狱行刑政策也产生了影响。

（1）主张自由刑制度。包括大量兴盖监狱，监禁罪犯，提高惩罚效率。如设计圆形监狱。

（2）主张定期刑制度。着重从刑罚指导思想渊源层面上强调"隔离"与"应报"，据此确定罪刑法定、罪刑相适应原则，从而实施定期刑制度，因此不主张假释或缩短刑期等变更刑罚制度。

（3）主张刑罚正义模式。监狱是惩罚而非教育场所，对罪犯应公平公正处罚。

（4）主张矫正改善罪犯。矫正不仅使罪犯由于害怕再次受罚而得以改善，而且使罪犯因性格与习惯的改变而得到改善。在犯罪古典学派看来，这是刑罚的一个伟大价值，矫正院应该对罪犯进行分离监禁，以便对不同道德条件之人给予不同处理。例如，边沁提出的监狱工业合同劳动制曾被广泛采纳，到1886年为止，美国的21个州、准州和哥伦比亚特区的一些监狱、拘留所采用了这种制度。但是，犯罪古典学派的主要思想是提出了惩罚威慑模式，矫正改善罪犯非其主流，其影响也局限于当时。后来随着19世纪末犯罪实证学派的产生和影响力的逐渐扩大，教育矫正成为主流。

（5）主张选择性长期监禁。认为对习惯犯（慢性犯罪人）应采选择性长期监禁政策。

（6）主张隔离主义。认为对习惯犯或矫正无效者，应予监禁隔离，无须再花钱矫治。

💡 操作训练

本单元学习情境任务评析

第一，病理性醉酒属于疾病范畴，病理性醉酒时，行为人没有自由意志。

第二，王某杀人是自由意志支配的。王某实施原因行为（导致责任能力丧失的行为）时，具有选择的意志自由，他故意使自己陷入丧失责任能力的状态。

第三，根据犯罪古典学派观点，人之所以敢犯罪，主要有三个方面的因素。结合王某情况分析如下。

（1）人性自私。人的本性是自私、邪恶的，犯罪就是人的本性的表现，任何人都有可能将这种本性表现出来。所以，人性自私是犯罪的根源，任何人都有犯罪的可能。王某杀人源于人性自私。

（2）自由意志。犯罪行为的最终抉择出于自由意志的选择。人在社会上有自由意志来选择犯罪或守法行为，以满足其需要或解决问题。一个人只要达到一定的年龄，除精神病人外，都有认识和区分是非善恶的能力，实施犯罪行为完全是其自由意志选择的结果。王某杀人受其自由意志支配。

（3）价值功利。功利原理是解释行为人之所以犯罪的一个主要法则，即趋利避害，用最小的代价获取最大的利益、享受。具有自由意志的人之所以选择犯罪行为而不选择守法行为，是由人们的功利主义或享乐主义倾向决定的。王某杀人的犯罪行为是其趋利避害的选择，在王某看来，他的这种行为是用最小的代价获取最大的利益和享受。

思考练习

1. 简述人性自私与犯罪的关系。
2. 简述自由意志与犯罪的关系。
3. 试用正确义利观求解电车难题。
4. 为什么贝卡利亚认为犯罪是社会不公的必然结果？
5. 为什么边沁认为意志、认知和能力是确定犯罪行为的三个要素？
6. 简述犯罪古典学派的犯罪刑罚衔接论。
7. 简述惩罚威慑模式对监狱行刑政策的影响。

犯罪的个体生理理论

💡 知识导航

一、学习任务目标

◆ 知识目标

理解犯罪个体生理因素相关理论；把握犯罪实证学派理论基础；熟悉生物演化滞留、生物劣质、体格性格分型等理论的核心；知晓龙布罗梭、加罗法洛等学者在犯罪相关方面的理论及其现代借鉴发展。

◆ 能力目标

运用犯罪个体生理因素理论分析案例中生理因素对犯罪的作用；批判性思考犯罪学理论，评价其合理性与局限性；依据犯罪人类型特点制定预防、治疗和惩罚措施。

◆ 素养目标

培养严谨务实思维与逻辑分析能力；增强社会责任感，理解犯罪人生理因素的复杂性，避免对犯罪人进行片面的认识评价；强化人文关怀，遵循科学伦理规范。

二、学习内容导图

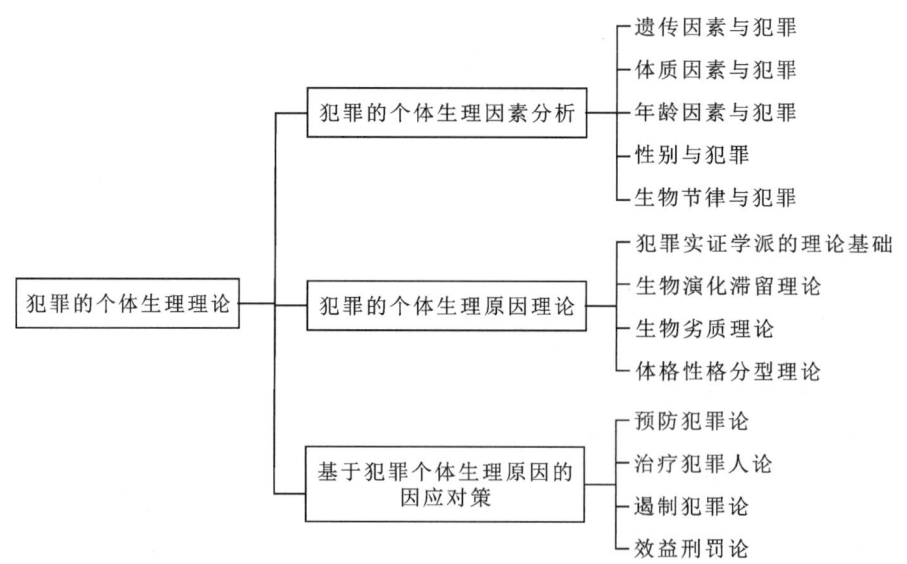

三、学习情境导入

石家庄爆炸案主犯靳某某的扭曲人生

2000 年秋天,靳某某在石家庄结识了 26 岁的云南姑娘韦某某,与其同居。因生活窘迫且常被靳某某打骂,韦某某于 2000 年底逃回老家。2001 年 2 月 22 日,靳某某追到韦某某的老家,强迫韦某某跟他回石家庄,韦某某不从,他就在韦家死缠烂打。最后看没有希望,3 月 9 日,一番争执后靳某某用柴刀将韦某某砍死。杀死韦某某后,知道难逃法律制裁的靳某某下决心报复所有"对不起"他的人。确定好周围要报复的亲人和邻居后,靳某某开始紧锣密鼓地行动起来,并且购买原材料制作好了炸药。3 月 16 日凌晨,他骑着一辆摩托车,把一袋袋炸药分放在五个不同的地方。4 时 16 分到 5 时零 1 分,靳某某引爆这些爆炸点,致使 108 人死亡、38 人受伤,数座房屋被夷为平地。

石家庄爆炸案主犯靳某某性格的变化始于其 8 岁时患病引起耳聋。这一经历与他犯罪有关系吗?请进一步了解此案相关信息,思考并试分析靳某某的犯罪原因。

☼ 项目学习

学习项目 1 犯罪的个体生理因素分析

在犯罪学研究领域,犯罪的个体生理理论具有极为关键的地位。该理论着重从生物学与生理学的视角,深入且系统地探究犯罪行为的产生根源。其核心要义在于全面剖析犯罪人所具有的各类生物特质与生理机能,进而揭示犯罪发生的内在规律。在漫长的历史进程中,众多学者投身于犯罪的个体生理理论研究。他们运用实证研究手段,广泛收集并细致分析大量数据样本,精心开展实验设计与观察记录工作。通过这些努力,逐步构建起了丰富多元的理论体系,同时积累了大量极具价值的实证研究成果。这些成果不但为我们深入理解犯罪行为的成因给予了坚实的理论支撑,而且为犯罪预防、犯罪矫正等实践层面提供了关键的参考指引。

一、遗传因素与犯罪

在犯罪学领域，遗传因素在犯罪行为中所起的作用始终是备受瞩目的研究热点。早期一些学者认为犯罪行为在很大程度上是由遗传因素决定的。基于此理论推断，拥有相同遗传特质的个体在犯罪表现上理应呈现出相似性特征。遗传因素在相当程度上对犯罪人的心理活动产生着深刻影响，为犯罪心理的逐步形成以及犯罪行为的最终发生构筑了不可或缺的生理根基。

（一）遗传负因与犯罪

遗传负因是指个体携带的可能对其心理、行为等产生不良影响的遗传因素。这些因素可能是基因的突变、缺失或异常组合等情况，主要涵盖了亲代中诸如精神病、智能不足、性格异常、酒精中毒以及犯罪等负面劣质基因。在早期的研究探索历程中，为了深入剖析遗传与犯罪之间的内在关系，研究人员运用家系研究法开展了一系列专项研究。该研究方法基于这样一种假设前提：倘若遗传与犯罪确实存在关联性，那么在一个家族的不同代际成员之中，必定会出现众多犯罪个体。当时所研究的那些具有退化特征的家族，被形象地称为"犯罪家族"或者"退化家族"。在这方面率先展开深入研究的是美国社会学家达格代尔。他借助家系研究法针对朱克家族展开的探寻犯罪遗传基因的研究，已然成为该领域的经典范例。达格代尔坚定地认为，朱克家族的部分成员携带着能够致使其成为天生犯罪人的劣质基因，并且这种基因具备代代相传的特性。

在后续的研究进程中，孪生子研究法应运而生。由于人类个体的基因分别有一半遗传自父亲与母亲，同卵孪生子在遗传因素的相似程度方面远远高于异卵孪生子，故而研究发现单卵孪生双胞胎实施犯罪的概率相对双卵孪生双胞胎更高。

现代研究更多地倾向于认为遗传负因只是增加了犯罪行为的易感性，而不是决定犯罪行为。尽管遗传因素与犯罪存在一定的关联，但环境因素，诸如家庭教育模式、社会经济地位状况等，同样对犯罪行为的产生发挥着至关重要的影响作用。遗传因素与环境因素之间极有可能存在着错综复杂的相互作用关系，二者共同作用于个体的犯罪倾向形成过程。

（二）染色体异常与犯罪

染色体数量和形态方面的异常通常不会引发致命性的缺陷，然而却常常会在个体的精神和行为表现上呈现出异常状态。

1. XYY 症候群

即男性 Y 染色体数量多于普通男性个体，其发生率为 0.1%～0.15%。这类人群的主要特征表现为：身材高大，普遍比男性平均身高高出 7～10 厘米；部分患者还可能出现运动不协调或者震颤等现象。在智能发育方面，虽然处于正常范围之内，但多倾向于中下水平，大致比人口平均智商低 10～15 分。其人格发育自童年时期起便开始偏离正常轨道，以性格的不稳定性和易于爆发性最为突出，个性表现得较为残暴，面对事情时缺乏足够的耐心，难以承受挫折的考验，情绪极易激动，甚至会出现某些冲动性和暴力性的行为表现。当处于不利的处境时，这类人群极易发生社会适应不良的状况或者伴随出现精神障碍，并且具有较高的陷入实施攻击行为的倾向，这一点被普遍认为与犯罪行为具有极为关键的关联性。

2. XXY 症候群

XXY 症候群与 XYY 症候群恰好相反，其多出的 X 染色体带有明显的女性化倾向。在新生儿男婴群体中的发现率为 0.08%～0.3%，此类个体一般伴有智能不足或者其他精神障碍问题。其心理个性发育呈现出不成熟性和被动性的显著特征，具体表现为情绪较为冷漠、沉静，性格胆怯，动作笨拙，在处理事情时优柔寡断，社交活动较少，缺乏积极进取的上进心和足够的力量感。有些患者由于对自身缺乏男子气概而时常感到内心不安，对性功能低下和无生育能力问题深感焦虑，从而形成较大的心理压力，在某些情况下可能会出现性犯罪或者其他反社会行为，甚至会引发某些精神心理方面的障碍。[①]

值得注意的是，20 世纪 60 年代，西方有学者将医学尤其是精神病学、遗传学中的方法应用到犯罪学的研究中，发现性染色体异常可能是犯罪人暴力犯罪行为产生的诱因，不过后来这一结论被证实存在采样人群偏差等问题。随着人类行为遗传学的发展，这种理论被认为是不成熟和不严谨的。

（三）冲动基因与犯罪

从遗传学的基本原理来看，每一个个体所展现出的所有特征归根结底都是由基因所决定的。基因在犯罪行为的动机形成过程中产生影响，为行为的发生界定了范围，而环境因素则在这个既定的范围内对行为的发展走向起着决定性作用。通过遗传基因工程的深入探索与研究，人们发现攻击行为受到大脑中神经递质控制的可能性相当之高。

冲动基因一般是指与个体的冲动行为密切相关的某些特定的基因。这是英国的乔纳森·伊万斯博士在深入探究基因与人类自杀行为之间关系的过程中偶然发现的。一方面，冲动基因能够抑制人脑特定区域里的血清素分泌，从而使个体性格变得外向，行为表现鲁莽，无法安分守己，总是频繁地制造各类麻烦，极易陷入酗酒和赌博的不良行为模式之中，甚至会出现故意伤害自己的极端行为，这也使得与他们共同生活变得极为困难。这类人群实施激情犯罪的比例相对较高。另一方面，拥有这一基因的人

---

① 冯志颖、田红军：《中国精神医学临床中性染色体异常的研究》，《中国优生与遗传杂志》2001 年第 1 期。

常常具备较强的创造性和卓越的决策力，具有冒险家的特质，在日常生活中与他们相处往往会给人带来有趣的体验。

二、体质因素与犯罪

在犯罪学的研究范畴中，体质因素犹如一粒隐藏在犯罪行为背后的神秘种子，其对犯罪现象的孕育与催化作用长期以来备受关注与探究。体质，作为人体形态与结构、生理功能以及心理状态等多方面特质的综合体现，它与犯罪行为之间究竟编织着怎样一张错综复杂的因果之网？从身体外观的微妙表征，到身体结构的独特差异，再到神经生理活动的隐秘变化以及生物化学物质的微妙失衡，每一个层面的体质因素都可能在特定的环境土壤与个人经历气候中生根发芽，促使犯罪行为这一特殊"果实"的产生。

（一）身体表征与犯罪

身体表征是指个体身体的外在特征和表现，包括生理结构、外貌、体态、姿势、动作习惯等诸多方面。这些身体表征可以从直观的视觉层面被观察到，并且在一定程度上与个体的心理状态和行为倾向相关。

龙布罗梭开创性地将体形特征与越轨心理特征紧密联系起来开展深入研究。他对 101 个意大利犯罪人的头骨进行了细致研究，并对 1279 名意大利罪犯展开全面的人体测量与相貌分析，得出了一项极具影响力的论断：犯罪人具有一些原始人及低等动物的身体特征，这些特征是遗传导致的，并且与犯罪倾向紧密相连。他在研究过程中总结出了一系列所谓的"返祖现象"与犯罪之间的关联，例如颅骨异常、耳朵异常等。

☀️ 知识拓展

监控视频中的身体表征

监控视频中可观察到的身体特征包括犯罪嫌疑人的外貌、穿着、行为动作等。通过对这些信息的分析，可以追踪犯罪嫌疑人的行踪，还原犯罪过程。例如，观察犯罪嫌疑人在犯罪现场周围的徘徊行为、进入和离开建筑物的方式等，有助于警方构建犯罪时间线和行动路线。

（二）体型与犯罪

格卢克夫妇在 1930 年开展了一项意义深远的研究。他们精心挑选了 500 名问题少年与 500 名非问题少年作为研究对象，对这些少年自儿童期至成年期的整个发展历程进行了深入剖析与长期追踪。研究结果表明，身体结构与未成年人犯罪之间存在着错综复杂的关联。具体而言，他们发现骨质型的少年在犯罪人群中约占 60%，而在非犯罪人群中仅占 31%。进一步分析发现，与家人关系紧张、智商低下且肌肉发达的未成年人，出现偏差行为的概率显然较其他人更高。

基于格卢克夫妇的研究成果，美国人类学家谢尔顿认为身体结构与人格之间存在着直接的关联。他指出，不同的身体特征对环境的反应各异，而这些差异是促成少年犯罪的重要因素。谢尔顿在对 200 名 15～21 岁的青少年进行细致入微的分析，并与 4000 名大学男生进行比对后，运用胚胎学的三个概念（内胚层体型、中胚层体型、外胚层体型）来评定体型，并且认为每个体型对应一种独特的气质。他通过深入研究不同体型所对应的气质，进而探索犯罪人的心理和犯罪行为，得到了一些研究结论：中胚层体型的人往往肌肉发达、骨骼健壮，这类人可能更具活力和攻击性，在特定环境和社会因素的影响下，可能更容易陷入暴力犯罪等偏差行为模式；内胚层体型的人通常体态较为圆润、脂肪较多，其气质可能偏向于温和、慵懒，从事犯罪行为的可能性较低，但在某些情境下，如受到不良同伴影响或面临经济困境时，也可能因自身性格和应对能力的局限而实施诸如盗窃、诈骗等非暴力犯罪行为；外胚层体型的人身体较为瘦弱、纤细，他们可能更加敏感、内向，在犯罪类型上可能更多地涉及一些需要智谋或技巧的犯罪，如网络犯罪等，但这也并非绝对，同样会受到多种外部因素的综合作用。

（三）神经生理与犯罪

神经生理因素在犯罪行为的发生过程中扮演着关键的角色，尤其是自主神经系统、中枢神经系统等功能的异常或障碍，往往会引发一些犯罪行为。美国心理学家詹姆斯·奥尔兹在 1954 年的研究中发现，人脑中存在一种边缘系统，这一系统堪称人类各种情绪动机等机能的中枢部分，它与饥饿、愤怒、兴奋以及攻击性等密切相关，并且同一般的犯罪行为紧密相连。

以下几种都是因神经系统受损而造成偏差行为的情况。

（1）边缘系统的缺陷。一旦此区域受到损害，例如遭受物理性创伤、肿瘤生长、炎症侵袭等，个体将极易产生攻击性行为。美国犯罪学家杰弗里甚至认为脑瘤与犯罪行为存在着绝对关联性。当它受损时，这种调节机制被破坏，个体可能无法有效地控制自己的愤怒和攻击性情绪，从而在外界刺激下更容易实施暴力犯罪行为。

（2）癫痫性。癫痫患者会经历暂时性的脑功能失调，从而失去知觉与意识，陷入一种朦胧状态。在癫痫症发作期间，患者可能会出现暴力行为。部分癫痫患者对火焰与血红色特别敏感，这种特殊的敏感性可能导致他们实施纵火行为。

（3）麻痹症。当中枢神经受到细菌感染而致神经麻痹时，患者的意识判断能力会显著降低，精神状态易陷入错乱，并产生幻觉等症状。在这种情况下，患者容易引发偷窃与性犯罪行为。

（4）老年期痴呆。随着年龄的增长，部分老年人会患上老年期痴呆，脑部功能逐渐退化。这会导致他们记忆力丧失、失眠、不安、麻木等症状的出现，同时判断力也会大幅减弱，无法克制自身的冲动。在这种情况下，可能会产生性侵害行为，尤其容易对儿童实施侵害。

（5）脑波异常。研究发现，连续性侵害犯或暴力犯，其脑波异常的状态相当明显。美国学者弗拉卡指出，杀人犯中大部分患有脑波异常情形，他们往往容易怀有敌意、性格严苛、易怒、不顺从别人以及具有冲动性格。

💡 知识拓展

脑成像证据影响判决

1981年，美国总统里根遇刺，凶手约翰·辛克利造成总统在内的4人被射伤。

事实真相让人大跌眼镜。凶手辛克利是一名富二代，他疯狂地喜欢好莱坞女星朱迪。朱迪曾主演过一部电影《出租车司机》，片中的主角特拉维斯为了将朱迪扮演的妓女救出妓院，枪杀了妓院里的黑帮分子。而在这之前，片中的特拉维斯刚刺杀了一位总统候选人。这一情节让辛克利非常兴奋，他决定效仿剧情，以引起朱迪的注意。于是，他盯上了刚刚赢得总统大选的里根，随着里根的步伐飞到全美国各地进行犯罪预演，最终在华盛顿制造了这次刺杀事件。辛克利早在几年前就策划过刺杀总统卡特，曾被美国警方逮捕，但是身为富二代的他最后被无罪释放。

庭审中，辩护律师出示了他的脑成像结果，显示其患有轻微的脑萎缩和脑室扩大，称其有精神缺陷，控方专家却认为其脑成像并无异常。法院最终判定：辛克利因精神错乱而判定无罪，但是作为危害社会安全的精神病人，被强制送至医院治疗。

（四）生物化学因素与犯罪

生物化学因素主要涵盖了生化上的不平衡、内分泌的异常等方面，这些因素对犯罪行为的产生有着不可忽视的作用。

1. 生化上的不平衡

人体中种类繁多的生物化学物质的平衡状态被打破，就会导致人的性格和行为失常。微量元素的过量或缺少会对未成年人产生不良影响。例如，不正常的锰、锌、铜或铬等微量元素含量都可能诱发未成年人的反社会行为。血铅超标会导致人具有异于常人的攻击性，并且对于暴力行为的感知能力降低。人体若缺乏维生素或矿物质，极易出现生理、心理与行为困扰的问题，这是导致少年逃家、吸毒、暴力等行为的重要原因。进入青春期后，未成年人体内多巴胺含量上升，而与此同时，他们的自我控制能力却相对下降，未成年人在这一特殊时期更容易走上犯罪道路。

2. 内分泌的异常

内分泌失衡容易导致个体情感不安，这也是造成犯罪的一个重要原因。尤其是女性在生理期期间，荷尔蒙分泌的变化会造成紧张情绪，这种紧张情绪如果无法得到妥善的调节，可能会往外发泄，从而引发一些不良行为甚至犯罪行为。对于男性而言，若荷尔蒙分泌过多，也有观点认为会形成暴力或性侵害行为。美国学者纽曼的研究发现，服刑人内分泌腺存在缺陷或失常的情况约为正常人的 2～3 倍。在一些案例中，女性在生理期前后，由于体内雌激素和孕激素水平的波动，可能会出现情绪不稳定、易怒等症状，如果此时受到外界不良刺激，如家庭矛盾、社会压力等，可能会因为无法控制自己的情绪而与他人发生冲突甚至实施暴力行为；男性在雄性激素分泌过多时，可能会表现出更强的攻击性，如果缺乏正确的引导和约束，可能会陷入性犯罪或暴力犯罪的泥潭。[①]

知识拓展

铅蓄积导致暴力犯罪

铅中毒除表现出对造血系统、消化系统等损害外，主要是对神经系统的毒害，使得脑神经功能出现障碍，引起记忆力衰退、判断力差，导致自制力丧失，意志消沉或烦躁不安，滋生暴力趋向。国外曾有科学家通过对人的头发分析发现，铅与暴力犯罪行为关系很大，有人对一组暴力犯罪人进行头发分析，结果表明 85％ 以上的罪犯身上铅蓄量特别高。瑞士有些医生曾连续八年对暴力犯罪人做驱铅疗法，81％ 以上的罪犯得到了治愈。

三、年龄因素与犯罪

在犯罪学研究领域，对犯罪人于不同年龄段的比例分布予以深入剖析，意义重大。大数据显示，当前中国犯罪年龄高峰期主要集中在 14～25 岁。各年龄段犯罪率的持续变动，深刻反映出个体在不同人生阶段融入与适应社会时面临的特定障碍与挑战。[②]

（一）儿童期犯罪的状况与原因

在人生初始的儿童期，犯罪率极低，近乎为零，基本可忽略不计。这主要归因于儿童独特的身心发展状况。生理上，儿童身体机能稚嫩，各器官系统尚未成熟，力量

---

① 傅晓晴等：《46 例暴力型罪犯的中医辨证及与神经-肾上腺功能的关系》，《福建中医学院学报》2002 年第 2 期。

② 亚历克斯·皮盖蕊主编：《犯罪学理论手册》，吴宗宪主译，法律出版社 2019 年版，第 215-218 页。

与协调性有限，难以实施危害性行为。心理层面上，儿童的认知、情感表达和道德判断能力处于初步发展阶段，对社会规范及行为后果理解浅白，缺乏形成复杂犯罪动机的心理条件。此外，监护人在儿童成长中至关重要，他们在家庭、学校等场所密切关注儿童行为，为其营造安全规范的环境，使诱发犯罪动机的因素难以滋生，有效降低了儿童犯罪的可能性。

（二）少年期犯罪的特征与诱因

步入少年期，个体身心发展如风暴来袭，一系列特殊特征成为犯罪诱因。生理上，少年身体迅速发育，身高、体重等指标增长，性器官逐渐成熟，第二性征显现。然而，心理发育相对滞后，社会适应能力波动。自我意识初步形成，少年渴望独立与认同，但与之匹配的认知能力不足，缺乏生活经验与知识储备，难以准确理解社会规则和道德准则，对行为后果预见能力差。这种自我意识与认知能力的矛盾冲突不断激化，刺激并催化犯罪行为萌发。[①] 此阶段的犯罪人多精力充沛、朝气蓬勃，但自制力薄弱、情绪易冲动。他们内心渴望自主，却因认知局限迷失方向，面对外界不良因素干扰诱惑时，抵抗力弱。少年犯罪类型多为盗窃、抢劫、性犯罪等非智能型犯罪，具有外在表现强烈、爆发性突出的特点：盗窃可能源于少年对物质的渴望及价值观缺失；抢劫可能受冲动和寻求刺激心理驱使，凭借体力获取财物；性犯罪则可能因青春期性意识觉醒，缺乏正确引导或受不良文化影响。

（三）成年期犯罪的变化及相关因素

年龄超过 25 岁后，犯罪率整体呈下降态势。此时个体身心发育成熟，身体机能稳定强壮，能更好地应对生活挑战。心理方面，认识、抑制和自控能力显著提升，对社会规范和道德准则理解深刻，能理性分析问题，行为决策谨慎。心理结构稳定，主体与外部环境矛盾冲突减少。犯罪人实施犯罪时，所选类型与年龄特征契合度高，多凭借丰富生活经验、成熟智慧和经济实力，如经济犯罪等。此阶段个体注重社会地位与声誉，清楚犯罪成本及后果，实施犯罪更为谨慎，倾向选择风险低、回报高且与自身能力匹配的犯罪类型。[②]

（四）衰老期犯罪的情况与特点

直至 65 岁个体进入衰老期，犯罪率会降至人生低谷。犯罪人身体机能如老旧机器全面衰退，肌肉力量、灵活性、反应速度下降，生理与心理活跃度降低，冲动性犯罪基本消失。即便特殊情境下产生犯罪心理，凭借其丰富的阅历和已有的自控力，通常也能在萌芽阶段遏制犯罪行为。这是因为这一阶段的人历经漫长人生，深刻理解到犯

① 许章润主编：《犯罪学》（第 4 版），法律出版社 2016 年版，第 187-189 页。
② 亚历克斯·皮盖兹主编：《犯罪学理论手册》，吴宗宪主译，法律出版社 2019 年版，第 221-223 页。

罪的危害，面对诱惑冲突能冷静思考，用智慧化解矛盾，自我控制能力强。但仍有极少数衰老期个体实施如猥亵、强奸幼女、盗窃等犯罪行为，这也提醒我们在犯罪预防与研究中不能忽视该群体。

💡 思政园地

习近平：没有青少年健康成长，国家就没有远大发展

党的十八大以来，习近平总书记对少年儿童健康工作多次作出系列指示，对儿童青少年健康成长给予了深切关爱。

2016 年 8 月，习近平总书记在全国卫生与健康大会上强调"要重视少年儿童健康"；2017 年 6 月，习近平总书记在香港少年警讯永久活动中心暨青少年综合训练营考察时指出"没有青少年健康成长，国家就没有远大发展"；2018 年 9 月，习近平总书记在全国教育大会时作出"要树立健康第一的教育理念"重要指示；2020 年 4 月，习近平总书记在陕西安康市平利县老县镇中心小学考察时指出"文明其精神，野蛮其体魄"。

四、性别与犯罪

性别作为人的自然属性与生理现象，两性在先天素质和后天生活环境方面存在显著差异。这种差异深刻地反映在犯罪行为上，具体体现在犯罪率、犯罪类型以及犯罪方式等多个维度。

（一）犯罪率的性别差异

在犯罪率层面，女性犯罪数量显著低于男性犯罪。从国际范围来看，当前西方主要发达国家的女性犯罪率为 15％～25％。例如，美国等西方国家的犯罪统计数据显示，在各类犯罪案件中，男性犯罪人占据了较大比例，而女性犯罪人相对较少。日本近年来女性犯罪率一直维持在 20％左右，其国内的犯罪研究资料表明，在不同类型的犯罪行为中，男性的参与度普遍高于女性。[1] 在我国，根据最高人民法院发布的《全国法院司法统计公报》数据，经计算得出 2021 年全国女性总犯罪占比约为 10.8％，2022 年约为 10.7％，2023 年约为 10.4％。[2]

导致这种犯罪率性别差异的因素是多方面的。女性的生物基因决定了其在体能上处于先天弱势地位，对于一些需要一定体力才能实施的犯罪行为，如暴力抢劫、故意伤害（重伤）等，女性实施起来难度较大。从性格特征角度分析，女性通常较为温顺，

---

[1] （日）上田宽：《犯罪学》，戴波、李世阳译，商务印书馆 2016 年版，第 187-189 页。

[2] 《中华人民共和国最高人民法院公告》，http://gongbao.court.gov.cn/ArticleList.html? serial_no＝sftj。

在人际交往中较少主动与人发生直接冲突，这在一定程度上降低了其实施冲动性犯罪的可能性。社会角色方面，女性往往以家庭为重，社会活动相对男性而言较为有限，接触犯罪诱发因素的机会也相对较少。而且女性在面临冲突情境时，更倾向于通过自我调节来化解矛盾，而非采取极端行为，从而使得其犯罪机会相应减少。

（二）犯罪类型的性别倾向

在犯罪类型方面，女性倾向于风险相对不大、所需体力较小的犯罪类型。从财产犯罪来看，盗窃、诈骗等犯罪行为较为常见。女性诈骗犯罪则多表现为利用网络社交平台或人际关系进行诈骗，如以虚假借口骗取他人财物等。性犯罪方面，女性的角色较为复杂，虽有部分女性涉及卖淫、引诱/容留妇女卖淫等犯罪行为，但在强奸等性犯罪中多以共犯形式出现，且比例相对较低。[1] 此外，女性在家庭内部犯罪中也有一定表现，如虐待、弃婴等行为，这些犯罪往往与家庭关系紧张、经济压力或心理问题等因素相关。

（三）犯罪方式的性别特点

在犯罪方式方面，女性犯罪具有隐蔽性和间接性的特点。由于女性在社会中的形象往往与温柔、善良等特质相关联，社会对女性的防范意识相对较低，这使得女性在实施犯罪时更容易利用他人的信任，采取隐蔽的手段达到犯罪目的。例如，在一些诈骗案件中，女性犯罪分子可能会利用自己的外貌、语言优势，以看似友善、可信的方式接近受害者，从而获取受害者的信任，使其在不知不觉中陷入骗局。女性犯罪更多地借助他人力量或利用环境因素，而非直接使用暴力或强硬手段。

五、生物节律与犯罪

人的一生中，体力、情绪和智力都存在着由强至弱、由弱至强的周期性起伏变化，这种现象称为生物节律、生命节律或生命节奏。国外曾有研究推测，由于人体内水分占比较大，因此根据万有引力定律，月圆之时月亮对于地球的引力对人的影响是很明显的，犯罪率明显上升，反之则下降，从而形成了人体及犯罪的"潮汐"。月亮对人的生物循环产生影响。

个人在一天中有生物节律的最高点和最低点，在一个月内也会有生物节律的低潮期和高潮期。处于低潮期时，人的心理易出现较大波动，工作能力和自身行为调控能力下降，判断力相对减弱，因而可能容易发生责任性事故。在体力低潮期，疲劳乏力，无精打采；在情绪低潮期，心情烦躁，情绪低落；在智力低潮期，迟钝健忘，理解力差。在生物节律的临界期，身体处于不稳定的过渡状态，此时人的有关能力和机体协调性较差，自我控制能力降低，身体易患病，做事易出错，易产生违法犯罪行为。

---

[1]　海剑：《脂粉脸谱——都市女性犯罪实录》，知识出版社2004年版，第78-82页。

妇女经期常常生理上心浮气躁、容易疲劳，多表现为神经质。可能导致自身调控能力减弱，比较容易与社会发生冲突，或者冲突程度加剧。因而女性经期犯罪的人数较多。

学习项目 2　犯罪的个体生理原因理论

一、犯罪实证学派的理论基础

在犯罪学理论的发展历程中，意大利法学家贝卡利亚基于自由意志的刑罚理论曾在法国产生回响并被明文化。然而，法国的实践表明，该理论并未有效降低犯罪率。随着工业革命的推进，犯罪现象愈发严峻，与此同时，实证主义哲学兴起。在这样的背景下，意大利诞生了一种截然不同的犯罪理论，即犯罪实证学派，其以实证研究为根基构建起独特的理论体系。[①]

（一）犯罪实证学派诞生的背景与发展脉络

19 世纪末期，在启蒙思想的引领下，自然科学取得的辉煌成就为犯罪学研究提供了新的思路与方法，同时，资产阶级革命胜利后汹涌而来的犯罪浪潮也对犯罪学研究提出了迫切的现实需求。在这样的多重背景下，一大批来自不同学科领域的自然科学家，如生物学家、人类学家、数学家、统计学家、地理学家等，以及社会科学家，如法学家、社会学家等，纷纷投身于规模空前的犯罪原因研究之中。基于这些研究成果，犯罪人类学派和犯罪社会学派应运而生。

进入 20 世纪，资本主义国家的部分犯罪学学者继承了龙布罗梭关于犯罪人是人类变种的理念，并进一步提出犯罪人是否"异于常人"的命题，从而广泛地从生物学、生理学、心理学、精神病学等多学科领域展开深入研究。在犯罪生物学领域，除了体质性格类型学之外，还深入探讨了内分泌腺、遗传负因、犯罪人家族、孪生儿等与犯罪产生的关联。

（二）犯罪实证学派的核心观点

犯罪实证学派秉持客观决定论，强调人犯罪并非单纯源于自由意志，而是被本人意志之外的诸多外部因素所左右。在他们看来，世界万物皆受因果法则的支配，人的行为受制于人的身体要素以及所处的环境要素。人首先是具有生物学属性的个体，而后才逐渐成为社会人。从生命起始，人便具备生物学特征，随着身体的生长发育以及

---

① 吴宗宪：《西方犯罪学史》（第 2 版），中国人民公安大学出版社 2010 年版。

经历学习和工作等历程，才逐步融入社会并被赋予社会属性。例如，个体在成长过程中，其生理上的发育状况、大脑结构与功能的演变等生物学基础，会与周围的家庭环境、社会文化氛围等环境因素相互作用，共同影响其行为模式。当这种相互作用出现偏差时，便可能导致犯罪行为的发生。犯罪生物学基于"结构决定功能"的假设构建其基本理念。即认为身体具有特定的结构，便会相应地产生特定的功能与行为表现。犯罪人之所以实施犯罪行为，是因为其具有异于常人的生理结构或特性。

（三）犯罪实证学派犯罪原因理论的分类

犯罪实证学派主张犯罪原因决定论，该理论主要涵盖生物决定论（包含犯罪生理理论及犯罪心理理论）和文化决定论（即犯罪社会理论）。恩格斯在其著作《反杜林论》中提出了一个极具影响力的论断："事实上，世界体系的每一个思想映象，总是在客观上受到历史状况的限制，在主观上受到得出该思想映象的人的肉体状况和精神状况的限制。"[①] 这里的历史情况是指特定条件下独立于主体之外的外部社会因素与自然因素，诸如社会的经济发展水平、文化传统、自然地理环境等；而肉体状况与精神状况则包括主体的大脑结构功能、性激素分泌物、体内生物化学物质的成分等众多生物因素以及受这些生物因素影响的精神状态，如情绪稳定性、认知能力等。这些因素相互交织，共同构成了影响犯罪行为产生的复杂网络。

犯罪的个体生理原因理论主要包括生物演化滞留理论、生物劣质理论和体格性格分型理论。

二、生物演化滞留理论

（一）生物演化滞留理论的内涵

19世纪中后期，被誉为现代犯罪学之父的意大利精神病学家龙布罗梭以天生犯罪人学说为基础，创立了犯罪人类学理论，实质上是一种犯罪生物学理论。龙布罗梭于1858年获得医学博士学位，担任过军医、狱医、大学教授、精神病院院长等。龙布罗梭对士兵的文身等身体外貌进行过观察研究，在监狱收集了大量的犯人资料，解剖研究过死刑犯人的尸体，也测量研究过精神病人的人体。在实证研究的基础上，他阐明遗传与犯罪的关系，强调生物因素对犯罪具有直接决定作用。犯罪人类学理论集中体现在其代表作《犯罪人论》中。

龙布罗梭主要从生物演化与滞留的情况阐释其观点，因此其理论又称生物演化滞留理论。龙布罗梭认为，犯罪的深层原因在于原始人和低等动物的特定特征在当代人类社会环境中离奇地重新出现并得以繁衍。他提出了一种极具独特性的犯罪成因解释视角，认为犯罪根源在很大程度上主要源自生物性因素。具体而言，在犯罪人的胚胎

---

① 恩格斯：《反杜林论》，人民出版社2015年版，第37页。

发育这一微妙且关键的进程中，由于受到诸如母体孕期不良环境影响、基因突变、遗传缺陷等各种复杂不良因素的干扰与侵袭，致使发育过程遭受严重阻碍，进而导致其发育状态不幸停顿于原始人的阶段。如此一来，这类犯罪人便呈现出早期原始人所具备的形形色色的生理和心理特性，在行为表现模式上与未开化的禽兽极为相似，缺乏人类所特有的高级智慧及理性思维能力。这种内在特质的缺陷使得他们在面对现代复杂多变、规则林立的社会生活环境时，显得无所适从，难以适应，进而极大地增加了他们从事犯罪及各种偏差行为的可能性。并且，该理论进一步主张犯罪行为具有遗传性，笃定地认为犯罪是从犯罪天赋中衍生而来，这种天赋如同一种隐藏在基因密码中的潜在倾向，在特定的环境诱发下便可能转化为实际的犯罪行为。

💡 知识拓展

龙布罗梭的实证研究

龙布罗梭展开了全方位、细致入微的观察与研究工作。他率先对士兵群体的文身等身体外貌特征进行了系统且严谨的观察研究，试图深入挖掘这些外在的直观表现背后可能潜藏的与犯罪倾向紧密相连的内在线索。在监狱履职期间，他精心收集了海量犯人资料，这些资料犹如一幅详尽的犯罪人群像拼图，全面涵盖了多方位丰富的信息，包括犯人的个人背景信息（如成长经历、家庭经济状况、社会关系网络等）、犯罪经历细节（如犯罪类型、犯罪频率、犯罪手段以及犯罪动机等）、家庭状况层面（如家庭结构完整性、家庭成员关系质量、家族犯罪史等），以及生理和心理特征方面的身体素质指标、心理认知模式、情绪情感稳定性等。

此外，龙布罗梭还对死刑犯人的尸体进行解剖研究，试图从人体器官、神经系统、骨骼肌肉等生理构造层面找寻与犯罪行为相关的特异性特征。他对精神病人开展人体测量研究，运用精确的测量工具与科学的测量方法，记录精神病人的各项身体指标数据，旨在揭示精神异常状态与犯罪行为之间可能存在的隐秘关联。

（二）天生犯罪人的特征

依据龙布罗梭的研究与观点，天生犯罪人在整个犯罪人群体中占据着相当可观的比例，最高可达三分之一。这些天生犯罪人被认定具有类似于野蛮人的特质，其产生根源被归结为隔代遗传这一独特的遗传现象。也就是说，他们的生理结构呈现出退化而非进化的逆向特征，犯罪在这一理论框架下被视为一种退化的返祖现象，仿佛是人类进化长河中的一股逆流。

龙布罗梭宣称，能够表明返祖现象的生理特征多达 70 多种，这些特征广泛地涵盖了身体形态的各个维度，如身高、体型、肢体比例等，以及面部结构的诸多细节，包括五官形状、分布位置、面部轮廓等多个方面。例如，他在对 6034 名罪犯进行深入细致、旷日持久的研究后，得出了一系列近乎"脸谱化"的总结：刺客往往下巴突出，颧骨间距大，头发和胡须稀疏、细碎且通常为黑色，脸色苍白，这种外貌特征或许暗示着他们性格中的冷酷与果敢，在实施刺杀行为时可能更具隐蔽性与攻击性；攻击者的脖子短，头盖骨比较圆，手臂长，这样的身体结构可能赋予他们更强的力量与敏捷性，便于在攻击行为中发挥优势；强奸犯的手短，前额窄，发色淡，鼻子与生殖器畸形，这些特征或许与他们扭曲的心理和行为动机存在某种内在联系；抢劫犯头发粗，头盖骨不规则，鬓髯浓重，可能从外貌上就透露出一种粗野与莽撞；纵火犯四肢长，头小，身材瘦小，其身体特征可能与他们在纵火行为中的灵活性和隐蔽性相关；骗子的下颌宽大，颧骨突出，体重大，脸色苍白，或许这种外貌有助于他们在欺骗行为中给人以一种看似可信实则虚伪的印象；盗窃犯手臂长，个高，黑发，胡子稀疏，这些身体特征可能在盗窃过程中为他们提供了一定的身体优势，如够取物品的便利性和逃跑时的速度优势。

龙布罗梭的理论具有开创性意义。他率先将实证研究方法引入犯罪学领域，突破了以往单纯基于哲学思辨或法律条文来理解犯罪的局限。其对犯罪人的多方面研究，包括身体特征、家族背景、精神状态等的综合考量，为后来犯罪学研究提供了丰富的研究视角和思路拓展。然而，该理论也存在诸多局限性。将犯罪简单归结为生物性因素，尤其是认为犯罪是返祖现象且具有特定外貌特征的观点，过于片面和绝对。现代研究表明，犯罪是一个极其复杂的社会现象，是生物、心理、社会等多因素相互作用的结果，不能单纯依赖生物因素来解释。

三、生物劣质理论

在犯罪学理论的演进历程中，生物劣质理论占据着独特的地位。该理论主张犯罪行为的产生源于先天遗传的生理、心理劣质，以及后天环境对这些先天劣质个体的冲击相互作用。这一理论为深入探究犯罪行为的根源提供了一个多因素交织的视角，融合了遗传与环境两大关键要素对犯罪行为的潜在影响。

（一）格林的生理、心理劣质遗传研究

美国学者格林认为，犯罪人在生理层面与其他普通人群存在显著差异，并着重强调生物与基因因素在塑造社会行为模式方面的关键影响力。格林指出，犯罪人往往承继了诸多先天遗传而来的劣质特质。例如，在智力方面表现为智慧水平相对较低，这可能影响他们面对社会规范与道德抉择时的判断能力和决策能力，使其更易陷入违反法律规则的困境。在身体形态上，身材矮小这一特征或许会使他们在社会竞争或资源获取过程中处于相对不利的地位，从而增加其通过非法途径满足自身需求的可能性。格林还对犯罪人的生理特征进行了较为细致的归纳与描述，诸如多文身现象，这可能暗示着他们对社会主流文化和规范的一种独特的甚至是反叛性的态度表达；头发茂密

且多直发，鼻梁高，牙齿咬合不正，耳朵多卷曲且小，脖子长等身体特征，被格林视作犯罪人群体在生理表象上区别于常人的重要标识。

（二）达格代尔的家族劣质基因研究

达格代尔通过对朱克家族深入而系统的研究，进一步丰富和深化了生物劣质理论。他在研究中发现，某些特定人群似乎携带一种所谓的"劣质基因"，这种基因被认为是导致个体成为天生犯罪人的内在根源，并且这种基因具有强大的遗传性，会在家族代际持续传递。达格代尔对朱克家族的研究犹如一个典型案例，深刻揭示了生物劣质理论中遗传因素在犯罪行为产生过程中的潜在作用机制。达格代尔对朱克家族的研究过程、数据收集与分析方法以及最终得出的关于劣质基因与犯罪行为关联性的结论，为犯罪学研究领域提供了一个极具价值的实证研究范例，也为生物劣质理论的发展提供了有力的支撑证据，使得该理论在犯罪学学术探讨与研究中更具影响力和说服力。

生物劣质理论自提出以来也饱受争议。现代犯罪学研究表明，犯罪行为是一个极为复杂的社会现象，虽然遗传因素可能在其中扮演一定的角色，但绝不能将其视为唯一的决定性因素。社会环境因素，如家庭教养方式、社会经济地位、教育机会、同伴群体影响等，同样对个体的犯罪倾向有着至关重要的影响。例如，一个生长在贫困且缺乏教育资源家庭中的孩子，即使没有所谓的先天遗传劣质，也可能因生活所迫或缺乏正确的引导而陷入犯罪的泥沼。

四、体格性格分型理论

在犯罪学研究领域，德国学者克雷奇默提出了极具特色的体格性格分型理论，该理论从人体类型的独特视角出发，深入探讨犯罪行为的具体种类以及两者之间的内在联系。克雷奇默将体质界定为一个人全部可遗传素质的总和，并认为体质是犯罪产生的重要原因之一，犯罪行为则是体质的外在体现与反映。他进一步指出，体型与性格之间存在着极为密切的关联，基于这种紧密联系，犯罪与体质必然存在着不可忽视的因果联系，不同体型的个体往往与不同类型的犯罪行为相关联，由此提出了体格性格分型理论。

克雷奇默认为人类的体型主要可分为四大类，且每一类的个体与特定类型的犯罪行为具有显著的相关性。

（一）矮胖型

此类人群的身体特征表现为身材圆厚，体内脂肪含量相对较高，手足呈现出粗短的形态。从性格特点来看，他们性格外向，类似于多血质类型。这类人具有广泛的社交适应能力，性格开放，善于与他人相处交流。在犯罪倾向方面，矮胖型的人相对不易犯罪，在整个犯罪人群体中所占比例较小。绝大部分属于机会犯罪和激情犯罪，所涉及的犯罪类型大多为诈骗。矮胖型犯罪人的累犯比例很低，并且由于其性格相对随和、社交能力较强，所以他们容易接受教化改造。

（二）瘦长型

瘦长型的人身材瘦长，手足长而细。在性格特征上，他们较为内向，类似于抑郁质，表现出不善交际、多愁善感的特点，同时善于冷静思考。在犯罪人群中，这类人占据了相当比例，尤其在累犯群体中更是占据了大多数。他们所实施的具体犯罪主要包括杀人、盗窃、诈骗等多种类型。大部分犯罪属于预谋型犯罪和反抗性暴力犯罪。

（三）健壮型

健壮型个体的身体特征表现为健硕强壮，肌肉发达，活力充沛。其性格类似于胆汁质，具有爆发型的性格特点，感情变化相对较小，较为固执保守，注重礼仪规范，性格相对稳定，但在特定情境下极易形成爆发性冲动。这类人在暴力型犯罪、财产型犯罪和性犯罪方面表现得特别突出，且犯罪数量较多。健壮型犯罪人的累犯比例也占了一定份额，并且由于其性格固执、冲动且难以控制，一般情况下难以接受改造。

（四）障碍型

障碍型人群或具有身体障碍，或存在身体残缺，或呈现畸形状态，其性格多为内向型。这类人在犯罪类型上大多会涉及性犯罪。可能是由于其身体的特殊状况导致心理上的自卑、压抑等负面情绪，进而影响其性心理的正常发展，在特定情境或诱因下容易引发性犯罪行为。然而，关于障碍型人群犯罪的研究相对较少且更为复杂，需要综合考虑生理、心理、社会等多方面因素的相互作用。

克雷奇默的体格性格分型理论虽然为犯罪学研究提供了一种独特的视角与思路，从人体体格与性格特征的关联角度来解释犯罪行为的类型差异，但该理论存在一定的局限性。一个人的社会经济地位、家庭环境、受教育程度、同伴群体影响等社会因素在犯罪成因中往往起着至关重要的作用，而克雷奇默的理论对这些社会因素的考量相对不足。此外，将特定体型与犯罪类型简单对应，缺乏足够的科学依据和精准性，并且容易导致对特定体型人群的刻板印象与歧视。

学习项目 3　基于犯罪个体生理原因的因应对策

一、预防犯罪论

龙布罗梭强调，对待犯罪首要的应当是预防犯罪人的产生，而非仅着眼于惩罚。

若预防失败，则对犯罪人进行治疗；若犯罪人的犯罪习性已根深蒂固、不可救药，就应当把这类人安置在适当的机构中进行隔离。龙布罗梭指出，这种专门的隔离机构与现行的监禁制度相比，具有显著的优势，它能够更为有效地保卫社会安全，同时，该机构又不会像监狱那样背负着恶劣的名声，从而避免了犯罪人在监禁过程中可能受到的一些不必要的负面影响以及社会对监狱的负面看法所带来的一系列问题。此外，龙布罗梭还主张运用预防性措施和法律措施相结合的方式来治疗犯罪人，通过这种综合手段，全面、系统地应对犯罪问题，从根源上减少犯罪行为的发生。[①]

（一）预防贫穷儿童犯罪的机构

龙布罗梭将治疗犯罪类比为治疗疾病，认为如同治疗疾病一样，治疗犯罪也存在着很大的成功可能性，关键在于治疗应当及早开展。他强调社会应重点关注孤儿与贫穷儿童，其成年后因家庭因素而犯罪的可能性较高。他提出，有预防犯罪决心的社会应承担起教育无家可归儿童的责任，为其提供良好的教育条件。对于这些儿童，安置于受人尊敬的私人家庭可使其感受温暖关爱，利于培养良好的价值观与行为习惯；安排到专业教育与道德训练机构，能使其获得知识与道德滋养。因此，龙布罗梭呼吁国家应当效仿当时一些著名慈善家的做法，积极开办专门收容、教育贫穷儿童的机构，通过提供系统的教育、生活保障和心理辅导等，帮助这些儿童摆脱困境，防止他们因生活所迫或缺乏教育引导而走上犯罪道路。

（二）预防贫穷成年人犯罪的机构

龙布罗梭认为，预防犯罪的方法是多维度的，其中包括在成年人面临生活危机时，如失去生活依靠、遭遇失业等困境，及时为他们提供必要的帮助。他指出，为移民或异乡人建立旅馆、庇护所、阅览室等，设立低价有益的娱乐场所，为体力劳动者创办夜校、劳动局、移民救助组织等，这些能预防成年人因生活危机陷入绝望而犯罪。通过提供住宿、学习、就业援助和休闲娱乐等方面的支持，可以帮助成年人维持基本的生活稳定，提升他们的生活技能和综合素质，增强他们应对生活困难的能力，从而有效降低因生活危机引发犯罪的风险，维护社会的和谐与稳定。

龙布罗梭的理论促使部分国家和地区重视犯罪人早期干预与治疗，推动了相关救助、教育机构的建立和完善，减少了困境人群因生活或教育问题走向犯罪的可能，其对具体犯罪类型的预防建议也引发各界关注并促使相应措施出台。龙布罗梭预防犯罪论突破传统刑法学单纯惩罚犯罪的观念，为现代犯罪学开辟了新视角，综合研究犯罪人的生理、心理与社会环境因素，加深了人们对犯罪的认识。其关注贫穷儿童与成年人的理念体现出社会关怀与人道主义精神，对改善弱势群体生活、促进社会公平有积极意义。然而，龙布罗梭的理论过度侧重生物学因素，忽视社会与个人主观因素，且部分预防措施当时难以有效实施。

---

① 黄俊平：《龙布罗梭及其刑法思想述评》，《法律科学（西北政法大学学报）》1997年第3期。

二、治疗犯罪人论

龙布罗梭指出，通过实施预防犯罪的方法、加强对儿童的照料和训练以及为成年人在发生危机时提供帮助等一系列措施，虽能够在很大程度上减少犯罪行为的发生，但从现实角度来看，要想完全消除犯罪现象是极为困难的，也是不可能实现的。基于此，他认为还需要采取一些补充措施来进一步完善犯罪防控体系，例如设立专门的治疗犯罪人的机构，以及建立能够将那些不可改造的犯罪人妥善隔离起来的其他特殊机构等。

（一）青少年犯罪人的特殊司法与矫正措施

对于青少年犯罪人，龙布罗梭强调应当运用特殊的法律措施将其与其他犯罪人分开加以处理，以充分体现对未成年人的特殊保护和教育矫正原则。具体而言，应当设立专门的特别法官，由这些具备专业知识和丰富经验的法官来专门审理青少年犯罪案件。这是因为青少年犯罪案件具有其自身的特点，与成年人犯罪案件存在诸多差异，需要法官在审理过程中充分考虑到未成年人的身心发展特点、犯罪原因以及矫正可能性等因素，从而作出更为合适、更有利于未成年人回归社会的判决。还应当建立少年犯缓刑制度，建立监督少年法庭判决的少年犯的组织。

在监狱建设管理方面，龙布罗梭认为务必要在监狱中将青少年与成年犯罪人严格区分开来。这样做的主要目的在于避免青少年在监狱服刑期间受到成年犯罪人的不良影响，防止他们在与成年犯罪人的接触过程中，受到错误价值观的引导和犯罪行为的传染，进而逐渐演变成为成年犯罪人，增加其再犯的可能性。为了更好地对青少年犯罪人进行教育矫正和治疗，还应当建立专门的教养院。这些教养院具有独特的功能和优势，其环境和教育方式等都是经过精心设计和安排的，能够为他们提供一个相对积极、健康的矫正环境，不会使青少年犯罪人受到犯罪传染。在教养院中，可以通过专业的心理辅导、文化教育、职业技能培训等多种方式，对青少年犯罪人进行有针对性的、有效的治疗和矫正，帮助他们认识到自己的错误行为，树立正确的价值观和人生观，重新回归社会。

（二）特殊犯罪人群体的专门对待

龙布罗梭特别关注生来犯罪人、癫痫病人和悖德狂者等特殊犯罪人群体。他认为，这类犯罪人的犯罪行为是由他们先天的邪恶本能所引起的，其犯罪根源具有一定的特殊性和复杂性。因此，基于他们的特殊情况，不能将他们送入普通的监狱与其他犯罪人一同关押。相反，应当为这些犯罪人建立专门的监禁和治疗机构，以便能够根据他们的身心特点和犯罪原因，采取更为合适、更为有效的监禁和治疗措施。

对于患有精神疾病的犯罪人，可以在专门的机构中为其提供专业的医疗救治和心理治疗，帮助他们控制病情，减少因精神问题导致的犯罪行为再次发生的可能性。意大利犯罪学家菲利主张，为了有效地进行社会防卫，应当建立犯罪精神病院，收容那些犯了罪的精神病人。

三、遏制犯罪论

在犯罪学理论的发展进程中，加罗法洛提出了极具特色的遏制犯罪论。加罗法洛深入研究，同时将达尔文的生物进化理论和斯宾塞的犯罪人赔偿与释放理论进行有机结合，创新性地提出了通过淘汰与赔偿来遏制犯罪并取代传统威慑的三类方法，为犯罪学研究提供了崭新的视角与思路。

（一）完全淘汰

这一方法具有极为严厉的性质，是指将犯罪人从社会环境中予以绝对淘汰，从而彻底切断犯罪人与社会之间的联系，其中最为典型的手段便是死刑。加罗法洛认为，死刑应当适用于那些由于存在严重的道德异常状况而实施犯罪行为的人。这里所提及的严重道德异常，主要体现为极度缺乏利他情操，尤其是怜悯情操的缺失。当一个人呈现出这种道德特质时，意味着其在本质上难以与社会生活的基本规范和要求相契合，几乎不可能适应正常的社会生活秩序。在这种情况下，为了维护社会整体的安全与稳定，保障广大民众的生命、财产等合法权益免受持续的威胁与侵害，对其实施死刑这种完全淘汰的措施被认为是必要的。

（二）部分淘汰

这是一种相对温和但依然具有较强限制作用的淘汰方法，其核心在于将犯罪人从他所不适应的特定环境中隔离出来。具体的实施方式包括长期监禁或终身监禁，通过将犯罪人限制在监狱等特定场所内，使其脱离原本可能诱发犯罪或者不适合其生存的社会环境，从而减少其再次犯罪的机会与可能性。流放也是部分淘汰的一种形式，即将犯罪人驱逐到远离其原有生活区域的地方，使其在新的环境中重新开始生活，但同时也面临着诸多适应困难与社会融入问题。此外，永久禁止从事某种职业或者剥夺某种民事或政治权利等手段同样属于部分淘汰的范畴。

（三）强制性赔偿

这种方法具有独特的性质，它是指强迫犯罪人对其犯罪行为所造成的损害进行赔偿的淘汰方法。加罗法洛认为，这种方法适用于那些虽然缺乏利他情操，但只是在特定情况下实施了犯罪行为并且被判定为不可能再次犯罪的人。例如，一些因一时冲动或者在特定情境压力下实施了轻微犯罪行为且没有犯罪前科与犯罪倾向的人，对于他们而言，强制性赔偿能够在一定程度上弥补犯罪行为所造成的物质损失与精神伤害，同时也起到了对犯罪人的惩戒作用。

四、效益刑罚论

回顾历史，人们对于刑罚的效果或作用始终存在着相互矛盾的看法。一方面，部分社会学家秉持着一种较为悲观的观点，他们认为刑罚在预防犯罪方面几乎难以发挥实质性的作用。另一方面，也有一些犯罪学家坚信刑罚是最为有效的犯罪预防手段。加罗法洛认为，要解决这一长期以来关于刑罚效果的争议问题，关键在于对不同类型的犯罪人实施差异化的刑罚策略。在运用刑罚措施来预防犯罪以及防卫社会时，应当严格遵循功利原则。需要在刑罚的危害程度与有效性之间寻求一种精妙的平衡，力求选择危害最小但同时又能产生最有效预防犯罪和保卫社会效果的刑罚方式。通过精准的分类量刑方式，便能够充分发挥刑罚的最大效益。在其经典著作《犯罪学》中，他对这一体系进行了系统而深入的论述。其核心基本思想便是强调刑罚的个别化，即根据不同类型犯罪人的特点及其将来对社会所具有的危险性来确定相应的刑罚措施。

（一）对极端犯罪人的刑罚

由于极端犯罪人的犯罪行为性质极其恶劣，对社会的危害极大且往往难以矫正，加罗法洛主张处以死刑。死刑的适用旨在从根本上消除其对社会的持续威胁，以维护社会的基本秩序和安全。

（二）对冲动型犯罪人的刑罚

冲动型犯罪人的犯罪行为往往是在一时情绪冲动驱使下发生的，缺乏预谋和计划性。对于这类犯罪人，处以监禁较为合适。监禁的目的在于通过限制其人身自由，给予他们足够的时间和空间进行反思和自我矫正，同时也避免他们在冲动情绪的影响下再次实施犯罪行为，并且在监禁期间，可以对他们进行心理辅导、道德教育等改造措施，帮助他们学会控制情绪，增强自我约束能力，以便在刑满释放后能够重新融入社会。

（三）对于职业犯罪人的刑罚

职业犯罪人将犯罪作为一种职业或长期的生活方式，具有较高的犯罪技能和犯罪惯性。针对这类犯罪人，加罗法洛提出处以长期监禁或流放。长期监禁可以有效地剥夺他们继续从事犯罪活动的机会，使其与犯罪环境相隔离，逐渐削弱其犯罪技能和犯罪网络。而流放则是将他们驱逐到远离原有犯罪环境的地方，迫使其在新的环境中重新适应生活，同时也减少了他们对原居住地社会的危害，这种方式在一定程度上能够对职业犯罪人起到威慑和改造的双重作用。

加罗法洛的效益刑罚论促使人们更加深入地思考刑罚的目的、功能以及如何实现刑罚效益的最大化，在犯罪学与刑罚学的发展历程中具有不可忽视的地位和深远的影响力。

💡 讨论交流

神奇的"先知"

经典科幻小说《少数派报告》描绘了一个令人深思的未来情境。在那个世界中，存在着拥有神奇能力的"先知"，它们实际上是高度发达的人工智能系统。这些"先知"能够深入到人类思维的微妙之处，凭借着对海量数据的极速分析与精准解读，预先侦查出一个人内心深处潜藏着的犯罪企图。它们仿佛拥有能够穿透时间迷雾的眼睛，在罪犯尚未真正付诸行动实施犯罪之前，就已经精准地锁定了目标。而隶属于犯罪预防组织的警察们，依据"先知"所提供的信息，迅速出击，将那些被判定有犯罪企图的人逮捕归案，并且按照既定的法律程序使其获刑。

这种预防犯罪的方法确实在第一时间看似极为高效，能够将犯罪扼杀在摇篮之中，极大地保障了社会的安全与稳定。然而，仔细琢磨却也存在诸多令人质疑之处。首先，仅仅凭借人工智能系统对犯罪企图的预测就判定一个人有罪，这是否违背了基本的无罪推定原则？人的思想是复杂多变的，一个犯罪企图未必就一定会转化为实际的犯罪行为。其次，"先知"的预测是否就绝对准确无误？万一出现误判，那对于被冤枉的人来说将是巨大的灾难。

💡 操作训练

本单元学习情境任务评析

靳某某8岁时因中耳炎治疗失误而耳聋，这一重大生理缺陷是其犯罪成因中不可忽视的关键因素。首先，耳聋严重阻碍了他与外界正常的沟通交流。在成长过程中，他难以像其他正常听力的孩子一样迅速准确地接收信息、表达自我，导致其在社交场合中处于劣势，逐渐被同伴孤立和歧视，还被取了一个侮辱性绰号"靳聋子"。这种长期的社交困境使他的性格变得孤僻，内心世界封闭且压抑，负面情绪无法得到正常的宣泄与疏导，逐渐积累并发酵。

由于听力障碍，靳某某在接受教育、理解社会规范以及融入社会秩序方面都面临巨大挑战。正常的道德观念、行为准则以及法律知识的获取和理解都可能因交流不畅而大打折扣，这使得他缺乏对社会行为边界的清晰认知，在行为上更容易出现偏差。

在情感和家庭生活中，靳某某的生理缺陷也产生了连锁反应。因为交流困难，他难以建立和维护健康稳定的亲密关系。在与韦某某的同居生活里，他无法有效地表达自己的情感与需求，也难以理解对方的感受，只能通过暴躁的行为甚至家暴来应对关系中的矛盾，最终导致韦某某逃离并被他杀害。而这一杀人行为成为其走向大规模爆炸报复犯罪的导火索。

在靳某某决定报复社会时，生理缺陷带来的心理扭曲使他无法以理性和合法的方式看待问题。他错误地认为杀多人与杀一人在法律后果上无差别，这种极端且错误的认知在其扭曲心理的驱使下，促使他实施了惨绝人寰的爆炸行为，造成了大量无辜人员伤亡和严重的社会危害。总之，他的耳聋生理因素通过影响其心理、社交、认知等多方面，成为其犯罪道路上的重要推动力量。

💡 思考练习

1. 从年龄维度分析，不同年龄段犯罪的特征及原因有哪些？
2. 犯罪实证学派的核心观点是什么？
3. 简述龙布罗梭的生物演化滞留理论的主要内容。
4. 格林的生物劣质理论中提到犯罪人在生理层面有哪些特征？
5. 龙布罗梭在预防犯罪论中，针对贫穷儿童和成年人分别提出了哪些预防措施？
6. 加罗法洛提出的遏制犯罪的三类方法分别是什么？
7. 加罗法洛的效益刑罚论中，对不同类型犯罪人的刑罚适用原则是什么？

犯罪的个体心理理论

💡 知识导航

一、学习任务目标

◆ 知识目标

了解智力、人格等因素与犯罪的关系；了解精神分析理论、行为主义理论、人本主义理论、认知发展理论、精神疾病理论等犯罪原因及因应对策。

◆ 能力目标

运用犯罪的个体心理理论解释犯罪原因，构建基于犯罪个体心理原因的因应对策。

◆ 素质目标

培养认识理解、综合分析、灵活运用的能力；强化事业心、责任感与严谨务实的作风；结合犯罪心理分析研究，强化家国情怀，增进心理健康；加强职业伦理操守，弘扬人本主义精神。

二、学习内容导图

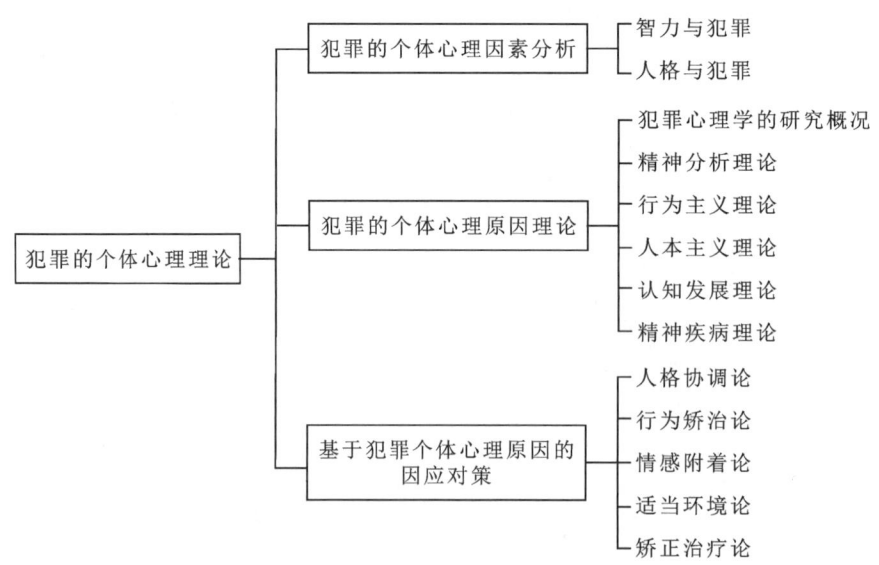

三、学习情境导入

马加爵故意杀人案

云南大学生物化学学院生物技术专业学生马加爵，由于在一次纸牌游戏中与同学意见不合，在 2004 年 2 月 13—15 日将唐学李、杨开红、邵瑞杰、龚博等四名同学相继残忍杀害。

根据马加爵在公安机关一份讯问笔录上的陈述：我有杀人的想法是今年 2 月份的事。当时我、杨开红、邵瑞杰、唐学李在我们宿舍打牌，其间，杨开红说我打牌作弊，之后争吵了起来。邵瑞杰就帮杨开红打击我，并说到邵瑞杰早就不想和我打牌了，还对我说我脾气怎么怎么怪等。我就不赞同。后唐学李就转到边上看报纸，邵瑞杰和杨开红仍然打击我，还说龚博过生日都不请我等来举例说我为人差。后来，杨开红就摔牌说不打了。当时我很气愤，我没有想到我在邵瑞杰心目中是这种人！我一直认为邵瑞杰和我是很好的朋友，我越想越气愤，我就想要毁灭他，也想毁灭我自己。杨开红又在边上说我，另外，龚博过生日不请我，肯定也是看不起我，所以我当时就决定杀他们三个人。而唐学李之所以被害，在庭审中，马加爵说：因为唐学李跟邵瑞杰和我都住在一个宿舍里面，妨碍我杀其他人，所以我连他也杀了。

请进一步收集马加爵杀人案的更多详细资料，并运用犯罪个体心理原因的相关理论分析其犯罪的原因。

💡 项目学习

学习项目 1　犯罪的个体心理因素分析

犯罪生物学重点研究遗传和体质，犯罪心理学则集中研究智力和人格同犯罪的关系。

一、智力与犯罪

智力是指人们在获得知识和运用知识解决实际问题中所具有的心理特性。包括抽象思考能力，有效地处理环境、快速而成功地适应新情况的能力等，同时还表现为谋略、机智、先见和灵活应变能力。对智力的测量多用智商（IQ）来表示。

早期的研究把智力作为生理因素的一个方面，强调其对犯罪的决定性作用。认为智力是由遗传基因决定的，智商测量的是每个人的天质因素，智力低下的青少年或成年人更可能犯罪。

"低能说"的创始人戈达德对卡里卡克家族作了调查，证明智力低下的遗传特性及与犯罪的关系。后来他在新泽西州的少年院进行智力测验，结果表明，在少年收容机构的违法少年中，少则28%、多则89%的犯人为低能儿智商。他强调低能是犯罪的重要原因。他于1912年将法国人比纳设计的智力测验法加以引进和修改后，对美国监狱里的罪犯进行了测试，结果发现有50%～64%的罪犯存在智力落后现象。据此，他提出了"智力上的缺陷是违法犯罪的主要原因"的论断。英国医生格林考察了英国3000名罪犯的精神特征，发现低能和精神错乱等智力缺陷与犯罪明显相关，认为犯罪行为是遗传的。

后来，学者们直接对犯人和一般公民进行比较，结果未显示出智力与犯罪的关系，导致犯罪与智力关系研究的衰落。20世纪70年代，坚持智力与犯罪相关的学者不再认为智力决定犯罪，而更多地主张智力作为多元因素中的一个，与社会环境因素共同影响犯罪，强调智商与社会环境相互作用或通过社会环境（如家庭、学校等）对青少年犯罪产生作用。智商通过影响其他因素进而影响犯罪，智力低下容易与情感的冲动性和认识的偏差性相联系，以致造成对社会的价值与行为标准在理解和遵从方面发生困难。越来越多的学者开始注意到智力与犯罪相关性的研究。赫希和欣德朗认为，智商影响犯罪是间接的，即智商低的孩子可能导致他们在学校表现差，因而使得他们厌恶学校并在社会上寻求支持伙伴，因此增加了这类孩子犯罪的概率。

智能不足者的主要犯罪类型是：① 无法控制欲望，性侵犯的比例偏高；② 为欲望所驱使无法理性思考，盗窃罪比例也高；③ 容易成为街头游民，尤其是其失去双亲时。

讨论交流

智力测验能够诠释智力和犯罪的关系吗？

不少犯罪人智力测验分数不高，但其他方面尤其是作案时显示出的聪明才智给人留下了深刻的印象，这一现象应如何解决？

针对各种混乱现象，不少犯罪学家、心理学家渴望将智力与犯罪的关系确定为"无效、虚假"。那造成混乱的关键是什么？只有一个合理解释，即在人类文明不断进步、犯罪态势不断改变发展、传统智力理论存在先天缺陷的情况下，智力和犯罪关系的改变已超越了前人对其提出的各种理论假设。无论哪种理论，都是特定社会历史背景的结果，都存在时效性的问题，所以只有在与之相适应的社会历史时期才能起到解释功能。

不难看出，在诠释智力和犯罪的关系时，都毫无例外地要借助于智力测验来进行。有学者对于借助标准智力测试结果分析智力和犯罪之间关系的方法持怀疑态度，认为：标准智力测试实际上是一种文化和社会经济差异而非"天赋能力"的测量器；"标准智商测验"是白人中产阶级发明的，其本意在于测量某些大多数人所说的"智力"这一含混不清且具有不确定性的观念。下层阶级儿童在标准智商测验上处于显著劣势，这是由于他们尚未充分融入那过度依赖言辞技巧的主流中产阶级社会。

二、人格与犯罪

人格是指一个人在不同的情景中所反映出来的稳定的情绪和行为特征。犯罪的人格研究也经历了与犯罪的智力研究类似的过程。由于其方法论的缺陷以及社会实验中的失败，人格因素在犯罪研究中长期得不到重视。在运用明尼苏达人格量表研究青少年犯罪的过程中，发现被关押的青少年犯比一般正常青少年在反社会、反道德伦理以及精神病行为等量度上得分更高。但在随后的人格与犯罪的相关研究中，其结果不太一致。近年来，由于人格研究在人格测量、样本选择以及理论模式（强调人格与环境的相互作用）等方面的改进，其研究成果也越来越受到犯罪学界的关注。不过，与智力一样，研究发现，人格对犯罪的影响一般较弱。人格对犯罪行为可能产生直接影响，也可能通过与环境相互作用对犯罪行为产生影响。

我们重点分析犯罪人格和变态人格。

案例推送

无法自我控制的偷窃

阿姣就职于一家国企，家庭与事业都蒸蒸日上。但是阿姣爱占小便宜，也就是小偷小摸，每次去超市都顺手往兜里揣一些散装的没有磁码的小商品，最多的一次来来回回居然塞下将近一斤。渐渐地，她喜欢将所去地方的所有能带走的东西都装进包里。其实她每次想动手的时候都特别紧张，手都是颤的，并不像真的小偷那样越偷越淡定。可是赃物顺利到手后，却又真心感到满足和成功。

（一）犯罪人格

在人格刑法中，犯罪人是指实行了犯罪行为并且具有犯罪危险性人格的人，而非单纯地实施了犯罪行为的人。它要求在定罪时考虑犯罪危险性人格，而不能只考虑行为的危害性。

犯罪人格，即犯罪危险性人格，是指个体在社会化过程中形成的具有反社会倾向、能够导致犯罪行为产生的不良人格特征，是以后天背景为主形成的人格问题。具体包括两大组成部分：犯罪人的个性倾向和个性心理特征。这两大部分有机地结合，使犯罪人格成为一个整体结构，也可称为犯罪人格结构。

在人格刑法学下，犯罪人格成了与犯罪行为等量齐观的构成犯罪的因素。犯罪人格反映了犯罪人反社会性的大小，同样显示出犯罪人改造的难易程度。人格刑罚的目的在于将犯罪人的犯罪人格矫正过来，恢复到正常的人格，最终回归社会。大量的实证研究发现，犯罪者共有一些人格特征，如高精神质、高度紧张、敏感、冲动、低服从、缺乏自律、自我中心、对智力活动不感兴趣等。也就是说，人格缺陷与犯罪行为之间确实存在着联系，它是导致犯罪的重要原因之一。

李玫瑾、董海认为，具有犯罪人格的个体，在30岁之前有严重暴力犯罪的倾向，且缺乏道德感和罪恶感，感情冷漠，极度凶残等。在童年期，心理表现正常，但基本社会化有明显的缺陷；在青春期前后，出现生存性的违法犯罪行为；成年后，犯罪行为不断升级，犯罪动机简单而手段残忍；犯罪人格的稳定程度取决于异常社会化时间；犯罪人格具有极强的人身危险性。

（二）变态人格

变态人格犯罪是一种较严重的与环境适应不良的危害行为，常使自己、他人或社会蒙受损害，影响正常的人际关系。变态人格者都有根深蒂固的行为适应性障碍，但还不属于精神病和神经病。一般从少年时期起比较明显，并终生存在，难以完全改变。变态人格的犯罪一般开始于青少年时期，中年以后大多逐渐减少。

与犯罪高度相关的变态人格的特征主要有无法建立良好的人际关系、缺乏罪恶感、无爱人与被爱的能力、高度的冲动性、以本我为中心、反社会人格、无道德感、实时享乐、无法安于本分。

学习项目2　犯罪的个体心理原因理论

一、犯罪心理学的研究概况

犯罪心理学主要研究犯罪的心理方面或者犯罪心理，特别是研究人格、道德发展、学习、智力、精神疾病等与犯罪行为的关系。在早期，"心理学"的研究者还探讨邪恶的灵魂或魔鬼与犯罪行为的关系。从19世纪后期开始，犯罪心理学的理论一度成为犯罪学理论的主干，吸引了许多学者从事这方面的研究，发表了大量重要的研究成果，其顶峰时期稍晚于犯罪生物学理论的兴盛时期。犯罪心理学的研究一直持续到今天。当代有关犯罪问题的所有重大研究，都包含了心理学方面的内容。

二、精神分析理论

精神分析理论属于心理动力学理论，由奥地利精神科医生弗洛伊德于 19 世纪末 20 世纪初创立。精神分析理论是现代心理学的奠基石，它的影响不限于临床心理学领域，对整个心理科学乃至西方人文科学的各个领域均有深远的影响。

（一）理论基础

1. 精神层次理论

精神层次分为无意识、意识、前意识，如图 4-1 所示。

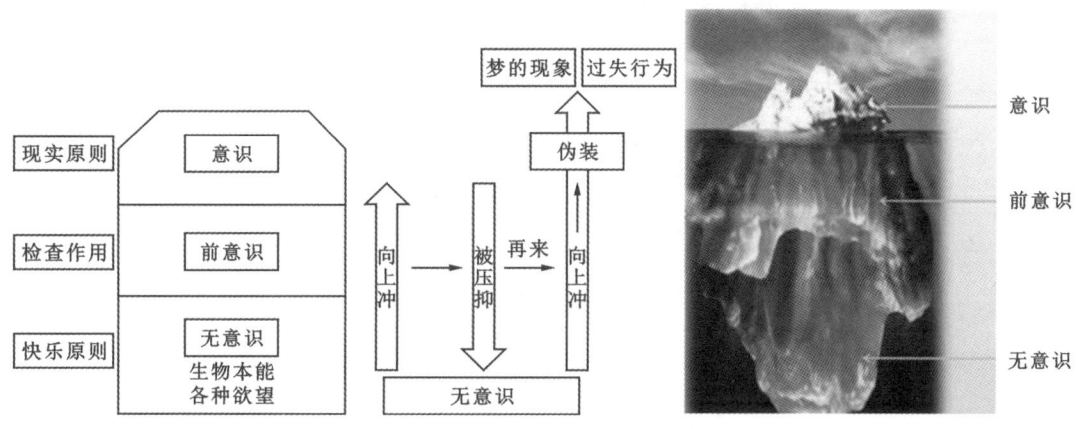

图 4-1　精神层次图

无意识，也即潜意识，属于性的原始欲动，占据了个人意识的大部分，是人的心理结构中最深层的部分。人的本能欲望以及与此相关的情感、意向都储存在这里。无意识系统中的本能冲动积蓄着强烈的心理能量，并按照快乐原则随时寻找发泄的渠道。

意识是个体所能知觉的部分，符合逻辑的思考，如饥渴、说话，是人的心理结构的表层。意识直接面向外部世界，负责协调人与外部世界的关系，因此只能服从现实原则，即按照现实的可能性来决定人的行为。意识常常对无意识本能欲望进行必要的压抑，同时也受无意识的袭扰。

前意识是过去的经验，当下无法警觉，如记忆、经验，在心理结构中处于过渡带，内容包括良心、理想、信仰等。前意识受道德（至善）原则支配。一般情况下，无意识的非理性欲望要受到前意识的匡正，在意识中有节制地得到满足。一旦无意识冲破前意识的防线，僭越意识取得支配地位，人的精神就会处于失常状态。常见的无意识主导状态有遗忘、口误、梦境等，严重的就是精神病症状。

2. 人格结构理论

如图 4-2 所示，人格结构分为本我、自我、超我。个人的行为就是精神里面的三个机关互相作用的结果。本我受快乐原则支配，为求满足不择手段；超我则受道德（至善）原则支配，以抑制本我的冲动；自我受现实原则支配，调和本我与超我的冲突。本我寻找最直接的欲望满足，自我使用现实原则思维来压抑这个冲动，并寻找可接受的方式来满足这个欲望，而超我是通过已经融入无意识中的父辈的教诲来施加控制的。

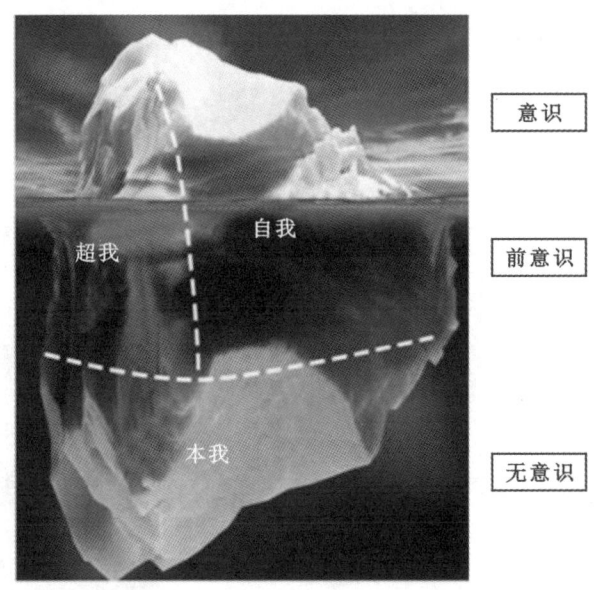

图 4-2　人格基本结构

当本我的力量强大到自我和超我都无法控制的时候，这个人的行为要么呈现病态，要么就去犯罪。当超我太强，超出自我时，这个人就会充满负罪感、挫折感，对别人一副道德面孔或者惯于迫害别人。在健康人的身上，自我会进行控制，寻找让本我得到充分满足的各种方法，而不是以招致从愤怒的超我那里得来的沉重的负罪感为代价。

3. 人格发展理论

弗洛伊德认为，人格的发展，主要是本能的发展。本能的根源在于身体的紧张状态，多集中在身体的某些部位，称为动欲区。动欲区在发展的早期是不断变化的，首先是口腔，其次是肛门，然后是生殖器，据此他将人格发展分为五个时期，即口唇期、肛门期、性器期、潜伏期和生殖期。儿童在这些阶段中获得的经验决定了他的人格特征。

每个时期都有与性有关的特殊的矛盾冲突，人格的差异与个人早期发展中性冲突解决的方式有关。如果某一时期的矛盾没有顺利解决，性的需求没有满足或过度满足，儿童就会在以后保持这个时期的某些行为，这就是停滞现象。

停滞与退行是紧密联系的。所谓退行，是指当个人受到挫折或焦虑时，他就会返回到早期发展阶段，出现幼稚行为，如哭泣、抽烟、酗酒等。一个人一旦发生退行现象，他总是倒退到他曾停滞的那个发展阶段。

弗洛伊德人格发展理论如图 4-3 所示。

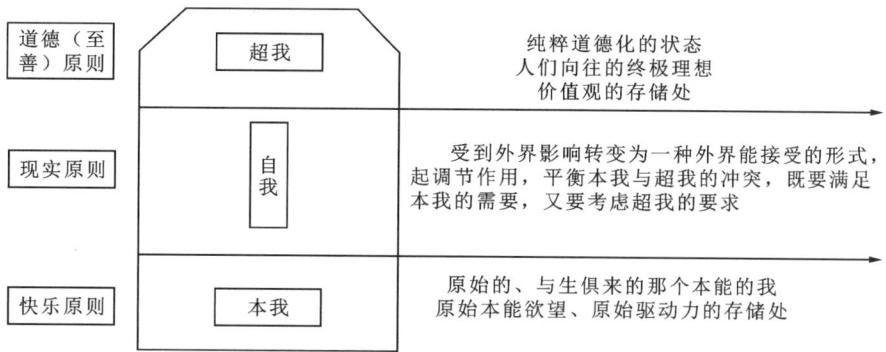

图 4-3　弗洛伊德人格发展理论

4. 双重本能理论

本能是行为的启动因素，是个体释放心理能量的生物动力。人有和性本能相联结的生存本能以及有机物复归到无机物的死的本能。本我中的基本需求是生的本能，基本需求以外的攻击与破坏两种原始性的冲动则为死的本能，两者合称互补本能。与犯罪相关的主要是"攻击"。

一般来说，死亡冲动比生存冲动要弱得多，可是，对于受虐现象和其他一些与快乐原则相左的行为来说，这是唯一可能提供解释的办法——人们因愿意接受惩罚而犯罪。

（二）对犯罪原因的阐释

弗洛伊德本人对犯罪进行了一定的研究。在 1915 年的文章《由于罪恶感而犯罪的人》中，弗洛伊德初次应用精神分析学的观点解释犯罪问题，为犯罪学中精神分析理论流派的形成奠定了基础。弗洛伊德认为，由于成年人心理性欲发展中的固着和倒退现象导致的恋母情结，个人在超我的作用下产生一种很深的无意识的罪恶感。具有这种罪恶感的人，有一种通过进行犯罪而受到惩罚的欲望，以便通过接受惩罚来消除罪恶感，恢复善良与邪恶之间的适当平衡，达到心理解脱的目的。根据弗洛伊德的分析，犯罪人的罪恶感产生在前，犯罪行为实施于后，这实际上是将通常的犯罪因果关系颠倒了。

精神分析理论对犯罪原因的阐释如下。

1. 依人格结构理论

犯罪是超我与自我的缺陷。自我无法得到健全发展，无法将本我导入正轨。

弗洛伊德指出，个人的心理问题并未因社会化而解决，因为社会进程与人类本能的追求自私的趋势相抵触，它仍会继续造成不同程度的压力。也即，无意识总是与现代社会的控制规则和标准发生冲突。

人有与生俱来的犯罪潜意识，即各种欲望的存在，因为不完善的超我与自我控制不住本我的原始性攻击，从而导致犯罪。例如，一些神经症患者拼命工作，另一些神经症患者纵火。

2. 依人格发展理论

犯罪是一种退化行为，或是一种替代满足的象征。例如，口唇期发展不健全，日后可能以酗酒、抽烟来满足口腹之欲。犯罪行为可能是获得在家中得不到满足的需要和欲望的替代性满足的一种手段。

3. 依双重本能理论

（1）犯罪是一种神经性行为。犯罪人与神经症患者都是病人。只是神经症患者将潜意识之驱力与抑制力之间的紧张，向内表现为非犯罪性的神经质症状，而犯罪人将这种紧张以犯罪行为的形式向外表现出来。

（2）犯罪是死的本能的表现。人的潜意识里会有想死或者伤害自己或别人的欲望。如果死的本能占优势，那么，同生的本能结合得不好时就产生攻击（杀人、暴行、施虐、受虐），死的本能也称为杀人冲动。

（3）犯罪行为是为减轻内心的愧疚感。犯罪人经常被一种强迫性地追求惩罚的需求所困扰，以便减轻从无意识的欲望中产生的罪恶感和焦虑。例如，犯罪人因恋父或恋母情结而产生罪疚感，乃以犯罪行为的外在表现来寻求惩罚，以减轻的内心罪疚。

💡 经典故事

俄狄浦斯情结

俄狄浦斯情结，即恋母情结。俄狄浦斯是希腊神话中某国王的儿子。他的父亲听信了将要死在儿子手里的预言，因此在俄狄浦斯生下来后，就命令将他抛弃在山洞中。俄狄浦斯为一牧人所救。俄狄浦斯本人并不知此事，后来他杀死了父亲，娶了自己的母亲。

三、行为主义理论

（一）理论基础

1. 强化理论

行为学派强调心理制约，认为人类的行为可因奖赏而强化，因惩罚而减弱。最早由俄国的巴甫洛夫提出，美国的斯金纳加以全面系统研究。

强化理论也叫操作条件反射理论、行为修正理论，斯金纳提出以学习的强化原则为基础理解和修正人的行为。强化是指伴随于行为之后且有助于该行为重复出现的概率增加的事件。斯金纳认为人是没有尊严和自由的，人们做出某种行为或不做出某种行为，只取决于一个影响因素，那就是行为的后果。当后果对他有利时，行为就会在以后重复出现；对他不利时，行为就减弱或消失。因而可以用正强化或负强化的办法来影响行为的后果，从而修正其行为。

（1）正强化。也称积极强化，是通过呈现想要的愉快刺激来增强反应频率。包括奖金、对成绩的认可、表扬、改善工作条件和人际关系、提升、安排担任挑战性的工作、给予学习和成长的机会等。

（2）负强化。也称消极强化，是通过消除或中止厌恶、不愉快的刺激来增强反应频率。包括撤销批评、处分、降级等，有时恢复减少的奖金也是一种负强化。

正强化和负强化的分别就在于强化操作，一个是增加愉快，一个是撤销厌恶，但都是用作增加行为出现的频率。

2. 社会学习理论

社会学习理论是由美国心理学家班杜拉于 1977 年提出的。它着眼于观察学习和自我调节在引发人的行为中的作用，重视人的行为和环境的相互作用。

以往的学习理论通常是用物理的方法对动物进行实验来建构，一般都忽视了社会变量对人类行为的制约作用。而班杜拉主张要在自然的社会情境中而不是在实验室里研究人的行为。他认为，学习可以通过观察获得，不一定要有直接的接触和刺激，社会学习主要透过观察学习行为模仿而完成。

（二）对犯罪原因的阐释

1. 依强化理论

犯罪原因可能来自正强化，即对犯罪利益取得的欲望，也可能是为解消心理的焦虑或痛苦，此则为负强化。

（1）正强化。犯罪是为获取利益。就取得报酬而言，这是正强化，也可以说是人类的本能反应，大部分的犯罪可用此说明。

（2）负强化。利用犯罪来去除内心的痛苦。以强奸为例，若为得到性满足，则属正强化，但一般而言，强奸者都程度不同地为了解消内心的焦虑，就此而言属于负强化。最显著的负强化应属吸毒行为，是利用自我残害的方式得到心理痛苦的解消。

（3）团体的犯罪行为是靠直接的经验及奖赏学习而来。犯罪，尤其是暴力犯罪行为，如果受到了奖赏，则会不断出现。因此犯罪是对生活环境的一种直接学习反应，即近朱者赤、近墨者黑的反应结果，而不一定是不正常或道德不成熟行为的表征。

2. 依社会学习理论

班杜拉认为，人非生而具有暴力行为的本能，暴力行为是透过生活经验学习而来。这些经验如观察他人因攻击而达成目标，或是在电视、电影中观察他人因暴力行为受益等，均可能使观赏者学习到攻击或暴力行为。换言之，幼儿观察成年人未因暴力行为而受到惩罚，则长大后易以暴力或攻击行为处理日常事务，从而学习暴力行为。

行为模仿的主要来源有三。

（1）家庭成员。家庭成员所提供的行为模式，父母成为最主要的模仿对象。使用暴力行为的小孩，其父母也常有相同的行为模式。

（2）生活环境。所居住的地区若属高犯罪区，则易成为模仿来源。

（3）大众媒体。电视、电影以及网络常将暴力描述成可以接受的行为，而暴力行为者未受法律或社会的制裁，甚至被视为"英雄"，则人们会很容易学习以暴力行为或态度处理日常事务或人际关系而不自知。

四、人本主义理论

（一）理论基础

罗杰斯是美国人本主义心理学的主要创建者之一。其人格理论是以自我为中心，以自我实现倾向为动力，以成为充分发挥机能的人为目的的人本主义的人格理论。

💡 知识拓展

人本主义心理学

人本主义心理学的产生是 20 世纪 60 年代美国政治和文化局面动荡不安的结果。20 世纪 60 年代，美国的传统文化价值观受到怀疑和冲击，形成以年轻人为主的反主流文化运动。他们张扬摇滚音乐，主张通过毒品、政治、社会和"性意识提升"以及另类的生活方式等来解放并扩张人的"自我意识"。

当时反校园文化、嬉皮士运动、吸毒、性解放、青少年犯罪、自杀、大学生失业现象十分严重。许多人陷入心灵孤独、情感焦虑、价值危机、意义感丧失等心理冲突中难以自拔。对于这些由社会文化所导致的病态社会和心理危机，精神分析理论、行为主义理论显得无能为力。

因此，提供"自由、自主并向经验开放"，强调对人自身价值潜能发掘的人本主义心理学应运而生。

1. 自我概念理论

认为个人对自己及其与相关环境的关系的了解和看法都应称为自我概念。可以概括为身体、社交、性、感情、喜好、理智发展、职业、价值观和人生哲学等方面的内容。分为现实自我与理想自我。

2. 自我实现倾向理论

自我实现倾向是其人格理论的基本假设，即有机体具有一种天生的自我实现的动机，它表现为一个人力图最大限度地实现自己各种潜能的趋向。其方向是指向目标的。

自我实现是人类有机体的一种核心动机，是被知觉到的自我要达到完善的欲望。其他动机（如求知或艺术创造的需要）都不外是自我实现需要的不同表现形式。罗杰斯把自我实现看作人类有机体的"中心能源"。与自我实现倾向一致的体验引起个体的接近和保持，反之则回避和消除。

3. 心理顺应不良理论

罗杰斯认为，不协调的根源在于价值条件的作用。每个人都有对爱、尊敬、同情、关怀等无条件的积极关注的情感需要，但现实生活中，积极关注却往往是有价值条件的，如只有社会赞许的行为才会受关注。价值条件迫使人们否认自己对经验的体验以迎合他人标准，导致自我和经验的分歧，引起焦虑和内在心理混乱，从而出现心理顺应不良。价值条件成为人们接受或拒绝他们经验的标准。

当人们内化了他人价值条件之后，就会出现自我概念与真实的经验感受不一致甚至冲突的现象。为了维护自我概念与经验表面上的一致，人们就会曲解和否认经验，出现心理适应不良，这时不会产生紧张和焦虑，因为会发展出防御机制。只有当防御手段失效，不能成功地否认或歪曲经验和体验时，才会出现烦恼和紊乱，导致心理失调，严重的还会出现精神结构解组。总之，当一个人意识到"我是这样"，同时又认为"我不该这样"的时候，内部的紊乱就不可避免。

4. 健康人格理论

罗杰斯指出，具有健康人格的人是机能完善的人，具有自我经验的开放态度、自我协调、无条件的积极关注等特点。

（二）对犯罪原因的阐释

1. 依自我概念理论

现实自我与理想自我二者差距越大，人越适应不良。

2. 依自我实现倾向理论

自我实现倾向是建立在人性善的基础上，要从人的尊严、价值和福利的角度看待犯罪和罪犯。

人本主义心理学抨击精神分析理论和行为主义理论的观点，反对侵犯行为的本能观点和动物化观点，认为侵犯行为的根源不是遗传，而在于社会文化原因，在于个体缺乏爱的感情，以致伤害甚至杀害他人。

犯罪是社会不公正安排的后果，是意志自由选择的结果，故绝大部分罪犯是可以改过自新的；要改变罪犯心理，就要使犯罪人在潜意识中建立起对他人的尊重，接受包括"爱"在内的道德准则。

3. 依心理顺应不良理论

罗杰斯把人性看作基本是积极的，人类具有理性化和对环境作出适当反应的能力。如果适当环境存在，这种能力也会自然发展。只有在人的本性被社会影响所破坏时，人类才会暴露出自己感情和行为的严重问题。

有完全机能的人不太可能有破坏性敌对行为，这类个体是期望有和谐人际关系的社会产物（会无条件地积极关注、尊重他人，会理智地看待周围的世界）。伤害性和不合理的攻击行为往往被那些没有完全机能的人所表现出来。失调的心理和行为可追溯到自我实现过程的阻碍，不利的状况（例如有条件的爱）可能会抑制或扭曲正常成长和自我发展并引起不适应的行为。因此，罗杰斯针对人类破坏性所倡导的解决方法就是创造一种环境，可以使人类基本潜能得以释放。

4. 依健康人格理论

如果一个人机能不完善，自我经验不开放，自我不协调，缺乏无条件的积极关注等，就容易形成不健康人格，心理适应不良，严重的可能导致犯罪行为。

五、 认知发展理论

（一）理论基础

1. 道德发展阶段理论

认知发展理论是著名发展心理学家皮亚杰所提出。认知发展是指个体自出生后在适应环境的活动中，对事物的认知及面对问题情境时的思维方式与能力表现，随年龄增长而改变的历程。皮亚杰认为，道德发展的核心就是由无律、他律走向自律。

（1）无律：以自我为中心。4 岁以前属此阶段。

（2）他律：服从权威，以避免惩罚。4～8 岁属此阶段。

（3）自律：有独自的判断能力。8～10 岁属此阶段。

（4）规律：已具有完全的道德、是非、逻辑、抽象思考。10 岁以后属此阶段。

2. 母爱剥夺理论

英国心理学家约翰·鲍尔比提出的理论，也称依附理论。传统观念认为，母亲与其他家庭成员的溺爱，将导致孩童过度依赖，使他长大之后变得软弱无能。二战后，世界卫生组织邀请鲍比针对欧洲地区因战争而无家可归的孤儿进行研究。鲍比提出，母亲与小孩的感情强弱决定小孩未来的形成，若小孩得到温暖、爱心，与母亲互动良好，则其越能附着于母亲，人格形成越能得到发展。小孩需与母亲或其代理者体验到温暖、亲密和连续的关系，才能安全地形成附着。如果小孩与母亲或其代理者分离，就会产生焦虑附着，使得与他人发展亲密和感情之能力降低。母爱剥夺对人格发展有不良影响。

母爱剥夺理论的特点在于：附着具有选择性，幼年附着于父母，尤其是母亲，附着会随年龄而向外扩展，渐次依附于朋友、学校或者配偶。幼儿时期越能得到母爱，且期间持续，其人格越能得到发展；附着的发生，源于最能满足互动需求之人，如幼儿多附着于母亲。

（二）对犯罪原因的阐释

1. 依道德发展阶段理论

如果道德成长未能循序渐进地发展，或停留在早期的无律阶段，可能因而违反社会规范，形成犯罪行为。

如果儿童时期的自我中心未被转化，行为指向停留在依靠他律甚至无律，缺乏自律和规律，就会形成以自我为中心，追逐名利，低估不良后果，将行为归因于外在环境，以至容易形成犯罪行为。

2. 依母爱剥夺理论

若个人于童年时期缺乏母爱依附，则其人格形成必然发生扭曲。

与母亲的感情键附着力弱，则与他人发生良好感情互动的可能性降低。缺乏母爱，易产生人格扭曲，且易形成低自我控制的性格，即易怒、暴躁、焦虑、自我、冲动、享乐等，其偏差的可能性增加。习惯犯就是标准的未形成附着键能力者。

💡 思政园地

习近平：家庭是人们心灵的归宿

家庭是人生的第一个课堂，父母是孩子的第一任老师。孩子们从牙牙学语起就开始接受家教，有什么样的家教，就有什么样的人。党的十八大以来，习近平总书记一直高度重视家庭家教家风建设。

家庭是人生的第一所学校。2014 年 5 月 30 日，习近平在北京市海淀区民族小学主持召开座谈会时指出："家长要时时处处给孩子做榜样，用正确行动、正确思想、正确方法教育引导孩子。要善于从点滴小事中教会孩子欣赏真善美、远离假丑恶。"2015年2月17日，习近平在春节团拜会上的讲话强调："要重视家庭建设，注重家庭、注重家教、注重家风，紧密结合培育和弘扬社会主义核心价值观，发扬光大中华民族传统家庭美德，促进家庭和睦，促进亲人相亲相爱，促进下一代健康成长，促进老年人老有所养，使千千万万个家庭成为国家发展、民族进步、社会和谐的重要基点。"

推动全社会注重家庭家教家风建设。2016年12月12日，习近平在会见第一届全国文明家庭代表时指出："家庭不只是人们身体的住处，更是人们心灵的归宿。家风好，就能家道兴盛、和顺美满；家风差，难免殃及子孙、贻害社会。"2022年6月8日，习近平在四川考察时讲话强调："要推动全社会注重家庭家教家风建设，激励子孙后代增强家国情怀，努力成长为对国家、对社会有用之才。"

六、精神疾病理论

（一）理论基础

精神疾病又称精神障碍，包括所有精神状态或心理功能不正常的疾病，范围很广。特征是情绪、认知、行为等方面的改变，伴有痛苦体验和（或）功能损害。

1. 精神疾病的症状

（1）感觉障碍。包括感觉过敏、感觉减退、感觉倒错、内感性不足等。

（2）知觉障碍。包括错觉、错视、幻觉和感知综合征。

（3）思维障碍。包括思维形式障碍（分为思维奔逸、思维迟缓、思维贫乏、思维松弛、病理性赘述、思维不连贯、思维破裂、思维中断、象征性思维、逻辑倒错性思维、诡辩性思维、持续言语、重复言语、模仿言语、刻板言语等），以及思维妄想（以思维内容障碍为主要特征，分为罪恶妄想、被害妄想、关系妄想、夸大妄想、钟情妄想、嫉妒妄想等）。

（4）注意障碍。包括主动注意障碍和被动注意障碍。

（5）记忆障碍。包括记忆增强、记忆减退、遗忘、错构、虚构、潜隐记忆和似曾相识症。

（6）智能障碍。包括先天性智能低下和后天获得性痴呆。

（7）情感障碍。包括喜、怒、哀、乐、爱、憎、悲、忧等体验和表情。常见的情感障碍有情感高涨、愉快、低落、焦虑、脆弱、激动、迟钝、淡漠、倒错、恐怖、矛盾等。

（8）意志行为障碍。包括意志增强、意志减退、意志缺乏、意向倒错、矛盾意向、强迫观念、强迫动作、木僵、违拗以及刻板动作、模仿动作、怪异行为等。

2. 精神疾病的种类

根据精神障碍的严重程度与本质的不同，精神疾病可分为精神病、非精神病性精神障碍、精神发育不全三大类。

（1）精神病。主要有精神分裂症、情感性精神病（躁狂抑郁症）、反应性（心因性）精神病、中毒性精神病、器质性精神病、症状性精神病等。

（2）非精神病性精神障碍。主要有各种类型的神经症、各种类型的人格变态和性变态等。

（3）精神发育不全。一般指精神发育迟滞。

（二）对犯罪原因的阐释

常见精神疾病与犯罪的关系主要包括以下几类。

1. 精神分裂症与犯罪

精神分裂症的共同特征为思考迟缓、退缩、自卑，对周遭环境会有不当反应。由于其易产生幻觉、幻听，活动力减退，言语语无伦次，与社会生活脱节，且易于情绪化反应，故容易出现突如其来的伤害行为。

（1）主动型。患者处于异常兴奋状态，易为幻觉所主导，故易产生突发犯罪，如杀人、纵火。此种受内在驱力所导致的犯罪，犯罪人往往无自觉，故可能涉及心神丧失问题。

（2）被动型。患者处于低潮期，感情麻木，意志力减低，与社会脱节，故易成为流浪汉，或卖淫，或窃盗等，且易成为惯犯。

2. 情感性精神病与犯罪

（1）躁狂症。违法者以滋扰他人、盗窃、抢劫等行为为主，现实性动机作案居多。

（2）抑郁症。情绪高低起伏，不是过于活跃，处于高亢的状态，就是处于忧郁状态，心情低落，动作迟钝。两种状态会交替，故属于循环型精神疾病。此症状的原因，可能来自遗传，也可能是因长期受到过分严厉的管教，过高的道德要求所致。躁郁症者，于情绪亢奋时，易生暴力行为或自杀，而于忧郁时，则易成为流浪汉，或卖淫，或为惯窃。

3. 器质性精神病与犯罪

（1）癫痫症。患者因暂时性的脑功能失调而失去知觉与意识，即患者会处于一种朦胧状态。其发生原因，可能是遗传，也可能为脑部受损或其他生理因素导致脑部失调。由于会突发病症，故其人格倾向不安、困扰、敏感、以自我为中心。癫痫症发作时可能发生暴力行为；患者对于火焰与血红色特别敏感，因此也可能实施纵火行为。

（2）麻痹症。中枢神经受细菌感染而致神经麻痹，意识判断能力降低，精神易错乱、产生幻觉等，易引起偷窃与性犯罪。

（3）老年期痴呆。年老后，脑部功能退化，易使记忆力丧失，出现失眠、不安、麻木等症状，因判断力减弱，故无法克制冲动，可能产生性侵害，尤其是对儿童的侵害。

4. 精神发育迟滞与犯罪

犯罪以轻度居多，性犯罪及凶杀犯罪占比较大，大多数犯罪动机明确。

5. 神经症与犯罪

其人格特征包括自卑、焦虑、恐惧、紧张、自我、敏感等，其人格只是一种局部性的障碍，故与前述几种病症只发生于特定个人不同，其可能发生于每一个人身上。

神经症的发生，多因环境压力所致，较少来自遗传。若产生强迫性行为，即内心有一股不可抗拒的力量驱使其作出行为，甚至导致犯罪，纵火狂、暴露狂、盗窃狂等即属于此种情况。

6. 人格变态与犯罪

偏执型人格变态、反社会性人格变态、冲动性人格变态、性变态易犯罪。其中，与犯罪最为密切的当属反社会性人格变态，有精神病学家认为，可以简单地将反社会性人格变态最突出的特点归结为两点：一是"无情"或者"不爱"，对被害人缺乏感情、冷酷；二是行为具有极为强烈的冲动性，缺乏深思熟虑和明确的动机。

💡 案例推送

"开膛手杰克"与病态人格

1888 年 8 月 7 日至 11 月 9 日，英国伦敦东区白教堂附近连续发生了五起社会底层女性被谋杀并毁尸的案件。白教堂一带向来龙蛇混杂，虽然犯罪频传，但鲜有类似耸人听闻的残暴的夺命案件。在 8 月 31 日第二起命案发生后，媒体将这两起案件被合称为"白教堂连续谋杀案"，并对凶手犯案的残暴手法大肆报道。媒体的绘声绘影让当地居民惶惑不安，平常人家的妇女至此已不敢夜行。但很快又发生了第三起相似的命案。9 月 27 日，一家新闻社接到了一封用红墨水书写并盖有指印的信件，写信人以带着非劳动阶层调调的戏谑语气表明自己是连续命案的凶手，并且署名"开膛手杰克"。9 月 30 日，发生了第四起类似命案。10月1日，同一新闻社又收到了被认为是出自同一人手的明信片。警方当时对此线索并不看重，认为只是众多借机恶作剧的把戏之一，但是经过媒体的报道，"开膛手杰克"的名声不胫而走，传遍了英国乃至全世界。极端嗜血变态的"杰克"并没有满足。11月9日，一名26岁的妓女在自己的住处又遭杀害。

"开膛手杰克"至今仍无法确知其为何人，但可以猜测其人格基本上是一种病态人格，有强烈的偏执性格，而且有很大的概率，其童年可能遭受性侵害，其本身也可能有强烈的性焦虑，甚至是性无能。综合这些人格特质，是有极大可能性找出这个犯罪人的，但在当时关于这方面的研究尚在起步，自然无法如此，且如果血液、指纹比对工作的出现能再早些，要找出这个"杰克"应不难。不过以目前的资料猜测，这个"杰克"虽然未被逮捕，但有很大的概率，其可能在精神病院安度余生，甚或早已自杀。

学习项目 3 基于犯罪个体心理原因的因应对策

一、人格协调论

精神分析学派认为，要防止犯罪，从小的成长环境要能够满足心理的需求，无意识的欲望要能得到适当的疏解与转化。压抑本我虽可防止犯罪，但过度压抑，反而会造成自我毁灭，形成严重的精神疾病。

二、行为矫治论

1. 性侵害犯的矫治

若要消除这些犯罪原因，依据行为学派的想法，就得利用正负强化的方式。

2. 对精神疾病的治疗

目前主要有认知行为疗法、暴露疗法、放松训练、生活技能训练、电疗法等方法。

三、情感附着论

母亲与小孩的感情强弱决定小孩未来的形成，小孩越能得到温暖、爱心，与母亲互动良好，则其越能附着于母亲，人格形成越能得到发展。附着会随年龄而向外扩展，幼年附着于父母，而随年龄增长，渐次依附于朋友、学校、或者配偶。鲍比的研究，对理解少年犯罪，对儿童照料标准，对社会工作者、医务人员以及其他儿童机构中的工作人员的态度，对改善流行的儿童照料态度和预防有害的母爱剥夺体验，都产生了深远的影响。

💡 案例推送

小方犯罪与对策：母爱剥夺与附着

离异之后，小方的母亲又重新组建了新的家庭，从此很少和小方联系。小方跟随父亲生活至初一时，因父亲常年外出打工而转至跟随爷爷奶奶生活。由于缺少父母的有力监管和教育，小方在校学习期间，成绩一般，英语较差，初三时因和家人闹别扭而离家出走，随后私自退学。退学后，小方瞒着家人跟随同乡奔赴北京，从事伪造国家机关证件活动。2011年9月，小方因涉嫌伪造国家机关证件罪被刑事拘留。

社工介入案主小方的案子并对小方的问题进行了评估。

通过与社工的接触和交流，小方对自己的认知得以深化，提升了自我认知水平，能够意识到自身存在的一些不足，以及这些不足可能会给自己将来的发展带来的不利影响，并表示以后会努力改正自身所存在的这些不足。

通过社工的引导，小方学会了换位思考，认识到凡事要考虑后果，要考虑其他人的感受。同时，小方对法律法规的认识也得到提高，加深了对国家法律法规的敬畏感。另外，在社工的引导下，小方对自己的不良消费习惯和模糊的交友观也有很深刻的自我反思和认识。

在对家人尤其是对父母的情感问题上，小方认识到父母也有他们的迫不得已，自己已经能够理解他们的难处，以后会尽量和父母多联系，遇事多听从家人的意见和建议。

四、适当环境论

罗杰斯强调人类具有理性化和对环境作出适当反应的能力。如果适当环境存在，这种能力也会自然发展。

因此，罗杰斯针对人类破坏性所倡导的解决方法就是创造一种环境，可以使人类的基本潜能得以释放。

☀ 讨论交流

如何从适当环境论与人本主义观点看犯罪人格者的犯罪防控?

1. 尽早识别

犯罪人格者在刚流入社会时有明显的特征：他们年龄小、独自流浪，有的已经开始出现偷窃等违法行为。对于此类人员，警务人员应有意识地了解他们的情况并进行记录。即使目前还没有发现问题，也要尽可能地了解其经历和行踪，预防其犯罪。

2. 收容教育

我国现存的少管所只接受 14 周岁以上未满 18 周岁的少年，但犯罪人格者通常是在 12 岁以前就已经离家流浪了。可以降低少管所的接收年限或是设置专门的机构收容这些儿童，为他们提供食宿，满足其基本的需要，配备教师对他们进行教育，培养其正确的价值观和健全的自我结构，同时进行生产技术教育，使他们能够掌握一种生产技能，为满足今后的生理需要奠定基础。

3. 法律保护

从犯罪人格者的特征我们可以看出，犯罪人格是后天原因导致的。究其根本是一些父母生而不养，致使子女基本社会化缺失。参考世界各国的法律体系，许多国家都是通过立法和司法干预来减少此类现象的发生。我国应该尽早出台针对父母的法律，确定父母的责任和社会救助的方法，确保子女的基本需要得到保障。同时，为了弥补家庭教育的失败，应制定相关法律对早年出现行为问题的儿童和少年予以及时的社会保护和干预教育。

五、矫正治疗论

1. 对于性心理变态的矫治

除采用心理咨询与辅导的方式外，得到矫治者的同意后，也可使用化学或药物的方式。

2. 对精神病态儿童的矫治

美国精神病学家威廉·麦科德夫妇发现，个别心理治疗对精神病态者几乎不起作用，因为典型的精神病态者似乎特别抗拒变化。他们缺乏变化的欲望和焦虑，而这两种因素却被大多数治疗专家看成是治疗的先决条件。大多数精神病态者认为自己没有问题，因而没有理由进行改变。不过，麦科德夫妇也发现，环境疗法对精神病态儿童有治疗效果。

案例推送

威尔特维克教养所的环境疗法

　　1954 年和 1955 年，麦科德夫妇在一个名叫威尔特维克的私立儿童教养所进行了有关环境疗法的效果的研究。这个教养所收容的对象是有情绪障碍的少年儿童。1954 年，麦科德夫妇对送入威尔特维克的少年儿童进行了人格测验和问卷调查，获得了有关他们行为的大量资料。1955 年，麦科德夫妇再次进行了测验和调查，以了解他们是否有变化。

　　麦科德夫妇发现，环境疗法对精神病态的少年儿童有明确的积极效果：他们内心的罪恶感增强了，对权威的看法也变得不再充满恐惧，他们的攻击性消退了，同时对冲动性和破坏性的控制能力增强。

　　在威尔特维克经过一年的生活和治疗，这些精神病态的少年儿童在最重要方面——攻击性、罪恶感、对权威的看法——的得分相当接近于"正常的"郊区少年儿童。麦科德夫妇据此得出结论认为，威尔特维克教养所为精神病态者提供了有效的治疗手段；在这里接受治疗的少年儿童不会变为成年社会病态者。温暖的支持性环境能够满足少年儿童的依赖需要，而这种需要在他们的家庭中是得不到的。威尔特维克工作人员的言行一致、不进行惩罚和社会控制方法，可以说为找回这些少年儿童的良知提供了一个良好的基础。

　　实践中，通过认知行为疗法矫治罪犯严重的心理问题，是监狱常用的矫正治疗方法。认知行为治疗由贝克在 20 世纪 60 年代发展出的一种将认知和行为结合在一起的心理治疗方法，主要针对抑郁症、焦虑症等心理疾病和不合理认知导致的心理问题。通过改变患者对自己、对人或对事的看法与态度来改变心理问题。常见的类型有认知加工疗法、辩证行为疗法、理性情绪行为疗法、自学培训、压力接种训练、基于正念的认知疗法等。

案例推送

认知行为疗法矫治罪犯个案

　　罗某，男，30 岁，初中文化，因信用卡诈骗罪被判处有期徒刑十年三个月。入监半年以来，经常因为琐事和其他犯人发生冲突并大打出手，脾气暴躁、冲动，事后又感到后悔，经常陷入痛苦的矛盾情绪之中。

　　结合心理测评和日常观察，罗某在精神状态上表现为情绪冲动、暴躁、焦虑；在生理状态方面，出现失眠、烦躁、胸闷；在社会功能状态方面，与其他犯人冲突矛盾增多，对民警的教育持抵触态度；在心理状态方面，情绪波动大，敌对情绪强，性格偏执，精神压力大，人际关系敏感。综合诊断认为，罗某存在以愤怒和冲动、烦躁情绪为主的严重心理问题。

罗某的冲动、攻击他人的行为主要是由于其成长经历中习得的错误核心信念造成的，"撑死胆大的，饿死胆小的""拳头大才是硬道理"等信念在他脑中根深蒂固，表现为当和别人发生冲突时，不是通过理性的方式去解决问题，而是通过武力的方式，用拳头强迫他人屈服。当别人对他不服从或是质疑他的时候，他就会觉得别人看不起他，他的核心信念就是"只有让他们怕我，他们才会尊重我"，于是就会攻击对方。罗某的内心其实是自卑的，他害怕别人看不起他，认为用武力可以赢来对方的尊重。所以，矫治罗某的冲动、暴躁情绪，关键是帮助他识别到自身存在的偏执人格以及错误的核心信念，这些信念是造成他产生错误想法的根源。

当核心信念改变了，消极情绪和攻击行为就会减少。民警咨询师主要采用认知行为疗法的心理咨询技术，个案治疗历时6个月，咨询10次。咨询师和矫治对象建立起良好的咨访关系，通过认知行为疗法的相关技术，完成认知三栏作业（每日记录自动想法、认知歪曲的类型和合理的想法等），找出引起消极情绪和行为的自动化思维，识别自动化思维的特征，用几个问题来挑战自动想法，并运用心战口诀等来打破其长期存在的不合理核心信念，重建正确的价值观和核心信念，从而消除心理困扰，恢复心理健康。

💡 操作训练

本单元学习情境任务评析

首先，马加爵犯罪的精神分析理论分析。

童年经历：马加爵在童年时期经历了母亲早逝和缺乏父爱的环境。这种早期生活中缺乏安全感和关爱的情况，可能导致他在成长过程中形成了不稳定且不健康的人格结构。

内心冲突：通过分析案件细节，我们可以看出马加爵内心存在着强烈的愤怒、挫折感和孤立感等消极情绪。这些负面情绪可能源自他自身对社会、家庭和个人生活中所受到的不公正待遇或伤害。

无法控制欲望：马加爵的犯罪行为在潜意识层面可能是一种无法控制的欲望的表达。他通过施暴和杀人来获得一种短暂的满足感和权力感，从而抵消他内心深处的不安全感。

其次，马加爵犯罪的人本主义理论分析。

自我不一致：马加爵内心存在着与外界期望和社会价值观相悖的自我认知。他对于自己所处环境中的需求和期望感到困惑和不满意，导致内外部自我之间的冲突。

条件化的自尊：马加爵对于来自他人的肯定和认可非常依赖，并将这种条件化自尊投射到他所选择的犯罪行为中。

心理防御机制：马加爵可能通过犯罪行为来应对他内心的挫折感和不满，将这种负面情绪转化为外部的攻击行为。

自我实现力受阻：罗杰斯认为，个体实现自我潜能和追求成长是心理健康的重要组成部分。然而，在马加爵的案例中，由于各种心理障碍和环境限制，他无法有效地发展自己的潜能，并寻求了一种错误的途径来满足自己的需求。

💡 思考练习

1. 什么是犯罪人格？研究犯罪人格的意义是什么？

2. 什么是变态人格？变态人格有哪些特征？

3. 犯罪心理学的研究对象是什么？

4. 依据人格结构理论，人格由哪三部分组成？

5. 依据社会学习理论，行为模仿的主要来源是什么？

6. 依据道德发展阶段理论对犯罪原因进行阐释。

7. 基于犯罪个体心理原因的因应对策有哪些？

犯罪的社会宏观理论

💡 知识导航

一、学习任务目标

◆ **知识目标**

了解经济、政治、文化等宏观因素与犯罪的关系，掌握犯罪饱和理论、失范理论、社会解组理论、紧张理论、亚文化理论、社会冲突理论等社会宏观原因理论的内容，并据此提出犯罪社会宏观原因的对策。

◆ **技能目标**

运用社会宏观理论解释犯罪原因。

◆ **素养目标**

通过中外对比研究，深入认识中国制度优势；透过专业层面的宏观社会结构学习，强化国家安全意识；运用系统方法学习研究社会宏观环境因素，加强对中国式现代化的理解与认同；通过经济、政治、文化与犯罪的相关研究，进一步铸牢中华民族共同体意识。

二、学习内容导图

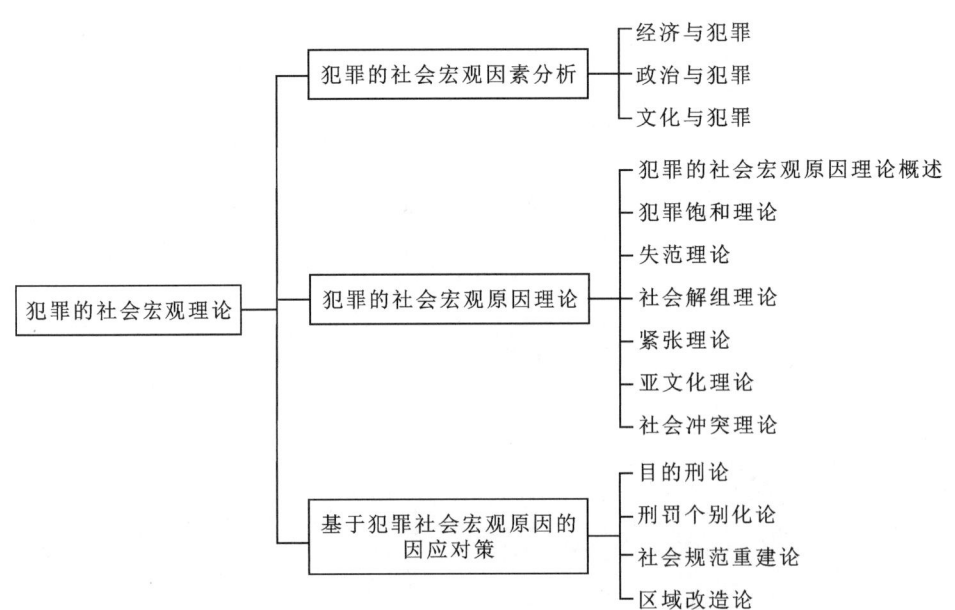

三、学习情境导入

周克华案的社会宏观因素分析

2012 年 8 月 14 日，震惊全国 8 年之久的"苏湘渝系列持枪抢劫杀人案"，曾被公安部列为全国"有广泛社会影响的案件"的案犯周克华因拒捕，被警方在重庆市沙坪坝区童家桥一带当场击毙。从 2004 年到 2012 年，周克华在长沙、南京、重庆作案 10 起，共开 24 枪，杀死 11 人，抢走半自动步枪 1 支、现金 50 余万元。

进一步查找周克华案的详细资料，从经济、文化等社会宏观方面分析周克华犯罪的影响因素，并运用相关犯罪学理论分析其犯罪的原因。

项目学习

学习项目 1　犯罪的社会宏观因素分析

犯罪社会学运用社会学的理论和方法研究犯罪现象，把社会环境因素作为犯罪的重要原因，从社会角度对犯罪现象进行深入分析，研究社会因素对个人犯罪产生的影响。社会环境有宏观和微观两种。犯罪的社会宏观因素是指引发犯罪的社会制度，社会结构，社会政治、经济、文化、环境因素等。这是间接影响犯罪人犯罪的外部条件，既有物质的，也有政治、法律等上层建筑的，它反映了存在和意识的关系，是存在和意识互相渗透的统一体。其本质是构成社会危害性的多种推动犯罪行为发生的社会性因素相互作用产生的动力对主体意识的作用。人是社会意义上的人，人创造了社会环境，人的思想、情感和行为又是社会环境的组成部分，并对他人产生影响。个人要随着社会的发展不断地社会化，否则就会与客观世界发生冲突，出现行为偏差，甚至违反社会规范，实施违法犯罪行为。

犯罪原因的宏观社会环境研究主要从经济、政治、文化等多因素展开。

一、经济与犯罪

经济分析的方法是马克思主义分析社会问题的基本方法。马克思指出，"违法行为通常是由不以立法者意志为转移的经济因素造成的"[1]。

（一）经济发展与犯罪

经济发展与犯罪之间具有一定关系，经济发展对犯罪的影响会通过经济体制、经济政策等中介机制发生作用。

经济发展进程中的一些具体因素，如经济增长问题、收入差距问题、流动人口问题、贫困问题、失业问题、区域经济差异问题、城市化问题等都可能会对犯罪产生影响。

经济发展对不同类型的犯罪的影响方式和强弱不同。如经济发展对经济犯罪的影响比较直接，对暴力犯罪的影响则是间接的；经济发展会通过各种因素影响犯罪个体的心理，如收入差距悬殊引起的冲突心理、失业贫困带来的绝望和反社会心理等。

通过对我国犯罪增长和 GDP 增长之间相关性的分时期考察，学者卢建平总结出如下规律：从犯罪总量来看，1979 年以前两者是负相关关系，而 1979 年以后，两者是正相关关系。

💡 讨论交流

经济发展水平与犯罪数量的关系

对于经济发展水平与犯罪数量的关系，具有代表性的观点有两种。

一种观点是正相关论。其认为，经济发展与犯罪增长之间存在正比关系。这种观点认为经济增长与犯罪率增长之间存在着密切的联系，随着经济的发展，犯罪数量也在增加。19 世纪意大利学者波莱蒂是持这种观点的代表人物之一，我国有部分学者赞成这种观点，认为经济发展伴随犯罪现象的增加和犯罪率的增长，社会经济和犯罪之间存在着同步增长的趋势。

另一种观点是负相关论。其认为，经济发展不仅不会导致犯罪率上升，相反还会为遏制犯罪的增长提供良好的社会条件。意大利犯罪学家加罗法洛是持这种观点的代表人物之一。我国有部分学者赞成这种观点，他们在总结我国部分地区社会稳定发展的成功经验后认为，在社会主义制度下，随着社会主义现代化的不断发展，犯罪会呈现出不断减少的趋势。

互动讨论：你赞同哪种观点？

（二）区域经济差异与犯罪

一般情况下，经济发达地区的犯罪率相对较高，而经济发展水平较低的地区，犯罪率也相对较低。

---

[1] 《马克思恩格斯全集》（第 13 卷），人民出版社 1962 年版，第 552 页。

区域经济差异是引起人口流动的重要原因。一般来说，经济落后地区的就业机会较少，人们的收入较低，而经济发达地区就业机会相对充足，人们的收入也较高。人口从经济落后地区流向经济发达地区。流动人口因为失业致贫或者由于经济、社会、文化等原因不能适应和融入流入地的主流社会时，就会在心理上产生紧张不安和对抗不满的情绪，如果再加上流入地社会对外来人口管理的弱化，在内在因素和外在条件的双重影响下，有些流动人口就会产生犯罪行为，其中盗窃、抢夺、抢劫等侵财性犯罪所占比例较大。

（三）生产力发展水平与犯罪

1. 绝对贫困与犯罪

贫困带来的经济紧张和压力是犯罪的重要原因。恩格斯指出，当贫困者"穷到要饭和饿肚子的时候，蔑视一切社会秩序的倾向也就愈来愈增长了"。[①] 绝对贫困是指一个国家生产力水平低，人民的基本物质生活资料得不到满足的状况。在绝对贫困条件下，如果不能维持最低标准的生活需要，"饥寒起盗心"的求生型财产犯罪就会增多。

2. 相对贫困与犯罪

我国从来就有"不患寡而患不均"的说法。默顿指出，"一个社会只是贫穷或者只是富裕均不产生犯罪，但一个社会贫富差别悬殊就会产生大量犯罪"。影响社会稳定的一个重要原因不是物质资料的多或寡，而是社会成员个体之间存在的明显差异性和相对剥夺感。与绝对贫困相比，相对贫困更容易引起人们的挫折感、被剥夺感，导致心理不平衡，更易刺激犯罪行为的发生。对于犯罪者来讲，物质财富完全缺乏、没有机会得到物质财富，会让他们不舒服，但让他们更有刺激感的是可以见到的物质财富和可以接近的物质财富。例如，收支攀比心理会使人心理失衡。因此，在相对贫困情况下，犯罪的数量和程度会超过绝对贫困情况下的犯罪。

马克思在《雇佣劳动与资本》中指出："一座房子不管怎样小，在周围的房屋都是这样小的时候，它是能满足社会对住房的一切要求的。但是，一旦在这座小房子近旁耸立起一座宫殿，这座小房子就缩成茅舍模样了。这时，狭小的房子证明它的居住者不能讲究或者只能有很低的要求；并且，不管小房子的规模怎样随着文明的进步而扩大起来，只要近旁的宫殿以同样的或更大的程度扩大起来，那座较小房子的居住者就会在那四壁之内越发觉得不舒适，越发不满意，越发感到受压抑。"[②]

3. 失业与犯罪

失业者犯罪的重要原因有三个：一是失业带来的经济压力，二是失业带来的心理

---

① 《马克思恩格斯全集》（第2卷），人民出版社1957年版，第400页。

② 《马克思恩格斯文集》（第1卷），人民出版社2009年版，第729页。

压力，三是社会尚未建立完善的失业保障制度。列宁指出，在贫困的驱使下，人们为了不挨饿，使自己和亲人吃饱肚子，就是不择手段，不惜任何代价。当下，失业致贫返贫人员犯罪的主要目的是解决生存问题，犯罪的主要类型是经济类犯罪。部分失业者失去工作机会后，与社会的联系随之减弱，由此产生的对社会的不满和抵触，也会引发一些反社会行为，导致各种类型犯罪问题。

（四）城市化与犯罪

世界各国的城市化历程中，都伴随着快速增长的城市犯罪问题。城市化与犯罪数量的增加具有内在联系，急剧扩大的城市规模为犯罪提供了更大的空间，创造了更多的机会，城市化是犯罪数量增加的重要原因之一。城市规模和犯罪数量存在正相关关系：城市规模越大，犯罪数量增长越快。城市是由一个个陌生人组建的社会。城市里人们的生存环境竞争激烈，生活节奏快速向前，人们之间的关系变得淡薄疏离，缺少足够的关怀和温情，少数陷入困境的人因得不到温暖和帮助而绝望，产生冲突心理，最终滋生出犯罪心理。

二、政治与犯罪

（一）阶级状况与犯罪

1. 犯罪是阶级矛盾的表现形式之一

在原始社会末期，随着阶级的分化及私有制、国家、法律的出现，犯罪的概念也随之产生。掌握政权的统治阶级，为了控制和镇压被统治阶级的反抗，将严重危害统治秩序的行为规定为犯罪。

马克思、恩格斯在《德意志意识形态》中指出，犯罪是"孤立的个人反对统治关系的斗争"[①]。犯罪受阶级斗争状况的影响和制约，同一种行为在不同的历史时期，统治阶级对它的评价是不一样的。当社会经济繁荣，人民安居乐业，阶级斗争缓和时，刑罚相对宽松；当社会经济困难或政治动乱，阶级矛盾尖锐时，刑法惩罚面变宽，刑罚也会趋于严厉。

2. 阶级斗争是目前影响我国犯罪的因素之一

在社会主义中国，剥削制度和剥削阶级被消灭，但由于国内和国际的种种因素，阶级斗争还将在一定范围内长期存在，在一定条件下还可能激化。在一定范围内存在的阶级斗争，对犯罪会有一定的影响。如危害国家安全犯罪就是存在阶级斗争性质的刑事犯罪。我国刑法将"危害国家安全罪"作为最严重的第一顺位犯罪类型，直接体

---

① 《马克思恩格斯全集》（第3卷），人民出版社1960年版，第379页。

现出阶级斗争的内涵。除了危害国家安全犯罪，一些严重的刑事犯罪也具有阶级斗争的性质。

（二）社会制度与犯罪

不同的社会制度对犯罪的影响是不同的。人类先后出现了原始社会、奴隶社会、封建社会、资本主义社会、社会主义社会等社会形态。在奴隶社会中，其社会制度规定奴隶主剥削、压迫奴隶是正当的；在封建社会中，其社会制度规定了封建主的等级和特权；在资本主义社会中，其社会制度用虚伪的自由认可资本家对工人的剥削，是孕育犯罪的温床，是犯罪产生的根本原因。社会主义社会在一定时期也会发生犯罪，因为社会主义社会在改革发展中会出现一些不协调的情形，产生一些社会问题，引发一些社会矛盾，有的社会组织和个人采取合法的手段方式来处理社会问题、解决社会矛盾，有的则采取违法犯罪的手段方式。到了共产主义社会，人们的需要将得到社会制度的极大保障，犯罪现象会得到极大限制和制约。

三、文化与犯罪

文化是人类在社会发展过程中所创造的物质财富和精神财富的总和，包括物质文化与精神文化两大部分。狭义的文化，包括人类的生活方式、情感方式、民族思维方式、意识形态、风俗习惯、宗教、道德及各种行为规范、准则。研究犯罪的文化因素，主要对应的是狭义的文化概念。

（一）文化冲突与犯罪

文化冲突是指两种或两种以上的文化在传播过程中相互碰撞后产生的竞争状态和对抗状态。文化冲突的本质是价值观的冲突。文化在传播过程中，其规范意识和文化准则会渗透进每个人的内心，影响每个人的思维和行动。不同的文化在传播过程中相遇，奉行此种文化准则的人同奉行彼种文化准则的人之间产生冲突和对抗，当冲突和对抗激烈化、尖锐化时，就会诱发犯罪。

我国现实生活中文化冲突与犯罪的关系主要表现在现代文化与传统文化的冲突，不同地域、群体之间的文化冲突及中外文化冲突等方面。

（二）文化变迁与犯罪

文化变迁，是指文化内容的增量或减量所引起的结构性变化。文化变迁会带来社会变迁，一个社会出现战争、革命、严重的政治危机或经济危机、可怕的自然灾害等非常状态，会导致急剧的文化突变，社会也会出现结构性变化，比如秩序紊乱、行为失控、各种违法犯罪行为激增。文化变迁与其所引发的社会动荡和社会无序成正比，与其最终导致的犯罪率也成正比。

（三）国民性格与犯罪

国民性格或国民性，是指某一文化类型烙于整个民族的性格外观，也即某一文化类型时空中的全体成员所共同具有的倾向性人格特征。不同的国家具有不同的文化，丰富多彩的文化内容造就了不同的国民性格；同一国家的不同地区因为历史传统不同、风土人情有别、宗教信仰差异等，也存在着差异极大的国民性格。国民性格中阴暗劣质的一面可以与反社会性契合起来，形成反社会行为。

（四）亚文化与犯罪

亚文化也称副文化、次文化。凡在某些方面与社会主流文化的价值体系不同的，都可以称为亚文化。在亚文化群体中，个体的价值观念和行为准则等同社会的要求不同，有的甚至大相径庭，会出现一些人为了满足个人的利益，对抗社会法律规范，进行各种违法犯罪活动。与主流文化价值观和行为规范相悖、助长越轨行为的亚文化称为不良亚文化或越轨亚文化。不良亚文化宣扬拜金主义、极端个人主义、享乐主义、个人至上的价值观，奉行玩世不恭、醉生梦死的生活方式，传播色情、暴力等不健康内容。不良亚文化对犯罪的影响是显而易见的，如饭圈文化即为一种不良亚文化。

不良亚文化对犯罪的影响主要表现在以下方面：不良亚文化的传播影响青少年社会化的正常进程，为越轨行为提供了一定的理论和行为规范的参照系；亚文化的犯罪群体使犯罪活动趋向有组织化和严重化。

💡 思政园地

治理"饭圈"乱象 净化网络环境

2021年5月13日，《人民日报》发文：近年来，应援打榜、刷量控评、群体对立、互撕谩骂等"饭圈"乱象进入公共视野，引发舆论关注。"饭圈"群体中，不少是年轻的"95后"甚至"00后"，因为年龄和经历等因素，其辨别能力相对较弱。因此，在一些不良诱导下，他们中的一部分人参与到"打榜"、骂战等恶性行为中，造成不良影响。

与此同时，在"饭圈"乱象的影响下，一些青少年还容易沾染上言语侮辱、人身攻击等恶习，有的甚至构成网络侵权等违法犯罪行为。2019年北京互联网法院发布的研究报告显示，涉互联网侵害人身权案件中，青少年实施侵害名誉权行为的纠纷较为多发，网络言论失范行为亟待规范。

纠偏和治理"饭圈"乱象，需要法治对其祛邪扶正。相关部门应当坚持依法治网管网，持续深入打击数据造假、暗刷流量、恶意炒作、不正当营销等违法违规行为，完善网上不良信息的管理机制，督促网络用户加强自我管理、自我约束。家庭和学校都应扮演好各自的角色、发挥好自己的作用，通过更高质量的关爱、陪伴和教育，帮助青少年形成正确的价值观，引导其理性"追星"。青少年网民也应当坚持依法上网、文明上网，理性辨别网络信息，理智发表网络言论。

治理"饭圈"乱象，离不开各方协调配合、形成合力，只有把规矩立起来，把红线树起来，把正确价值观传扬开来，多管齐下，才能为网络空间带来朗朗清气。

学习项目 2　犯罪的社会宏观原因理论

一、犯罪的社会宏观原因理论概述

19世纪中叶，社会学界开始关注越轨行为。1884年，菲利出版了《犯罪社会学》一书，标志着犯罪社会学的形成。起初，社会学像生物学和心理学一样，力图从社会宏观结构和文化中寻找越轨原因，后来转向对越轨过程与冲突的微观、中观研究。犯罪社会学对犯罪原因的研究着眼于社会关系的影响、刺激，认为犯罪虽然存在着个人原因，但社会原因是主要的。犯罪社会学将犯罪者比喻成干酵母，社会是培养钵、水分和热气，从社会政治、经济、文化、宗教等角度强调社会因素对犯罪的影响。

犯罪社会学分为宏观的"社会结构理论"、中观的"社会冲突理论"、微观的"社会过程理论"三大学派，并以早期犯罪社会学理论为源起。

社会结构理论揭示了社会不平等、社会变迁等因素与犯罪之间的内在联系。社会结构是社会体系各组成部分或诸要素之间比较持久、稳定的相互联系模式，包括经济、政治、文化等基本活动领域及其相互联系的一般状态。社会结构理论认为，社会不同层次的人享有的政治、经济和其他社会权利不同。社会结构与犯罪现象有关，许多犯罪是由不合理的社会结构本身造成的。社会结构理论把下层阶级在整个社会结构中所处的不利经济地位，看成是犯罪的首要原因，认为偏差或犯罪行为源于经济地位的下降、文化的差异、病态的环境等因素；同时，在社会变迁过程中，一些社区的社会结构遭到破坏，如传统的家庭、邻里关系等社会控制机制失效，会导致犯罪率上升。社会结构理论把因社会变迁中社区的社会结构遭破坏而形成的无人监督的青少年帮伙、高犯罪率和社会混乱，看成是主要的社会问题，因此大多数社会结构理论都集中研究青少年违法行为。具体而言，社会结构理论主要包括失范理论、社会解组理论、紧张理论和亚文化理论。

社会冲突理论受马克思主义冲突理论和社会学冲突理论的影响，从一个全新的角度来审视犯罪，认为犯罪是社会中不同利益群体之间冲突的结果。社会是由不同阶层和群体构成的，它们之间存在着利益分配不均、权力争夺等诸多矛盾。犯罪是阶级之间的冲突所产生的结果，犯罪定义本身就是由社会中有权力的群体来确定的。具体而言，社会冲突理论主要包括激进冲突理论、工具主义冲突理论和冲突互动理论。

社会过程理论强调犯罪是在个体与社会环境的互动过程中产生的。社会化不良以及个人与家庭、学校、同伴之间的关系是导致犯罪的主要原因。具体而言，社会过程理论主要包括社会学习理论、社会控制理论和社会反应理论。例如，社会学习理论认为，个体通过观察和模仿他人的行为来学习犯罪行为，儿童在成长过程中，如果经常接触到犯罪行为或者受到不良同伴的影响，就很容易学会犯罪的方式。社会反应理论则认为，社会对个体的标签会影响个体的自我认同和行为，一旦一个人被贴上犯罪的标签，他可能会受到社会的排斥和歧视，从而更有可能继续犯罪。

二、犯罪饱和理论

（一）理论基础

菲利是龙布罗梭的学生，他承认犯罪与遗传等先天因素有着密切的联系，十分注重犯罪的生理原因。但是，菲利又不满足于犯罪人类学派的理论，更为关注犯罪的社会原因，提出了犯罪饱和理论，成为犯罪社会学派的主要代表。

（二）犯罪饱和法则

菲利指出，犯罪是人类学因素、自然因素和社会因素相互作用而形成的一种社会现象。他强调社会环境对犯罪具有绝对影响力，每一个社会都有其对应的犯罪，其质和量是与每一个社会集体的发展相适应的。

影响犯罪产生的因素达到一定量时，一定数量和一定种类的犯罪就会发生，两者呈现出一定的对等关系。如果社会发生重大变化，影响犯罪产生的因素也发生重大变化，犯罪增多，出现"超饱和状态"，但随着社会变化趋于稳定，犯罪最终会恢复到与其原因相适应的原来的饱和状态。总之，犯罪稳定平衡，不管是一定时期的增多，还是一定时期的减少，都是有规律变化的。

每个国家始终都存在一定数量和一定种类的犯罪，犯罪始终处于与其原因相适应的饱和状态。犯罪也会有周期性波动，如财产犯罪和人身犯罪常呈现此消彼长的关系。

要控制犯罪的发生数量，只有从改造社会环境与刑罚制度着手。菲利提出许多社会措施，例如生育控制、自由移民、改变税收制度、充分就业、建劳工住宅、增设街灯、规范娼妓制度等。

◌ 知识拓展

犯罪数量的变化趋势与犯罪饱和法则

2020 年全国刑事案件数量大幅减少。随着全国范围内生产生活秩序的逐步恢复，2021 年全国刑事案件数量恢复到正常态势，批准逮捕数、提起公诉犯罪嫌疑人数、一审刑事案件数、判处罪犯人数均与 2019 年基本持平。但是，由于全国检察机关深入贯彻实施"少捕慎诉慎押"刑事司法政策，不批捕、不起诉数量大幅增加。2021 年全国检察机关不批捕 38.5 万人、同比上升 65%，不捕率 31.2%、同比增加 7.9 个百分点；决定不起诉 34.8 万人、同比上升 39.4%，不起诉率 16.6%、同比增加 2.9 个百分点。2021 年犯罪数量的变化趋势，再次验证了菲利提出的犯罪饱和法则。

三、失范理论

（一）理论基础

19 世纪末，法国社会学家、人类学家涂尔干提出失范理论，也称无规范理论、迷乱理论、社会乱迷理论。后来，"失范"被他称为"社会解组"。失范，是指社会不能调整人们正确认识自己的需要并用恰当方式满足自己需要的状态。

涂尔干生活在 19 世纪后半期的法国社会，当时由于受到工业革命与法国大革命的双重影响，社会经济上，传统的农业社会正在解组，而工业社会之体制尚未建立；政治制度上，适逢封建政体瓦解，在自由放任的思潮下，几演成无政府状态。在这个过程中，社会秩序和道德规范受到巨大冲击，犯罪等社会问题频发。涂尔干的理论改变了以往仅从个体角度来解释犯罪的传统观念，强调犯罪是社会结构和社会规范的产物，引导人们更加关注社会环境、社会变迁和社会规范对犯罪行为的影响。

涂尔干认为，社会是一个有生命的机体结构，其组成部分协同合作，产生团结与稳定（即整合）。社会一体化的整合是在社会规范强制作用下实现的。失范是一种在一个社会或群体中的相对无规则状态。在这种状态下，社会的正常规范和价值观受到破坏或变得模糊不清。涂尔干用失范来描述因工业革命和城市化而带来的旧道德规范失效，新规范又未完善建立起来并起作用而造成的社会混乱或无序状态。每个社会对人们的目标与愿望都有着一定的限制，假如社会不能控制其成员愿望的确立和保持，那么社会反常状态将随即产生。当现有的社会结构不能再对个人的需要和欲望加以控制时，失范状态即产生，由社会转型造成的失范会导致犯罪率的增长。

（二）失范理论的内容

失范理论将社会结构本身的解体看成是犯罪的原因，犯罪是社会失范与个人追求自我满足相互作用的结果。

当社会处于快速变迁时期，如出现经济危机、战争或社会结构的重大变革，原有的社会规范无法有效地约束人们的行为，就会出现失范状态。一个社会的价值被动摇，就是失序的开始。缺乏规范导引的社会，即属一种失范。

个人的野心和欲望在缺乏规范引导的情况下可能会无限膨胀。当人们无法约束他们的欲望的时候，他们的要求将无限扩大。在经济繁荣但社会规范滞后的时期，人们对财富的追求可能会变得不择手段。一些人可能会为了获取更多的经济利益而进行欺诈、贪污等犯罪行为。

涂尔干指出，失范所引发的犯罪与偏差不良行为主要有白领经济犯罪、诈骗集团的横行、少女的援助交际、卖淫嫖娼等。

（三）犯罪必然性思想

从社会结构的角度，涂尔干认为犯罪的产生与存在具有一定的社会必然性，是社会生活不可缺少的一部分事实。一定限度的犯罪是一个社会所不可避免的。每个社会必有犯罪，犯罪是正常而非病态的、普遍的。

犯罪的存在是因为社会需要一定的界限来定义什么是被允许的行为，什么是不被允许的行为。当社会发现某种新的行为对社会秩序构成威胁时，就可以将其定义为犯罪并加以制裁，从而使社会的道德和法律体系适应社会的发展。

犯罪无法避免，主要是因为个人的欲望和差异性。人们有各种欲望需求，这些犯罪个体原因不可消除；同时，人类不可能具有同一道德标准，彼此间有许多的差异存在，也会运用不同的方法去满足其需要，有些人则以犯罪的手法为之。因此，只要人类的差异性存在，犯罪将无法避免。

四、社会解组理论

（一）理论基础

社会解组是指社会结构的崩溃减弱了社会成员遵循既有行为规范的意欲，反社会情绪充分发展，社会成员对社会规范的共同感受基本消除的社会现象。帕克和伯吉斯是美国芝加哥学派理论的主要代表人物，也是社会解组理论的奠基者。芝加哥学派是对 20 世纪 20 年代以来在芝加哥从事犯罪问题研究的社会学家和犯罪学家群体的称呼，其成员主要是芝加哥大学社会学系的教授、研究人员、毕业生以及受他们影响而在芝加哥从事犯罪研究和预防工作的人员。他们遵循涂尔干的失范理论，试图揭示环境因素对犯罪的影响。

美国犯罪学家克利福德·肖和亨利·麦凯将失范理论应用于解释社区或邻里的解组或失范如何影响犯罪，并基于伯吉斯城市同心圆理论，提出了社会解组理论。其核心思想是：犯罪是群体现象，非个体引起，社会变迁引起的邻里的社会生态环境变化是主要原因，其影响大于个体对犯罪发生的影响。每一个地区的人有其一定的共生条件与互信关系，当该地区内的人口、经济、物理因素发生变动，破坏了原有的共生互信关系，该地区将呈现歧异的文化标准、生活方式、价值观等，使社会原有的控制力解组，犯罪率上升。社会解组理论关注的焦点在于影响犯罪率的城市环境的状况。在一个解组的地区，其居民的流动性很大，人们对社区事务不感兴趣，家庭、企业、学校等社会组织破损而无法实现其应有的功能。社会解组的表征包括高比率的失业和逃学、低水平的收入和大量的单亲家庭。社会居民的频繁转换削弱了社区的团结，阻碍了社区问题的解决和共同目标的构建。社会组织丧失了应有的功能，无从控制人们的行为，这就会引起其成员的冲突，导致人际关系紧张，反社会的行为就会在这种环境中滋长、流行。

过渡性聚居区的社会解组是造成青少年犯罪的一个主要原因。在对芝加哥青少年犯罪的研究过程中发现，城市内紧邻中心商业区的败落的区域犯罪率最高，并且犯罪率随着距离市中心渐远而逐渐降低，进而推断这种现象同同心圆城市扩展模式有紧密关系。19世纪中期，外国移民的大量涌进以及黑人家庭的南迁使芝加哥人口急剧膨胀。人们聚集在城市中心，移民们住着最破旧的住房，面临着许多健康和环境的危险。随即出现了城市部分地区生活质量的恶化。当时的人们普遍认为，犯罪是下等种族的专利。从芝加哥的人口分布可以清楚发现，罪犯、流浪汉几乎都集中于贫民区，且这些贫民区正是外来移民的集中处，也是帮派聚集的地方。学者们描述了过渡性贫民聚居地区的社会解组形态：人口成分的不断变化、外来文化的瓦解、不同文化标准的扩散以及地区的工业化，导致聚居区文化和组织的解体；聚居区传统的惯例和组织的持续性被打破；聚居区作为整体控制以及社会道德标准传递媒介的效能大大降低。在这种环境中长大的青少年几乎没有机会接触传统社会的文化遗产，他们中的绝大多数参加自发的游戏群体和有组织的犯罪团伙。

社会解组理论可以从农村社会结构的解体、城市社会结构的打乱以及流动人口群体重组的角度来解释流动青少年作为社会成员中受影响最大的一部分群体，在社会解组过程中由于对社会规范不信任、反社会情绪滋长，最终走向违法犯罪。

（二）同心圆理论

伯吉斯发展起一种同心圆理论。他指出，城市的发展不仅仅在于边界的扩大，更是表现出按照同心圆模式从中心呈放射状扩展、逐渐向外移动的趋势。例如，芝加哥可以分为五个主要的同心圆和一些更小的圆心区域，如图5-1所示。

第一个区域是中心商业区，包括主要的政府部门、百货商场、旅馆和办公建筑。

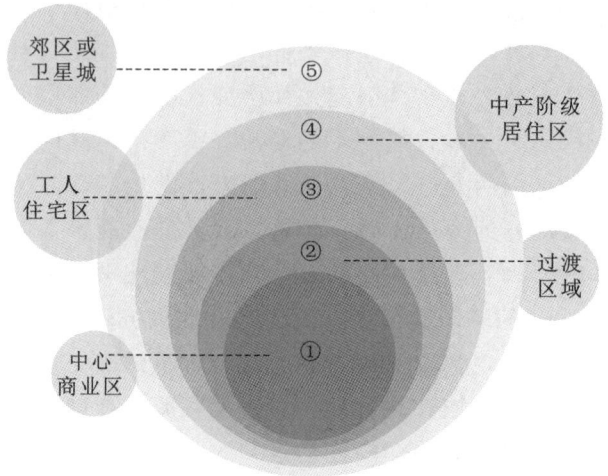

图 5-1　芝加哥同心圆模式

第二个区域称为过渡区域，包括最靠近中心商业的工厂区。通常是城市中最古老的部分，房屋因为年代久远而开始衰败，当时居住的主要是贫穷的移民。

第三个区域是工人住宅区，居住着为摆脱第二个区域而搬来的工人。

第四个区域是中产阶级居住区，有独门独户的家庭住宅和昂贵的公寓。

第五个区域是郊区或卫星城，伯吉斯称为通勤者区。

伯吉斯认为，在城市的发展中，按照侵入、统治和接替的过程，依次出现各个区域。接替，并不仅仅限于建筑物的变化，也包括习俗和价值观的变化。在城市的发展中，每个区域都会出现因为居住的种族相同而习俗和价值观等也相近的自然区域，例如，芝加哥的第二个区域最初是犹太移民聚居区。在这些自然区域被那些从自己的自然区域迁出的人所侵入，而使原来的居民不断迁出，搬到有更加令人满意的居住条件和邻里的区域的过程中，就产生了新的居民迁入而旧的居民迁出的间隙区域。在间隙区域，社会传统和社会控制被削弱或瓦解，因而会产生大量的社会问题。

（三）犯罪率高低的区位分布

1. 犯罪率高低的关联因素

离中心商业区越近，犯罪率越高；反之，则越低。就上述分区来看，过渡区域的环境十分糟糕，且外来移民与社会边缘人的比例偏高，失范现象严重，生活品质也差，所以其犯罪率可能偏高。

同心圆理论特别适用于城市的犯罪分布，不过并非每个城市都可套用这个模型。

2. 决定犯罪率高低的因素

（1）物理因素。接近中心商业区的外缘，多属建筑物废弃区，人口逐渐减少，容易造成犯罪诱因。

（2）经济因素。低经济条件与犯罪高度相关。

（3）人口组合。人口组合越复杂，越易形成高犯罪率区域。当都市的某区域加入新成员，该地区的共生关系就被破坏，也即该地区的邻里关系发生改变，居民或许不再认同它，此时邻里关系对青少年的控制减弱，就可能会形成犯罪亚文化。

（四）区域改造计划

根据同心圆理论，学者们认为改变邻里物理环境及价值体系、提供足够的休闲娱乐场所，辅以传统文化，可以打击犯罪亚文化，于是 1932 年起开始在芝加哥推动区域计划。其内容是利用社会资源，针对过渡区域进行重整，改善这个地区的生活环境与品质，并推动社区的守望相助、社会福利等措施。

虽然这个计划立意良善，也得到了国家大力支持，但其成效却相当有限，原因还是在于该理论过度简化了犯罪原因的解释。

五、紧张理论

（一）理论基础

1938 年，默顿将涂尔干的失范理论加以发扬，用于分析美国社会结构，创立了紧张理论，也称为社会失范理论。当时美国正处于经济大萧条时期，社会经济结构的巨大变化导致社会不平等加剧、贫困问题突出等诸多社会问题，犯罪现象随之增多。默顿试图解释为什么在社会结构存在不平等的情况下，一些人会选择犯罪来应对这种社会现实。

紧张理论用财富和权力的不平等分配、挫折、获取成功的替代办法等来解释犯罪行为的产生。该理论认为，人是有道德的动物，生来就有遵从社会准则的愿望——合法愿望；当人们被迫进行违反这种愿望的越轨行为时，就会体验到很大的压力或紧张，这种压力或紧张是由个人的合法愿望引起的；越轨和犯罪行为是违背个人合法愿望、实现个人合法价值观和目标的行为。

按照默顿的分析，社会结构有两个最为重要的因素：文化目标和文化手段。默顿的失范指的是美国社会中公认的目标与达到该目标的手段之间的一种不协调状态。当个体无法通过合法的制度性手段来实现社会认可的文化目标时，就会产生紧张状态。这种紧张是一种心理压力，它源于个体对成功的渴望和实现成功的合法途径受阻之间的矛盾。默顿将失范的含义由无规范更改为规范冲突，即社会结构瓦解，人们对现存的社会规范缺乏广泛的认同，从而使社会规范丧失了控制人们行为的权威和效力，人们会采取不合法的手段去实现自己的目标。

社会结构的不平等是导致这种紧张状态的重要原因。在阶层分化明显的社会中，下层阶级的个体更有可能面临这种紧张，因为他们在获取资源和机会方面受到了更多限制。由于社会歧视性的阶级结构和种族等级的存在，那些缺乏正规教育和经济来源的社会成员，无法并驾齐驱地与中、上层阶级竞争，通过合法的途径获取金钱、尊严等成功，以致出现紧张和反常的状况，结果是他们当中的一部分选择采取违法犯罪的方法来达到目标。

默顿的理论使人们认识到犯罪不仅仅是个体的道德堕落或心理问题，还与社会的文化目标设定和资源分配不平等有关。预防犯罪的策略可以包括帮助个体更好地应对紧张情绪，以及改善社会环境以减少紧张产生的根源。要促使社会政策制定者关注社会结构的调整，如改善教育机会公平性、减少贫富差距等。默顿的理论中的一些要素，在犯罪亚文化群论、不同机会论等当代美国犯罪学理论中仍然得以存活和继承。

（二）行为形态

默顿在1949年出版的《社会理论和社会结构》中，从价值上把社会（文化）结构分为目标与手段两部分。任何社会的文化都以制度、规范等形式规定了人们为达到目标而应该和可以利用的手段。例如，希冀富贵可以用艰苦劳动、诚实、接受教育、克制欲望等手段来实现，应禁止使用武力和欺骗等非制度性手段去实现。

默顿认为，人的欲望由社会文化引起，但社会并没有给所有的人提供如何致富并达到目标的合法手段，只能"一部分人先富起来"。因此，当下层阶级用合法手段不能达到目标时，有些人就会陷入价值崩溃（失范）的紧张状态。为了摆脱紧张状态，他们即使使用犯罪的手段也要达到目标。

默顿提出了适应社会的五种类型，即个人缓解紧张情绪的方式有五种，如表5-1所示。

（1）协调（遵从），即顺从型。主要内容是：接受传统文化目标并用制度性手段实现之；是在物质上和职业上能够实现较高社会经济地位欲望的社会集团成员中较普遍的行为适应模式。

（2）标新，即革新型。主要内容是：接受社会确立的目标，但拒绝使用制度性手段而是采取新的手段获取财富；是在较少有机会达到较高社会经济地位的社会集团成员中较普遍的行为适应模式；容易违法，许多犯罪就是采用这种行为适应模式的结果，特别是因贫穷而产生的犯罪，如抢劫、盗窃、卖淫、赌博等。

（3）精通仪式，即仪式型。主要内容是：拒绝传统文化目标，但接受社会认可的制度性手段；因其目的违法，但手段正当，不易触法。采用这种行为适应模式的多是普通雇员、下层官僚等群体。

（4）逃避，即退缩型。主要内容是：拒绝传统文化目标和制度性手段，疏远和退出正常社会生活；是两者的同时放弃，或者说是双重的失败。吸毒成瘾者、慢性酒精中毒者、流浪者、孤独症患者等均属此类行为者。

（5）叛逆，即反叛型。主要内容是：用新的价值观取代传统社会价值观；属于革命形态，其行为者往往成为社会改革者。

除第一种之外的其他四种社会适应方式都构成"越轨"，但并非都必然引起犯罪。

表 5-1　默顿适应方式类型表

序号	适应类型	文化目标	制度手段	是否容易引起犯罪
1	顺从型	接受	接受	否
2	革新型	接受	拒绝	是
3	仪式型	拒绝	接受	否
4	退缩型	拒绝	拒绝	可能
5	反叛型	拒绝并替换	拒绝并替换	是

案例推送

新生代农民工张某的犯罪之路

2005 年 7 月 8 日晚上 9 点，因为喝满月酒喝醉旷工一天，在汕头打工的张某被工厂辞退。因在领取工资和扣压身份证问题上与主管起了冲突，张某将主管砍死。9 日，潜逃到深圳的张某自首。

小时候的张某也是一个很好的农村男孩，邻居们对他的评价是很乖，性格温和，遇事不急。

张某的妈妈出去打工时，张某已经读小学三年级了。15 岁那年，张某也随家人来到广东打工。从 15 岁到 19 岁，张某在东莞一家工厂的重复劳作中度过，每天工作时间超过 12 个小时。他最大的梦想是能找到一份每天只干 8 小时的工作，"工资能有 500 元就满足了，可惜自己文化低，太难找了"。事发时，他在汕头这个工厂里干了 4 个月，工资应该有 3000 元左右，可是工厂只给了 600 元，他从老板那里借了 300 元，一共得了 900 元。而欠他的，老板说是必须交给厂里的押金。

张某自认为是村里少数几个正经打工的年轻人之一，不想去伤害别人，不想走不归路。"其实在某种程度上，农村打工者都会比较看不惯一些不可一世的城里人。"张某提到几年前自己因为没有暂住证被罚款的事，还有城里人在他这个年龄可以读书而他必须每天 12 小时待在工厂的事，"有时会让人憋一肚子气"。

尽管如此，张某又说自己已经离不开城市了，"农村的生活不习惯了，像我这种在城市里打了五六年工的年轻人，都不可能再习惯农村的生活"。但是，没有什么文化与技能的他生存艰难，他的同乡很多做了"砍手党"，而他在夹缝中挣扎，并没有像同乡那样去抢劫。有段时间张某曾经和这批同乡混在一起，帮他们做饭。"我挣扎了这么久，就是想和他们不一样，可是一不小心，我还是跟他们一样了。我害怕跟他们一样，也想避开他们。可是我好像逃不开这个网。"张某在找工作、困难时接济生活等方面，除了同乡，没有其他人可以依靠。出事之前，张某说："如果有一天，工厂把我辞了，或者工厂倒闭了，我又找不到工作，甚至连回家的钱也没有，我就只有跟着他们去抢。"

在派出所里，张某说："我心里很平静，我的投案自首如果能阻止我的弟弟、弟弟的朋友和老乡重走我的路，另外社会能关注我们的生存状态，我就满足了。"

案例解读：失范与外来青少年越轨行为发生路径

第一，城市化背景下出现社会规范真空。工业化、城市化不仅引起城市规模与空间结构的变化，而且引起社会、文化、社会规范以及生活方式等的变革，形成了异质性强的多元化空间。传统、习俗、道德等非正式控制手段的作用随着城市外来人口的进入和城市规模的扩大逐步减弱，城市越来越依靠法律法规等正式控制手段。而法律法规的制定和修改程序复杂，总会出现滞后性，这就会出现"规范"真空，造成社会对外来青少年的控制力减弱。

第二，外来青少年试图采用合法手段实现成功目标。城市可提供良好的生活条件和各种娱乐设施，深深吸引了外来青少年，而享受这些条件和设施却是需要巨大的成本的。改革开放以来巨大的社会经济发展，让外来青少年看到了先富起来的生活是什么样的，刺激了他们取得财富的欲望。自身的家庭地位、经济地位乃至社会地位的差距，会使得这种欲望愈加强烈。在社会规范、社会道德的压力下，他们开始期望通过受教育、工作等各种合法手段来获取成功，改变自己的社会经济地位。

第三，目标可能没有如期达成。通过受教育获得成功是一条最为重要的途径，教育能给人获得成功的合法机会。受教育需要很高的成本，尤其是对于不具有本地户口的外来青少年来说，这可能就剥夺了他们的一些受教育的机会。在这条途径上的失败，就很有可能造成目标的无法达成。工作，作为获取成功的另一种途径，对于外来青少年来讲也是较为困难的，因为好的工作机会的获得往往又与教育联系在一起。外来青少年获得成功的手段受限，目标难以达成。当然不排除有很多外来青少年通过慢慢积累来获得成功。高的期望与目标的无法达成，就会使一些外来青少年们产生挫折、愤怒等情绪。为了排解这种情绪，他们或是继续采取合法手段来获得成功，或是采取非法手段获得成功。

第四，外来青少年采取合法手段获得成功的失败，使其中一部分人不再相信合法手段而是采取其他途径。有同样遭遇的人可能因为"同病相怜"走在一起，形成越轨亚文化群体。这种亚文化进一步为越轨提供了理论上的价值和行为的参照标准，减少和淡化了外来青少年越轨后所产生的道德上的压力，强化了他们的越轨行为，使得越轨行为的危险性扩大。采取非法手段获得成功的越轨行为具有比较大的社会危害性，如反社会行为和犯罪行为。

六、亚文化理论

（一）理论基础

亚文化理论又称文化偏差（越轨）理论、文化传递理论、副（次）文化理论。亚文化又称副文化、次文化，指与主文化相对应的那些非主流的、局部的文化现象。一种亚文化不仅包含着与主文化相通的价值与观念，也有属于自己的独特的价值与观念。犯罪亚文化就是一特定人口所特有的特殊文化特征，而违背大多数人所具有的文化。例如，不吸毒是社会主流文化，吸毒是不良帮派的亚文化。

犯罪亚文化理论用社会解组和紧张而形成亚文化的发展、与传统价值观相冲突的亚文化导致犯罪行为来解释犯罪行为的产生。主要包括文化冲突理论、帮伙亚文化理论、下阶层文化冲突理论和暴力亚文化理论。

（二）文化冲突理论

1. 理论基础

文化冲突理论产生于20世纪初，当时美国社会正处于快速城市化和工业化进程中，大量移民涌入城市，不同文化背景的人群相互交融，社会结构和文化环境发生了巨大变化。犯罪现象也日益复杂，传统的犯罪学理论难以有效解释这些由文化差异引发的犯罪行为。文化冲突理论应运而生，美国芝加哥大学塞林创立的解释移民犯罪的文化冲突理论最具特色。文化冲突理论深受芝加哥学派影响，但并不归类于芝加哥学派。

1939年，塞林在《文化冲突与犯罪》一书中，引用同事萨瑟兰《犯罪学原理》中"文化模式"的冲突概念，深入分析了移民犯罪的发生原因。强调文化适应与犯罪行为的关系，认为文化的差别会造成规范制度与价值的冲突，进而造成接受与否的紧张关系，从而产生犯罪问题。塞林认为，犯罪是不同文化规范之间冲突的结果。在一个复杂的社会中，存在着多种文化群体，每个群体都有自己的行为规范和价值观念。不同民族、宗教群体或社会阶层之间的文化差异可能导致行为准则的不一致。当这些文化规范相互冲突时，就容易产生犯罪。

一般而言，社会的价值是以中上阶层或者是中产阶级的价值为主导，下阶层的文化价值往往居于劣势，这会使得下阶层者面临文化冲突，而这正是造成犯罪尤其是少年犯罪的主因。现代社会中存在多种文化，刑法是主流文化行为规范的反映，遵从亚文化规则而与主流文化相冲突，就构成犯罪。

文化冲突理论对解释下阶层犯罪、少数民族犯罪和移民群体犯罪有较强的说服力。

2. 文化冲突导致犯罪的过程

（1）文化接触与碰撞。社会中的不同人分属于多个团体组织，而每个团体组织有各自的规范，形成不同的文化。当某个团体组织的文化法律扩展适用到另一个团体组织时，会发生文化冲突；当某个团体组织的成员迁入到另一个团体组织的地域时，也容易产生文化冲突。在相邻的两种文化的交迭区，不同文化行为规范的矛盾较易发生冲突。当不同文化群体相互接触时，文化冲突的可能性就会增加。这种接触可能是由于人口迁移、贸易往来、文化交流等多种因素引起的。在一个国家内部，城市化进程也会导致不同亚文化群体的碰撞，城市中的新移民社区与原住居民社区可能会因为生活习惯、价值观念等方面的差异而产生矛盾。

（2）规范冲突与行为选择。在文化冲突的情境下，个体面临着不同文化规范的选择。如果个体对主流文化规范的接受程度较低，或者受到自身所属亚文化群体的强烈影响，就可能选择遵循与主流文化相悖的行为准则。一些青少年受到不良帮派亚文化的影响，他们可能会将打架斗殴、盗窃等行为视为一种获取群体认同的方式，从而选择实施犯罪行为。个体在这种规范冲突中的行为选择还受到多种因素的影响，如个人的价值观、社会支持系统、经济状况等。一个经济上处于困境的人，在面对主流文化所倡导的通过合法劳动获取财富和亚文化所暗示的通过非法手段获取财物这两种选择时，可能更容易受到后者的诱惑而犯罪。

💡 知识拓展

移民犯罪问题

长期生活在某一文化区域中的成员移居到另一文化区域时，他原先所具有的文化准则与移居地新的文化氛围往往发生冲突，这一冲突的结果之一就是犯罪现象的出现。

文化冲突理论既适用于地理上分隔的地区间的人口流动，也适用于城市周围毗邻地区之间的人口流动。

（三）帮伙亚文化理论

1. 理论基础

帮伙亚文化理论，也称帮派副文化理论、少年犯罪亚文化理论。20 世纪中叶，美国等西方国家的城市中，街头帮派犯罪问题日益严重。社会学家们开始研究这些帮派的内部结构和文化，试图解释为什么帮派成员会频繁地参与犯罪活动。美国社会学家、犯罪学家科恩结合失范理论与不同交往理论，提出了一种新的少年犯罪理论。他在1955年出版的《少年犯罪者：帮伙文化》中提出，少年犯罪亚文化群是下阶层少年为克服其社会适应困难或地位挫折感而产生的群体性反应，这些帮伙的亚文化与中产阶级的文化相矛盾，遵从这种帮伙亚文化必然导致犯罪及各种越轨行为。下阶层少年的犯罪行为实际是对中产阶级文化和价值观的一种反抗。与成人犯罪带有利益目的完全不同，少年犯罪经常是毫无目的的，不能用紧张理论来说明。犯罪帮伙形成了一种独特的亚文化，这种亚文化有着自己的价值观、行为准则和奖惩机制，并且会驱使成员实施犯罪行为。

下阶层出身的少年，对中产阶级怀有敌意，为了解决其地位挫折感，会以集体的方式纾解，产生亚文化，作为其依靠。

下阶层少年会有以下的发展过程：下阶层的少年渴望中上阶层的成就，但受环境限制，他们无法与中上阶层的少年相竞争，也因此经常竞争失败，从而在心理上产生挫折与适应上的困难。为了解决适应问题，就逐渐改变其自我观念与价值，最终形成亚文化。

2. 主要内容

（1）对中产阶级价值体系的挫折。科恩认为，少年所追求的是身份地位，而不是财。下阶层少年所面临的最大困扰，是无法给代表中上阶层价值体系的老师、老板等权威人士留下良好印象，因此其内心充满挫折，于是他们可能排斥一般社会的中产阶级价值体系，而另创立一套属于他们的价值观，并带有反抗性与恶意性。

（2）对中产阶级价值体系的反应。采用弗洛伊德的防卫反应机制，科恩认为受挫（紧张）的少年，会以下列三种反应方式来消除内心的紧张和压力：街角少年（类似默顿的退缩型）、学校少年（类似默顿的顺从型）、犯罪少年（类似默顿的革新型）。

3. 帮伙亚文化的特征

（1）非功利性。成人犯罪常带有功利性，但少年犯罪常常毫无目的，如刻意毁坏公物。

（2）破坏性兴趣。即为破坏而破坏，以享受破坏（或他人痛苦）的乐趣。

（3）否定（负面）性。即采取与一般人或模范生相反的态度。

（4）多样性。少年可能犯很多罪型不同的行为，如偷、抢、吸毒、危害公共安全，而不似成人犯罪有较固定的类型。

（5）实时享乐主义。即追求眼前快乐，对人生毫无计划。

（6）团体自律性。即重视自己团体所规范的自律性，极力排除外来控制，如师长、警察。

（四）下阶层文化冲突理论

由米勒所提出，认为下阶层社会的文化价值是造成偏差行为的主因，低阶层文化本身即含有犯罪的要素，尤其是少年犯。犯罪是一个人遵从低阶层文化要求的结果，因下阶层少年其所接受的主要价值观为（提出焦点关心）：

（1）惹是生非。以最直接的方式处理问题，但却立刻引来刑法的处罚。

（2）强硬。以武力获取其地位。

（3）狡诈。因提早与社会接触，故处世较机灵。

（4）寻找刺激，实时享乐。

（5）命定论。有很强的宿命感，认为命运无法改变。

（6）自主、自由，不喜受人控制。

（7）归属。不依附于家庭、学校，而对次文化团体有强烈的附属与忠诚感。

这个理论明显认为，越往下沉沦于下阶层文化，就越可能成为罪犯，也显示出下阶层文化与上阶层不同。

（五）暴力亚文化理论

1. 理论基础

20世纪中叶，美国等国家的部分城市地区暴力犯罪频发，社会学家试图从文化层面解释这种现象。他们发现，在一些特定的社区或群体中，存在着一种倾向于使用暴力来解决问题的亚文化。沃夫冈与费洛库提在1967年所著的《暴力亚文化：走向犯罪学的综合理论》中提出暴力亚文化理论。他们针对费城的青少年进行实证研究，认为在种族中产生的亚文化，可作为各种族犯罪率差异的原因。他们提出，暴力亚文化是一种存在于部分群体中的规范性体系，其中暴力被视为一种生活方式或解决问题的手段，是该群体价值判断和社会价值体系的一部分。在这种亚文化中，使用暴力不被认为是非法行为，而是生活的一部分，使用者不会产生罪恶感。在充斥暴力亚文化的地区，如某些种族聚居区，生活在其中的人们（尤其是青少年）习惯以暴力手段解决人际关系冲突，从而导致暴力犯罪，使该区域成为暴力犯罪高发区。这为犯罪学研究提供了新的视角，强调文化因素在暴力犯罪产生中的重要性，突破了以往从个体生理、心理或社会结构等角度解释犯罪的局限。

2. 主要内容

（1）暴力亚文化并非只为了表现暴力，它与主文化有相同之处，并非必然对立。

（2）暴力亚文化只是强调暴力解决的可能性，并非在任何情况下都使用暴力，帮派冲突多是在谈判无法解决的情况下，才会诉诸暴力。

（3）暴力是一种学习而来的自然反应，其过程与一般学习相同。个体通过差别学习、接触和认同，逐渐接受暴力亚文化。

（4）在暴力圈中，暴力的使用是被鼓励与合理化的，所以暴力使用者不会有罪恶感。

（5）在暴力亚文化圈下，容易形成习惯或常业犯，惩罚对其效果有限。

（6）暴力亚文化的产生与种族、社会经济地位有密切相关。其影响涉及该亚文化区域的各年龄层人群，尤其是青少年和中年团体。

（7）成员使用暴力的多寡，可以说明暴力亚文化对成员内化的程度。若成员不同意或违反运用暴力解决问题的期望和要求，可能会被团体驱逐。

💡 案例推送

"打架很刺激、很好玩"

一名 17 岁的未成年犯进到未成年犯管教所，在所有未成年犯中，他显得很老成，描述自己的犯罪行为时也多有保留。但当记者跟他聊开后，他说小时候他也很认真地读书，到了初二时跟人出去玩，因为他很喜欢热闹，喜欢大家聚在一起玩，而自己一个人的时候最喜欢的休闲则是在家里看外国恐怖片，各类血腥暴力或阴森的恐怖片他如数家珍。关于他的朋友，他讲到认识那些社会上的朋友就是通过同学的介绍，一个接一个地认识，认识了以后对方如果需要帮忙打架都不通过同学而是直接和他联系。记者十分好奇地问："和你没交情的人，你也去帮忙打架？"他非常直接地说会，原因就是觉得打架很刺激、很好玩。进一步聊天中，他谈及他们村以前有一个人特别会打架，全村的人都怕他，而很多女生都喜欢他。据此，他认为在一群男生中，最会打架的那个才会最突出，女生也只会喜欢最突出、最会打架的男生。

暴力亚文化理论在这个个案中有充分的体现。一方面，案例中的未成年犯原本生活在乡村。在村子中，他认识朋友的方式之一就是帮人打架，他朋友圈中的人多以打架解决事情，打架在他们眼中并不是犯罪，而是刺激好玩的事情，通过打架可以树立在朋友中的威信，可以得到女孩的青睐。另一方面，通过他对血腥暴力或阴森恐怖片的痴迷，可以看出那些血腥暴力片对他的影响。这些影片原本是通过限级的方式向特定群体播放，青少年是被限制观看的对象，现在却可以通过不良传播媒介进行着无年龄界限的传播。影视作品中的暴力血腥场面对成年人来说，会留下深刻的印象。对青少年来讲，则可能使他们在思想上树立攻击性的行为观念，在情绪上激起攻击性的行为冲动，在技巧上学会攻击性的行为方法。所以，暴力亚文化在未成年人中的影响不容小视。

七、社会冲突理论

（一）理论基础

吉伯斯率先将西方犯罪学分为共意论和冲突论两种相互对立的范型。社会冲突理论又称冲突犯罪学理论，在英国被称作为"新犯罪学"或"批判犯罪学"，在美国则称为"激进犯罪学"。它是用社会中存在的冲突来解释犯罪行为产生原因的一组理论。该理论认为，犯罪是几乎在任何社会中都存在的冲突的一种结果。这是因为，规定犯罪的刑法是统治阶级的信念和价值观的表现，刑事司法制度是统治阶级的社会控制手段，犯罪是对社会中存在的财富和权力的不平等分配的一种反应。犯罪的界定并非公意的表现，而是上阶层价值观的具体表现。这一理论的思想渊源可以追溯到马克思、齐美尔以及韦伯等德国学者，他们的理论均涉及了社会中的冲突问题。

犯罪学中的现代冲突理论，始于1958年德国社会学家达伦多夫发表的《走出乌托邦：论社会学分析的新方向》一文，提出应该用冲突模式取代片面的一致性模式。带有激进色彩的冲突理论在20世纪60年代后期成为犯罪学的主流。美国人昆尼和威尔德曼二人所作的《新犯罪学》是社会冲突理论的重要著作。其理论基础是批判理论，就是对现代社会的各个方面进行不断分析的一种理论，是以反对资产阶级社会理论的马克思主义社会理论为基础的，从本质上把国家和法律制度看作是社会统治阶级的创造物及其手中的工具。

冲突理论可以分为激进冲突论、工具主义冲突论和冲突互动论三种。

（二）对犯罪成因解释

犯罪并不是个人的因素，而是冲突的结果，资本主义的经济、政治、司法等都存在不公，优势团体通过取得立法权与执法权来保障其既得利益，并使劣势团体的行为犯罪化。社会的本质是冲突的，而犯罪是冲突的结果。法律的制定是为了控制下阶层人民，以保障中上阶层的既得利益。社会之所以有冲突，是因不同团体间为争取优势政治与经济而起。该理论强调政治与经济结构，而较少讨论犯罪行为的产生过程。

1. 激进冲突论

激进冲突论强调社会的阶级结构和经济不平等是犯罪产生的根本原因，刑事司法系统是维护统治阶级利益的工具。资本主义社会的经济结构导致贫富分化，无产阶级处于被剥削的地位。这种经济上的不平等会引发一系列犯罪行为。穷人可能会因为经济窘迫而实施盗窃、抢劫等财产犯罪，富人则可能会利用经济权力实施白领犯罪，如金融诈骗、逃税漏税等。法律的执行是有选择性的，对于穷人的轻微犯罪往往会严厉打击，而对于富人的经济犯罪可能会从轻处理或者予以忽视。

2. 工具主义冲突论

工具主义冲突论着重关注权力群体如何利用法律和犯罪定义来维护自己的利益。统治阶级或权力群体通过控制立法、执法等环节，将对自己利益有威胁的行为定义为犯罪。法律的实施过程也充满了利益博弈。执法机构可能会受到政治压力、经济利益等因素的影响，在打击犯罪时偏向于维护某些特定群体的利益。

3. 冲突互动论

冲突互动论强调犯罪是在社会互动过程中产生的，特别是在不同群体的冲突互动中。个体在社会交往中会受到所属群体的价值观和行为规范的影响。当不同群体之间发生冲突时，个体可能会采取符合自己群体利益的行为，这些行为可能会被另一个群体定义为犯罪。同时，该理论也关注犯罪标签对个体的影响。

学习项目 3　基于犯罪社会宏观原因的因应对策

一、目的刑论

目的刑是一种刑罚理念，它强调刑罚的目的不在于对犯罪行为的简单报复，而是着眼于预防犯罪、改造罪犯以及保护社会等积极目的。在早期的刑罚观念中，报应刑占据主导地位。19 世纪后期，以龙布罗梭、菲利、李斯特等为代表的犯罪实证学派的学者，对目的刑理论的发展起到了推动作用。他们强调犯罪人的人身危险性和社会因素对犯罪的影响，主张通过刑罚来矫正犯罪人，保护社会安全。这一理念在现代刑罚制度中得到了广泛的应用和进一步的发展。

李斯特认为，刑罚的主要任务不是对已经发生的犯罪行为进行报应，而是以预防再犯和保卫社会为目的。1882 年，李斯特就任德国马尔堡大学教授时，发表就职演说《刑罚的目的思想》，倡导目的刑论或保护刑论。李斯特十分重视社会政策在同犯罪作斗争中的作用，提出了"最好的社会政策就是最好的刑事政策"的论断。李斯特认为，犯罪是一种社会现象，虽然犯罪的原因可以分为个人的原因和社会的原因，但社会原因是主要的，他反对人类学的犯罪原因论，强调刑法的社会使命。李斯特提出，消除犯罪的个人原因，是刑事政策的任务；而消除犯罪的社会原因，则是社会政策的任务。同时，由于犯罪人是社会环境的产物，改善社会环境对防止犯罪有重要的意义。

二、刑罚个别化论

刑罚个别化是根据犯罪人个人的犯罪类型和潜在的社会危险性以及复归社会的可能性等具体情况适用相应的刑罚。早期的刑罚个别化主要是行刑个别化，它旨在通过对犯罪人进行分离监禁，以便对不同道德条件的人给予不同处理，从而达到改善犯罪人的性格和习惯的目的。犯罪实证学派产生之后，刑罚个别化涵盖了刑事立法和司法过程。立法方面，不再以犯罪的状态为分类标准，而以犯罪人为分类标准；司法方面，不再以犯罪损害的大小为量刑轻重的标准，而以行为人的人身危险性的大小为标准，对于不宜处以监禁的犯罪人，则给予缓刑或感化教育、强制治疗、保护观察等处分；行刑方面，刑罚应随犯罪人人身危险性程度的变化而适当调整。龙布罗梭、菲利等人从犯罪原因入手，论证了社会防卫的需要和方案，从而为刑罚个别化的提出奠定了理论基础。

李斯特认为只有针对不同犯罪人的特点使用刑罚，才能发挥刑罚的效果。应该经常注意刑罚对于各种不同类型的犯罪人的效果，以便对不同类型的犯罪人处以不同的刑罚，实行刑罚个别化，如此才能达到利用刑罚预防犯罪的目的。通过刑罚个别化，充分发挥刑罚的威吓、矫治和除害三种功能：对于瞬间犯罪人（或偶发犯、机会犯）来说，刑罚的威吓所产生的警戒作用，足以防止这类犯罪人重新犯罪；对于可以改善的状态犯罪人来说，通过刑罚的教化和矫治，可以促使其改过自新，重新适应社会生活；对于不可改善的习惯性犯罪人，应当使用刑罚将他们从社会中隔离，不使他们继续危害社会。

三、社会规范重建论

社会规范重建论主要是指在社会变迁、社会动荡或者原有社会秩序被破坏等情况下，需要重新构建社会规范的一种理论。涂尔干认为，犯罪是社会规范不清与个人本位主义盛行造成的。少年偏差行为的产生，肇因于小区伦理及社会规范的层面。犯罪的产生，是因急剧的社会变迁，导致传统的社会规范渐失功能。所以，建立社会规范，同时摒弃个人本位主义，可以预防犯罪。实践中，在一些城市的犯罪高发社区，通过实施社区复兴计划，改善社区环境、建设社区公共设施、开展社区治安综合治理等，来重建社会规范。社区居民的归属感增强，社区规范得到恢复，犯罪率显著下降。

重建社会规范、预防犯罪要注意两点。一方面，加强道德教育。通过学校、家庭和社会等多渠道开展道德教育，强化社会主流价值观。教导青少年尊重他人、遵守社会公德等基本道德准则，摒弃个人本位主义，调控好个人需求。另一方面，恢复或重建社区规范。建立一套清楚可循、符合现代社会的新伦理规范。通过组织社区活动，增强社区居民之间的互动和信任，恢复社区的凝聚力。这样，社区居民就会自觉遵守社区规范，犯罪行为也会相应减少。

四、区域改造论

由肖等人于 1932 年发起的芝加哥区域计划，是美国乃至世界上第一个重大的预防犯罪计划，是将犯罪学理论转化为预防犯罪的实际行动的典范。肖等人对芝加哥少年犯罪区的研究认为，在大城市的贫民区有相当多的少年犯罪人和成年犯罪人，这种高的犯罪率主要是由贫民区的物理环境和价值观念造成的，因此，要降低这里的犯罪率，必须首先改变这里的特殊环境，更新这里的价值观念，使这些地方成为青少年喜爱的地方，要有足够的娱乐设施供他们使用，并彻底破除犯罪亚文化，用另外的传统文化代替它们。芝加哥区域计划就是据此产生的，旨在鼓励居民积极参与社区发展，预防和根除青少年犯罪。芝加哥区域计划持续了 25 年，直到肖 1957 年去世时为止。这项计划引起了全美国关心少年问题的人们的关注，也引起了类似的若干计划的产生。

芝加哥区域计划试图确定社区环境中的哪些建设性变化能够减少和预防其中的少年犯罪。1934 年，正式创办了用来为芝加哥区域计划提供资金和其他支持的私营公司，并先后在芝加哥少年犯罪率最高的 6 个区域建立了 22 个邻里中心。每个区域都有社区委员会，管理着 7500 多名儿童。邻里中心的主要职能是：① 协调教堂、学校、工会、资方、俱乐部和其他群体之类的社会资源，宣讲和解决社区问题；② 主办多项活动计划，如娱乐、夏季露营和童子军活动、残疾人工厂、讨论小组和社区计划。通过这些活动，发展居民对自己福利的积极兴趣，建立使整个社区都能了解其问题并且通过共同的行动解决其问题的当地居民的民主组织。

芝加哥区域计划鼓励扩建现有的娱乐设施，并努力建设新的设施，尽力改善学校与社区的关系，特别鼓励教师课后留在学校与学生相处，利用俱乐部、讨论小组和业余爱好小组等形式发扬社区精神；建立训导员制度解决逃学问题，开设语言课程、入籍课程帮助移民融入城市；开展"街边辅导"，工作人员以兄长或老朋友的形式与青少年在广场、公园等地交流，劝阻他们避免严重罪行。芝加哥区域计划中最重要的工作之一，就是为回到社区的犯罪人做准备。社区委员会或邻里中心探望即将被释放的犯人，鼓励犯人在释放后参加社区委员会的工作，帮助释放人员建立与顾主和其他当地团体的关系。这些活动创造了一种能使释放人员顺利适应社会环境的气氛，使他们释放后能被社区所接受，能使其感到自己是社区的完完全全的成员。

操作训练

本单元学习情境任务评析

1. 从经济、文化等社会宏观方面都可以找到周克华案的原因

从经济与犯罪的角度分析，市场经济的开放性与犯罪有关。市场经济是一种通过市场配置社会资源，推动生产要素流动的经济。其表现之一便是劳

动力自由而广泛地流动。在大量流动的人口中，一些犯罪分子混迹其中，从事各类违法犯罪活动，大量的流动人口成为犯罪分子理想的藏身之所，犯罪分子利用缺乏有效管理的宽松社会环境，逃窜全国各地甚至世界各地。周克华在制造长沙12·4案后，曾在山上住了两年，在墓地栖居数月，让警方难以发现；在制造南京1·6案后，通过长距离步行和骑自行车、坐摩的方式逃跑，且逃跑路线非常偏僻，一般都游走在警方封锁的边缘区域。这不得不说我们在发展市场经济中对流动人口管理的漏洞，给了像周克华一样的犯罪分子逃匿隐藏的空间。

从文化与犯罪的角度分析，周克华特别钟情于狂人、精神病倾向的电影，喜欢看美国枪战片与浏览军事网站，爱枪胜过爱命。特殊的兴趣爱好使周克华逐渐偏离社会主流文化的价值体系，形成与主流文化价值观和行为规范相悖的亚文化，最终走上一条不归路。再者，市场经济体制在深层次上改变了人们的思维方式和价值观念，给人们带来了一些消极影响，比如极端个人主义。周克华极端利己，为了满足个人劫财私利，专挑弱势平民进行抢劫杀人，杀死11人，成为"嗜血屠夫"。

2. 用犯罪饱和理论、失范理论和紧张理论分析周克华案

菲利的犯罪饱和理论认为，任何社会的犯罪，都会有一定的饱和点，就像化学物质的溶解一般，犯罪是由物质、地理、生物与社会因素溶解而成，所以一定的社会环境必有一定的犯罪量。社会主义社会也会存在一定数量的犯罪。周克华案件就是社会主义社会一定犯罪数量中的一个。

涂尔干的失范理论认为，现代社会的失范主要是因为个人私欲增长和道德调节缺位造成的，即现代社会的危机本质上也是一种道德危机，所以重建社会秩序就是重建道德规范，发挥道德规范的调节作用。中国人民公安大学李玫瑾教授分析周克华的作案动机是为财。周克华案就是其为了金钱，因为个人私欲增长和道德调节缺位造成的。处在社会加速转型的中国，社会失范在一定程度上不可避免，我们必须重视各个领域的失范，运用各种社会控制的手段，以职业伦理和职业规范为突破口，建立个体、群体、社会等多层次全方位的道德规范体系。

默顿的紧张理论认为，大多数人最初拥有比较一致的价值观念和成功目标，但是每个人的社会地位、经济状况是不平等的，是有个体差异的，使得每个人在遵从这些价值观念实现目标的机会也不均等。当无法利用合法的手段实现社会公认的成功目标，实现自己的理想，他们觉得遭受挫折，感到沮丧和紧张，有的人会用越轨或犯罪等非法手段去实现成功的目标。出身贫苦的周克华挖沙的谋生之路被中断，做中巴客车司机再次丢了饭碗，他觉得利用合法的手段实现理想的生活之路受挫，干脆不再用合法手段实现目标，而是用持枪抢劫杀人的犯罪手段获得金钱。

☀ 思考练习

1. 什么是犯罪的社会宏观因素？
2. 简述贫困与犯罪的关系。
3. 简述政治与犯罪的关系。
4. 什么是亚文化？简述亚文化与犯罪的关系。
5. 试述涂尔干的失范理论。
6. 论述社会冲突理论的内容。
7. 论述李斯特关于犯罪社会宏观原因的对策的观点。

犯罪的社会微观理论

💡 知识导航

一、学习任务目标

◆ 知识目标

了解家庭、学校、同伴等因素与犯罪的关系，掌握社会学习理论、社会控制理论、社会反应理论等犯罪原因及因应对策理论。

◆ 能力目标

运用犯罪的社会微观理论解释犯罪原因，构建基于犯罪社会微观原因的因应对策。

◆ 素养目标

通过社会微观环境与犯罪相关因素分析研究，增强解决社会痛点的责任感；进一步提升公平正义观念，强化弱势群体保护意识；运用专业知识服务基层平安建设，打造和谐美丽乡村；通过对犯罪测评知识技能的学习研究，进一步强化科学严谨的治学精神、批判性思维方式与突破性探索态度。

二、学习内容导图

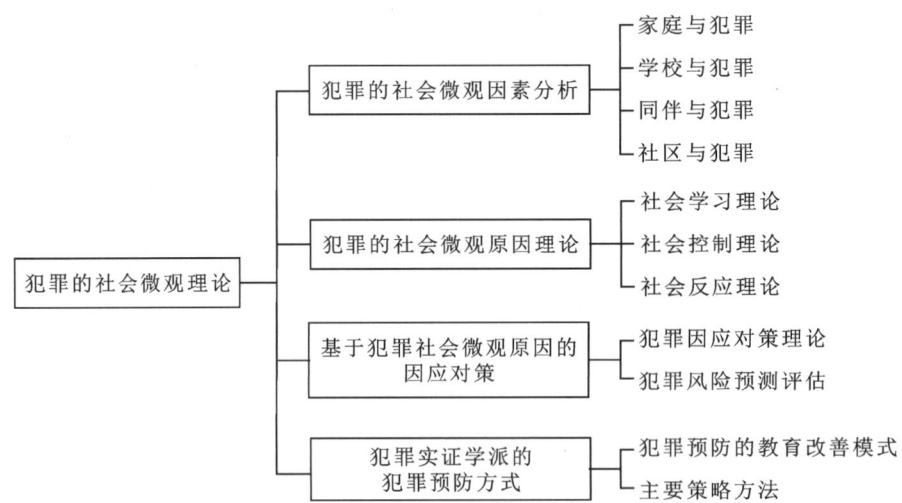

三、学习情境导入

制定某区预防未成年人犯罪建议稿

未成年人事关国家和民族的希望与未来。随着我国经济的发展，我国的社会结构进入转型期，在各种社会矛盾的作用下，未成年人犯罪也在社会转型期激增，未成年人犯罪受到的关注度越来越高。小王是某区司法局工作人员，负责本区未成年人犯罪预防工作。为今后顺利实施工作，小王对辖区未成年人的犯罪情况进行了深入而详细的了解。经过与本区未成年人、家庭、学校、社区工作者接触后，她感觉到家庭、学校、社区存在着对未成年人监管教育部分缺失、方法不当、缺乏沟通等问题，一部分未成年人也存在不良行为和错误观点。

面对这种现状，小王决定对本区未成年人犯罪的现状及特征进行分析，并以此查找造成现状的原因，制定某区预防未成年人犯罪建议稿。

项目学习

学习项目1 犯罪的社会微观因素分析

犯罪的社会微观理论认为，犯罪的发生与群体之间以及个体之间的相互影响密切相关。社会微观环境主要是首属群体成员之间的互动交往模式，具体包括家庭、学校及同辈朋友（同伴）等结构因素。人就如同一块白板，在人的生命整体发展历程中，家庭、学校、同伴、社区等环境因素深深地留下了浓墨重彩的划痕。社会学派的犯罪学家认为，理解个人与其家庭、朋友、学校、工作单位和刑事司法机关之间的互动关系，对于探究犯罪原因具有重要意义。家庭、学校和同龄群体等环境因素在个体成长过程中发挥着重要作用。这些因素塑造了个体的行为模式和社会交往方式，并对犯罪行为的产生具有重要影响。社会过程理论强调了不良的社会化过程以及个人与家庭、学校、同伴、社区等环境因素之间的不良关系是导致犯罪的主要原因。例如，父母监管不力、学校教育不足以及与不良同龄人的密切交往等微观环境因素可能决定个体早期的反社会行为和青少年时期的犯罪行为。

一、家庭与犯罪

家庭是个人成长的第一课堂，家庭环境对个体的行为和性格塑造起着至关重要的作用。研究表明，不良的家庭环境，如父母的疏忽、缺乏关爱和指导，以及虐待或暴力等问题，都可能导致个体在成长过程中形成犯罪倾向。某种形式的父母对子女的养育行为或家庭环境是预测青少年犯罪最重要的风险指标。匹兹堡大学教授卢波尔将导致青少年犯罪的父母不良养育因素分为四种类型：父母的疏忽、父母与子女之间的冲突和父母对子女的惩戒、父母的越轨行为与态度、家庭分裂。这些因素在不同程度上影响了青少年犯罪的发生。其中，父母的疏忽是十分重要的预测青少年犯罪的风险指标，而父母的越轨行为与态度以及父母与子女之间的冲突、父母对子女的惩戒则处于中性地位。家庭分裂的风险对青少年犯罪的作用力相较于其他因素较小。同时具有上述两种以上风险因素的孩子比仅具有一项或两项的孩子更有可能犯罪。

家庭可以从不同维度进行分类。从家庭结构看，可分为健全家庭和残缺家庭；从文化氛围看，可分为正常家庭和异常家庭；从经济状况看，可分为富裕家庭和贫穷家庭；等等。家庭环境对个体人格形成具有重要影响。在个体成长过程中，如果家庭环境中存在消极因素，可能会塑造不良的人格特质，进而成为犯罪行为的主观原因。家庭对犯罪的影响主要表现在以下方面。

（一）家庭经济状况的影响

1. 贫困家庭

家庭经济贫困或生活紧张，可能成为子女犯罪行为的诱发和刺激因素。经济困难的家庭可能无法为孩子提供良好的生活条件和教育资源。孩子可能会因为生活所迫而产生犯罪动机。同时，贫困地区的社会治安和教育环境相对较差，孩子接触到不良影响的机会更多。

2. 富裕家庭

有些富裕家庭的孩子可能会养成奢侈浪费、好逸恶劳的习惯。他们可能会因为追求刺激或者为了显示自己的优越地位而参与一些违法犯罪活动。而且，富裕家庭的父母可能由于工作繁忙而忽视对孩子的教育，父母过度宠爱也可能对子女产生负面影响。

（二）缺陷家庭结构的影响

1. 不完整家庭

这是一种在组成方面缺少一个或多个关键成分的家庭，例如婚姻关系的终止、缺乏亲缘关系等。婚姻关系的结束包括离婚或者配偶中有一方去世。缺乏亲缘关系意味着没有子女、兄弟姐妹或间接亲属关系。不完整的家庭往往缺乏凝聚力，家庭主要成员的责任感和约束力可能会下降，对子女行为的控制力减弱。这些因素可能导致子女行为失去约束，进而容易产生犯罪行为。

2. 病态家庭

这种家庭又有许多种类，如畸形家庭、问题家庭等。

（1）畸形家庭。包括搭伙、姘居等情形的家庭。这些家庭往往缺乏正常的婚姻关系，而且常常以生活需要为基础，容易产生矛盾纠纷。

（2）问题家庭。这些家庭主要包括夫妻关系不和的家庭和有第三者介入的家庭。夫妻之间感情不和，经常吵架，可能会导致离婚，而第三者的介入往往会使家庭关系破裂。这些家庭问题对子女人格发展有着极为消极的作用。此外，经济贫困、家长存在不良习气也可能诱发家庭成员实施犯罪行为。

（三）消极家庭教育的影响

1. 娇惯型教育

父母过度溺爱孩子，对孩子的要求无条件满足，可能会导致子女形成好逸恶劳、骄奢放纵的性格特质，缺乏自我控制能力，从而容易陷入犯罪行为。这样的孩子可能会形成以自我为中心的性格，缺乏对他人的尊重和社会责任感。当他们的需求无法得到满足时，可能会采取不正当的手段来获取，如通过偷窃来满足自己对物质的欲望。

2. 操控型教育

父母对孩子要求严格，过度控制孩子的行为和思想，这种教育方式可能会压抑孩子的个性，导致孩子产生逆反心理。长期处于这种环境中的孩子，一旦有机会摆脱父母的控制，可能会做出极端的行为，包括犯罪行为。一些孩子在长期的专制教育下，可能会在青春期出现离家出走的情况，在外面结交不良朋友，从而参与违法犯罪活动。

3. 忽视型教育

父母对孩子的生活和情感需求很少关注，使得孩子在情感上被忽视。这些孩子可能会通过不良行为来引起他人的注意。他们可能会在学校里捣乱或者参与街头不良团伙，以寻求归属感和认同感。一些留守儿童，父母长期在外打工，他们由老人照顾，缺乏父母的关爱和教育引导，也容易出现犯罪倾向。

二、学校与犯罪

学校是青少年从家庭走向社会、实现社会化过程的重要环节。良好的学校教育可以帮助青少年纠正和弥补家庭教育中的不足，并帮助青少年抵制和消除社会不良因素的影响。然而，学校教育中的某些缺陷和失误可能会对青少年的社会化产生负面影响，甚至可能导致青少年违法犯罪行为的发生。

1. 重智育，轻德育

智力教育被很多学校置于首要位置，道德教育却受到了一定程度的忽视。此外，部分学校过于追求升学率，考试成绩成了衡量学生及学校优劣的唯一标准。这导致在教育过程中，学生的智力因素得到了重视，非智力因素的培养却被忽略，甚至出现了用智育课取代德育课的现象。道德教育是培养学生良好行为习惯和价值观的重要环节。如果学校在道德教育方面薄弱，学生可能会缺乏基本的道德观念，如诚实、友善、尊重他人等。学生可能会因为缺乏道德约束而出现偷窃、故意损坏公物等不道德行为，并可能会进一步发展为犯罪行为。犯罪是最严重的背德行为。

2. 法制教育缺失

法制教育旨在让在校生认识到违法犯罪的危害与危险。但一些学校在课程设置中对法制教育不够重视，课时安排较少，学生对法律知识的了解有限，不知道自己的行为边界在哪里。有的学校已开设法制教育课程并普及法律常识，但效果并不理想。其法制教育仅传授法律知识，而未形成与法律规范相适应的价值观，未将法律规范内化为青少年的需求和行为动机，不能约束其行为并形成守法习惯。

3. 教育方法和态度上的偏差

在学校教育中，不当的教育方法和不正确的教育态度不仅不利于学生对知识的掌握，还可能对他们的心理发展产生负面影响。一些教师没有根据学生的心理特点采用灵活多样的教学方法，导致他们对学习失去兴趣。以考试成绩排名的方式激励学生学习，实际上是给成绩较差的学生贴上了"标签"，增加了他们的心理压力，打击了他们的自信心，导致部分学生产生消极情绪并厌恶学习、逃避学校生活。当他们进入社会后，可能会受到消极因素的影响，增加违法犯罪的风险。对于"优等生"过分爱护并为其创造各种有利条件，可能会让他们产生骄傲自大的心理，同时如果不注重非智力因素的培养，他们可能无法承受受挫的心理压力。

4. 学校管理工作上的失误

学校管理涵盖了学生日常与教师工作的管理。若管理不当，会导致校风不正。如果学校的校规校纪执行不严格，对学生的违规行为没有及时有效的处罚，会让学生产生侥幸心理。教师对学生的管理松懈，使学生身上的不良习惯和行为无法得到有效控制，为青少年犯罪埋下了一定隐患。一些学校和教师未能重视学生的日常管理，学生在校期间存在打架斗殴、扰乱课堂秩序、攀比生活用品等不良的行为，但却没有得到应有的处理和教导，导致不良风气在校园内蔓延。这不仅打乱了学校正常的教学秩序，影响了教学活动的顺利进行，使学生无心学习，更使有不良行为的学生因未能及时矫正而形成不良的行为习惯并加大了堕落的风险。

5. 学校周边环境影响

周边的环境对学校的影响是显著的。例如，林立的网吧、游戏厅等各种娱乐场所，以及销售庸俗书报和音像制品的小摊小贩，还有繁忙的餐馆和商贩，这些构成了浓厚的市场和娱乐氛围。然而，缺乏育人文化的元素使得环境更加偏向物质、消费和娱乐的追求。这样的环境可能会对学校的正常教学秩序产生一定的影响，也可能会诱发青少年学生的物质欲望、消费欲望和娱乐消遣欲望。在这些欲望的刺激下，青少年学生可能会走上违法犯罪的道路。尤其是如果青少年沉迷于网络游戏，可能会荒废学业，甚至损害身体健康。更糟糕的是，他们可能会因为得不到父母的认可而产生不良欲求，从而诱发违法犯罪行为。例如，由于玩游戏不被父母认可，他们可能会从父母那里得不到钱，于是就会通过偷盗、强抢等违法犯罪手段来获取钱财以满足自己的需求。

三、同伴与犯罪

同龄人是青少年成长过程中重要的社交圈。与违法同辈团体的交往可能会使个体接触到犯罪行为，甚至被引诱或强迫参与犯罪活动。同伴对犯罪影响的主要表现在：

1. 认知改变

同伴之间的互动可以改变个体的认知和价值观。在不良同伴群体中，他们可能会传播一些错误甚至反社会的观念，个体的价值观会逐渐被扭曲，对犯罪行为的看法也会发生改变，从最初认为犯罪是错误的，转变为认为犯罪是可以接受的或者是解决问题的有效方式，降低自己对犯罪行为的道德约束。

2. 行为模仿

青少年时期，个体的行为模式很容易受到同伴的影响，违法者之间可以相互学习越轨行为的态度和价值观念，以及从犯罪中谋取利益的技巧和策略。当同伴展示出一些具有犯罪倾向的行为，如小偷小摸等，个体可能会因为好奇或者想要融入群体而进行模仿。这种模仿行为可能会逐渐升级，发展到更严重的犯罪。

3. 群体顺从

同伴群体往往会对成员施加一定的压力，要求他们遵守群体的规范和行为方式。如果个体不按照群体的期望行事，可能会面临被排斥的风险。为了避免被同伴抛弃，个体可能会顺从群体压力，参与犯罪活动。

长期与违法的同龄人交往更容易导致犯罪，但良好的家庭因素可以显著减小，甚至完全消除这种影响。当父母对子女的控制力减弱或父母与子女之间的联系减弱时，青少年更容易强烈依附于违法的同龄人。

💡 学练园地

"劣迹艺人"犯罪的社会微观因素分析

2021年2月5日,《演出行业演艺人员从业自律管理办法》由中国演出行业协会发布,2021年3月1日起正式试行。

《演出行业演艺人员从业自律管理办法》是为不断提高演出行业演艺人员职业素质,规范从业行为,树立演艺人员良好职业形象,促进演出行业健康发展,由中国演出行业协会在相关主管部门指导下制定的管理办法。该管理办法明晰演艺人员从业规范,明确联合抵制和复出规定。

根据管理办法,"劣迹艺人"将受到协会会员单位1年至永久期限的联合抵制,且须在联合抵制期限届满前3个月内提出申请,经同意后才可继续从事演出活动。

请选定典型案例,完成"劣迹艺人"犯罪的社会微观因素分析调研报告。

学生任务分配表

班级		日期	
组名		组长	

典型案例描述:

任务分工:

获取信息	引导问题1:在典型案例中,该"劣迹艺人"犯罪的家庭因素有哪些?
	引导问题2:在典型案例中,该"劣迹艺人"犯罪的学校因素有哪些?
	引导问题3:在典型案例中,该"劣迹艺人"犯罪的社区因素有哪些?
	引导问题4:在典型案例中,该"劣迹艺人"犯罪的其他社会微观因素有哪些?
任务总结	在典型案例中,该"劣迹艺人"犯罪的社会微观因素有哪些?

四、社区与犯罪

社区作为人们的基本生活环境，与犯罪有一定的关联。

（一）社区凝聚力

凝聚力低的社区，社区成员对社区事务不关心，居民之间关系冷漠。在这种情况下，犯罪行为更容易发生。当社区成员人口流动性高时，社区内部疏离感会增加，可能还会出现社区解组现象，并使人际疏离，削弱社区居民达成共识与解决问题的能力，导致社会控制力降低，进而影响犯罪与偏差行为的发生。

（二）社区经济状况

经济状况较差、迁移频繁等社区解组现象容易对青少年偏差行为产生负向影响。贫困社区往往犯罪率较高，因为经济困难可能导致居民为了生存而产生犯罪动机。贫困社区的教育和社会服务资源相对匮乏，这也不利于预防犯罪。

（三）社区物理环境

如果社区内公共设施的布局不合理，路灯昏暗或者损坏，道路、停车场等区域形成治安死角，犯罪分子可能会利用这些黑暗区域进行犯罪活动。缺乏公共休闲设施的社区，居民在业余时间没有合适的场所进行活动，可能会导致一些人在街头游荡，增加犯罪的潜在风险。社区内如果有很多无人管理的废弃建筑或空地，这些地方容易被用来进行非法交易。

学习项目 2　犯罪的社会微观原因理论

犯罪的社会微观理论主要是社会过程理论，即个体社会化理论。社会过程理论认为，犯罪行为主要受到个人社会化经历的影响，是个人与不同社会机构、制度和社会过程相互作用的结果。例如，不良的家庭关系、同龄群体的压力、教育失败和司法机构的消极对待等因素都可能导致个人产生犯罪行为。社会过程理论学家们尽管存在一定的差异，但他们都认为各生活阶层的人们都可能成为犯罪者。下层阶级成员可能会因遭受贫穷、社会地位低下等困扰而产生犯罪行为，如果中产阶级和上层社会成员的生活经历变得无法忍受或具有破坏性，他们也可能走上犯罪道路。社会过程理论特别关注青少年的社会化过程，试图找出导致他们进行少年犯罪然后成年犯罪的发展因素，如家庭关系、同龄朋友的影响、教育失败和自我形象的发展等。

社会微观原因理论主要包括社会学习理论、社会控制理论和社会反应理论。这些理论从不同的角度探讨了个体在社会化过程中如何学习犯罪行为，以及社会因素如何控制或影响个人的犯罪倾向。了解这些理论有助于更好地理解犯罪行为的复杂性和社会因素在其中的作用。

一、社会学习理论

社会学习理论主张人们通过与犯罪同伴的密切接触学习犯罪行为，犯罪行为是学习与犯罪相关的规范、价值观和行为的结果。人们出生时是"善良的"，但随后"学坏了"。该理论强调犯罪行为是通过学习获得的，这里的"学习"指的是个体通过相互联系的方式学习犯罪的观念、知识和技能。个体在与社会环境的互动过程中，观察、模仿他人的行为以及接受各种社会强化，从而学会犯罪行为模式。

这种相互联系的学习方式主要源自条件反射理论和观察学习理论。巴甫洛夫的经典条件反射学说认为，在生物体没有任何预先训练的情况下，某些刺激可以导致某种反射。斯金纳的操作条件反应论在此基础上引入了行为强化机制，认为通过奖惩措施可以强化某些行为。班杜拉的观察学习实验，表明犯罪行为的学习会受到观察到的行为后果的影响。这些理论可以解释人们为什么会学习犯罪行为，以及为什么某些犯罪行为会得到强化。

犯罪社会学习理论的集大成者当推萨瑟兰，萨瑟兰理论早期模态可追溯至塔尔德的模仿理论、米德的符号互动理论（萨瑟兰在芝加哥大学选修了米德的社会心理学课程）、韦茨的文化冲突概念。在萨瑟兰之后，米勒提出了下阶层文化冲突理论，沃夫冈和费洛库提提出了暴力亚文化，安德森在研究贫穷社区基础上提出了著名的"街头法则"，埃克斯、柏吉斯提出了不同交往强化理论。

（一）塔尔德的模仿理论

塔尔德认为，社会事物不是发明就是模仿，而模仿是最常见的，纯粹的发明极少见，社会就是由互相模仿的个人组成的群体。模仿是一个人的行为、思想或情感方式被另一个人所复制的过程，它是社会秩序和社会变迁的重要动力。犯罪并非天生，而是在特定环境中人们相互模仿形成的。塔尔德提出了模仿的三大法则。

1. 距离法则

即相互接触程度与模仿程度呈正向关系。距离越近，人际关系越密切，交往越频繁，人们接触的强度越大，相互之间模仿的可能性和程度就越高。

2. 方向法则

即模仿的传导方向是自下而上。人们之间的模仿通常表现为社会经济地位较低的人模仿社会经济地位较高的人。例如，某些高智商犯罪手段或有组织犯罪模式可能最初是由犯罪头目或经验丰富的犯罪分子所采用，然后被下层的犯罪人模仿。

3. 插入法则

即模仿的潮流表现为推陈出新。人们相互之间的模仿体现为一种较旧的时尚被一种较新的时尚所取代。当新旧行为方式并存时，一般新的方式将取代旧的方式。

（二）萨瑟兰的不同交往理论

不同交往理论是由美国著名犯罪学家萨瑟兰于 20 世纪 30 年代创立的，也被称为差别接触理论。萨瑟兰是芝加哥大学社会学系的毕业生，被誉为 20 世纪最具影响力的犯罪学学者之一，被称为"犯罪学之父"。他的犯罪社会学范式对犯罪原因的解释至今仍有着重要的意义。

萨瑟兰的贡献主要有两个方面。首先，他提出了白领犯罪的概念，突破了当时将犯罪与社会底层紧密联系的传统观念。其次，他提出了不同交往理论，认为犯罪的原因主要在于个体从其接触的人群中进行了选择性学习。

在当时，犯罪研究受到精神病学、精神分析学和生物学等学科的深刻影响，把大量精力集中在研究"不正常"的人的犯罪行为上，忽视了正常人为什么会犯罪的问题。萨瑟兰扭转了这种局面，他不相信犯罪人在道德、生理和心理方面比正常人"低劣"，也不赞同内在心理学观点和行为主义。

萨瑟兰早期更加关注犯罪的社会因素，否定犯罪是生物或心理异常的结果，将社会解组和文化冲突放在了中心位置。他认为社会的混乱现象是犯罪的基础，这种混乱现象是由于社会的变迁、竞争和冲突的过程造成的。社会混乱导致不同群体文化冲突（含规范认同冲突），文化冲突又导致异质接触，使个人受到不同的社会价值观和行为模式的影响（规范冲突对个人的影响倾向是不同的）。

因此，犯罪行为主要是在关系密切的小团体中，通过交往和互动学会的，也可以说是另一种社会化的产物。一个人之所以犯罪，是因为他与犯罪行为模式的接触超过了与非犯罪行为模式的接触。这种接触包括与犯罪人的直接交往，也包括间接接触，如通过媒体、文化等渠道接触到犯罪观念和行为方式。犯罪实际上是两种影响力的冲突。

萨瑟兰在 1939 年第三版《犯罪学原理》中提出了关于犯罪行为习得的 7 个命题，不同交往理论正式提出，1947 年出版时改为 9 个命题。可以概括以下四点。

（1）犯罪行为与非犯罪行为都是通过学习而得来的，不是天生的。否定了生理学生物遗传因子的归因作用，同时否定个体内在因素，同精神分析理论划清界限。学习内容包括犯罪技巧和犯罪动机。

（2）犯罪行为习得的主要部分发生在密切接触的交往群体中。频繁且密切的接触犯罪行为模式会增加犯罪的可能性。亲密群体既是环境刺激源，又是模仿学习对象。新闻媒体、电视、电影等非人与人之间直接沟通方式对犯罪行为的影响相对微小，早期接触犯罪行为模式对个体的影响更大。

（3）行为人接触到的对法律禁令不可接受的定义压倒了可接受的定义，就会倾向于违法犯罪。青少年学坏多半因为被不良环境所包围。如疏远老师、同学、家人，沉迷网吧，和不良少年为伍，逃课、翘家等。

（4）虽然犯罪行为是一般需求和价值的体现，但一般需求与价值却不能用来解释犯罪行为的原因。即从社会结构而不是个体心理层面解释犯罪。

💡 学练园地

用不同交往理论分析明星吸毒的原因

吸毒问题是当今十分严重的社会问题之一。明星这个耀眼的职业在其华丽的外衣下隐藏了很多社会问题，其中一个很重要的问题就是吸毒。

明星吸毒不仅成为严重影响个人生活的问题，更无时无刻不影响着整个社会。要遏制乃至根除这一社会毒瘤，就必须对这一社会现象进行分析并探究其根源。

明星吸毒行为符合不同交往理论的特点。

（1）明星吸毒往往是通过学习得到的。从明星吸毒的案例来看，天生吸毒人和从父母那遗传来的吸毒者几乎是不存在的，多数吸毒者都是步入社会后开始吸毒的。

（2）明星吸毒发生在亲密人群中。涉毒明星存在着一定的内部联系，警察往往一抓一大把。

（3）明星吸毒一部分也源于他所处的环境中接触到的对法律禁令不可接受的定义压倒了可接受的定义。由于其特殊的行业性质，明星在物质上富足，不用为毒资困扰，这也使得一些明星陷入吸毒泥潭，甚至形成"吸毒是一种时尚"的错误观念。这种"时尚"使得吸毒已不再是吸毒本身而成为衡量彼此是否认同的一种方式，进而步入时尚误区，它把很多原本不吸毒的人牵扯进来。为了在圈子中生存等因素，受朋友之邀尝试毒品的人最终也沦为毒品之奴。这种做法把毒品带给社会的危害无限扩大化，从而给社会造成更为不利的影响。

（4）明星吸毒也体现出通常意义的追求与价值表达。现代生活中的人们承受着极大的压力，明星也同样存在着诸多压力。众所周知，娱乐圈错综复杂，竞争激烈。毒品成为一些明星逃避现实、缓解压力的方式，甚至有很多明星吸毒不仅仅是为了缓解工作压力，而是为了保持身形，以求上镜效果更佳，更有甚者依靠毒品刺激寻求创作灵感从而使自己在新人辈出的娱乐圈占据一席之地。部分明星在遭遇困难和挫折之时不能坚强地直面人生困境，意志力丧失殆尽，缺乏对崇高精神的追求，自暴自弃，把诸多希望寄托于毒品之上，这无疑是社会的一大悲哀。

二、社会控制理论

（一）理论基础

社会控制理论也称为联系理论或社会键理论，该理论认为每个人都有可能成为犯罪者，但大多数人由于受到与社会的联系的控制而没有成为犯罪者。犯罪原因理论的主要任务就是创造性地发现促使人们不去犯罪的那些因素。社会控制理论所关注的是：为什么社会中有些人犯罪，而有些人尽管贫穷却仍然选择合法行为？为了回答这一问题，社会控制理论从个人与社会环境之间的连接方式来发现犯罪行为产生的原因。

犯罪是社会控制减弱或崩溃的结果。人们出生时可能具有"坏"的特质，但可以通过控制来使他们变得"好"一些。人们从事越轨和犯罪行为是自然而然的事情，人们之所以不犯罪是因为受到了控制的结果，或者说是个人与社会的联系牢固的结果。因此，当个人与传统秩序的联系断裂时，个人就可能从事犯罪行为。社会控制理论的基本观点可以概括为：当社会对个人的控制力减弱时，个人就有可能犯罪；人们之所以不犯罪，是在社会化过程中形成各种社会控制机制（社会键）的结果。

就社会控制因素而言，社会控制理论家主要集中于非正式社会控制方面的研究。

（二）早期的社会控制理论

雷斯被广泛认为是早期社会控制理论犯罪学家的主要代表之一，他的研究主要聚焦于学校环境对个人行为的控制问题。他明确区分了两种不同的控制方式："个人控制"和"社会控制"，其中个人控制指的是个人约束自己以避免采取违法行为来满足需求的能力，而社会控制则指的是外部的正式或非正式的社会惩罚对个体行为的限制。通过对 1110 名 11～17 岁男性缓刑犯的考察，他发现，精神上自我控制能力较弱、经常逃课以及被学校认定为问题少年这三个因素与犯罪行为之间存在明确的关联。

雷克利斯被公认为是早期社会控制理论最具影响力的学者之一，他在分析和总结犯罪研究相关文献的基础上，首次提出了著名的遏制理论。他将遏制犯罪的力量归纳为两种类型：一是外部遏制，即个人所处的社会环境对个人犯罪行为的遏制，他期待个人遵循群体中占优势的行为规范；二是内部遏制，即个人将群体中占优势的行为规范内化于自己的内心中，从而形成一个良好的自我概念。同时，他还提出了三种诱使犯罪的力量：一是内在推力，即个人心中的不满、不安、敌意、自卑感以及原始的本能欲望；二是外在压力，即缺乏获得成功的手段、贫穷、相对剥夺感等；三是外部拉力，即犯罪亚群体、结交的犯罪同辈伙伴对个人行为的影响。当三种力量的强度大于外部遏制与内部遏制力量时，个体就有可能选择犯罪行为。

（三）社会控制理论的发展

赫希的社会控制理论是犯罪学研究领域中具有重要影响力的理论之一。他在1969年的著作《少年犯罪原因探讨》中首次提出了社会纽带理论，该理论强调了个人与社会之间的联系对犯罪行为的影响。

赫希认为，青少年犯罪是由于个体与社会纽带联系的松散或破裂所导致的。他接受了涂尔干的观点，把犯罪或偏差行为产生的主要原因归结于社会控制力太弱的缘故，以人人均有犯罪的欲望为假定，提出了控制个人不犯罪的四大因素。

1. 依附（感情要素）

这是个人对他人或群体的一种感情联系，即个人对他人的意见的敏感性。包括对父母的依附、对学校的依附以及对同辈团体的依附，其中对父母的依附对于控制犯罪最为重要。个人如果对他人或群体存在较强的依恋，就不会轻率行事，而是在犯罪行为之前进行仔细的思考和衡量，考虑犯罪行为将对他人和群体造成的损害。

2. 投入（物质要素）

这是指个人对社会主流行为投入的时间、物力和财力。个人越愿意投入追求较高水平的文化教育并立志谋求高尚的职业等传统的活动当中，就越不容易犯罪。对学业和职业发展有很高期待感的青少年最不容易产生犯罪倾向，因为他会考虑违法犯罪行为可能带来的不利后果。

3. 参与（时间要素）

这是指个人为满足自身需要花费时间、精力参加日常活动。个人越积极参与诸如体育运动、娱乐工作、与学校有关的传统活动等，就越不容易犯罪。如果青少年参与的不是像学习活动这样的传统活动，而是吸烟、酗酒、驾车兜风等这些属于成年人的活动，那么，他们也很可能会从事少年犯罪活动。

4. 信念（道德要素）

这是指个人对主流社会倡导的价值体系和道德观念的认同。个人相信社会的中心价值与主流文化观念，遵纪守法，就不容易犯罪。当一个青少年内心深处对社会的道德规范或法律的尊严产生疑问时，他走上违法犯罪道路的可能性就随之产生。

以上每一种要素都可以形成个人与社会的联系，当这种联系被减弱或破坏，犯罪将会发生。综合上述，社会控制理论所给出的个人之所以犯罪的原因的解释可简单概括如下：人类从根本上讲是自私的动物，个人往往根据特定的情景，通过潜在的利益和可能带来的麻烦与风险的理性计算来决定自己的行为。一旦连接个人的纽带不足以强大到控制个人谋取私利的欲望时，个人就可能选择犯罪来获取非法利益；犯罪因而也被视为个人社会化不充分，不足以提升个人抵制犯罪诱惑的自控能力所致。

💡 **学练园地**

社会控制与罪犯矫正

对于罪犯的矫正，社会控制理论强调要重建罪犯与社会的联系。

在监狱等矫正机构中，可以通过开展职业培训、心理矫治等活动，帮助罪犯树立正确的价值观和信念，增强他们对未来生活的奉献精神。同时，鼓励罪犯参与监狱内的各种活动，如文化活动、生产劳动等，提高他们的参与感。

刑满释放后，社会应该为他们提供支持和帮助，如就业指导、社区接纳等，使他们重新融入社会，恢复与社会的联系，从而减少再犯罪的可能性。

三、社会反应理论

（一）理论基础

社会反应理论又可称为标签理论或标定理论。传统的犯罪学理论侧重于犯罪行为本身或者犯罪人的内在特质，而社会反应理论则将关注点转移到社会对犯罪行为的反应，特别是社会标签对个体的影响，认为当社会中的重要成员将个人标记为罪犯，并且个人也接受这种标记时，个人将逐渐成为罪犯。社会反应理论盛行于 20 世纪 60 年代中期至 70 年代中期。其中，贝克尔于 1963 年出版的《局外人》对此理论有系统的阐述。

社会反应理论运用形象互动论的原理，认为犯罪是社会反应与行为人形成自我形象之间相互作用的结果，强调社会群体的反应对于个人人格、心态行为的影响。该理论认为，犯罪行为本身的界定是相对的，社会反应（主要是社会标签）在塑造犯罪人的过程中起着关键作用。个人因被社会"贴标签"而获得"越轨者"身份，社会对越轨行为和越轨者的反应是决定犯罪的主要诱因。一个人并不是因为实施了某种行为就成为犯罪人，而是在被社会贴上"犯罪人"的标签后，才逐渐认同这个标签，进而继续实施犯罪行为。

（二）理论内容

社会反应理论认为犯罪是社会互动的产物。个体演变为罪犯的主要原因是由于社会给其贴上了"越轨者"的标签，社会按照一定标准将某些行为规定为"犯罪"，因而产生了"罪犯"，而并非"罪犯"个体原因所致。一个人成为罪犯往往是由于家庭、学校、警察机关、司法机关和犯罪矫治机构在处理个人偏差或违法行为时，给行为人加上了一些负面标签，如"坏孩子""不良少年"等，这些标签使行为人逐渐修正自我形象，认为自己是坏人。标签的自我认同会导致个体按照标签所暗示的角色来行动，强化犯罪行为，同时社会也给予他们不良的评价，如歧视等，这使得偏差行为者逐渐陷入更严重的偏差行为中，难以自拔。社会反应理论强调社会对犯罪人的反应过程，包括逮捕、审讯、审判和服刑等环节，是促使初犯者再次犯罪的重要原因。

社会反应理论的要点为：

（1）重新解释偏差行为的成因。偏差行为是指违反社会规范的行为，这是大多数人都能接受的定义，没有什么争议。但是，为什么会出现违反社会规范的偏差行为呢？贝克尔从社会界定的角度来解释偏差行为的成因，认为与当时的社会背景有关。从社会界定的角度来看，偏差行为并不是天生的性格使然，也不是社会化的结果。过去人们从生理学、心理学等角度来看偏差行为，难免有些不足之处。社会反应理论试图将注意力的焦点从偏差行为本身转移到它们是如何被界定以及社会特别是控制机构对它们的反应上。贝克尔认为，社会的反应（尤其是公开贴上标签）才是偏差行为的成因。偏差行为者是他人刺激、强调和召唤的结果，是他人描述下的产物。

另外，李马特将偏差行为分为初级和次级的偏差行为，这更能清楚地解释其成因。初级偏差行为是指未被公开贴上标签的偏差行为。李马特认为我们每个人都曾是初级的偏差行为者，但幸运的是我们没有被贴上标签。至于那些少数不幸被贴上标签的人（即所谓的次级偏差行为者），才发生了种种后果。由此可见，偏差行为的原因便是公开地贴上标签以及由此所带来的效果，其影响顺序如图 6-1 所示。

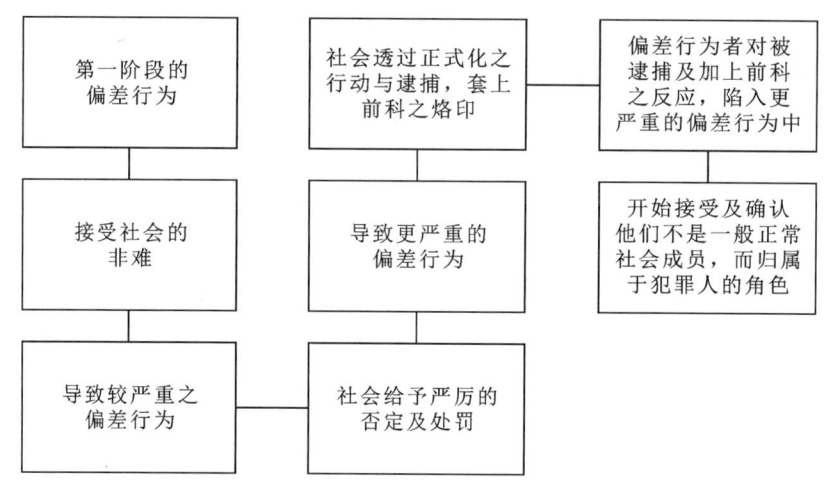

图 6-1 偏差行为影响顺序

（2）标签的张贴是有选择性的。贝克尔认为并非所有的偏差行为都会被贴上标签，换句话说，标签的作用因人而异，因事而异，因地而异，因情况而异。例如，赤身裸体本身并无任何不妥，但是否越轨要看地点而定。在自家的卧室里，没有人会因不穿衣服而受到指责；但在公共场所，不穿衣服便会引人侧目，甚至招到取缔。由此可见，对于偏差行为的判断要取决于特定的时空及情况，不可一概而论。

贝克尔进一步指出，有权决定者对事件的看法也是重要的决定因素，偏差行为者对自己行为的辩论也有重大的影响。例如在美国，警察对医生的儿子超速与对黑人超速，其认定可能会有不同。因此，偏差行为的认定是行为者与反应者之间互动的结果，这是符号互动论的基本主张，他们重视的是行为的磋商过程及互动的效果。

（3）偏差行为的养成是一种被辱的过程。被贴上标签的人，不论其被标记为罪犯、差生还是其他，这个标签会立即成为他们"最主导的身份"，并替代他们所有的其他角色。这不仅会影响他人对他们的看法，更会由于被孤立、排斥和嘲笑，影响到他们本人的自我认知。因此，被贴上标签的人只能在标签的阴影中生活，最终走上一条无法回头的道路。根据贝克尔的观点，这条无法回头的道路的旅程是有阶段的。首先是被贴上一个公众可见的标签，如罪犯、怪人、疯子等。贴标签的过程通常包括一个公开的仪式或官方的定义，不论是法官的判决还是医生的鉴定。接着是遭到朋友、亲人、雇主等人的拒绝。由于被拒绝，这些人会退缩并加入偏差行为者的次级文化中，在此找到可以接受他们、支持他们，并使他们的行为合理化的人。通过这种认同，他们完全接受自己的偏差行为的角色，并发展出偏差行为的生涯。

学习项目 3　基于犯罪社会微观原因的因应对策

一、犯罪因应对策理论

（一）预防矫正论

根据不同的交往理论，一方面，如果犯罪是消极社会因素影响的结果，是在犯罪行为模式联系的过程中习得的，而不是生理缺陷或无法抗拒的本能冲动，那么预防犯罪就有可能实现。目前，许多国家预防犯罪的策略都是以此理论为基础的。另一方面，如果犯罪是犯罪行为人受到过多倾向犯罪的价值、态度和习惯等不良环境的影响，那么将他们重新置于不认可犯罪的环境中，他们就可能抛弃原来的价值观念和行为取向，转而从事合法行为。许多国家都根据这一原理建立了有效的矫正方案。

要控制个体与犯罪行为模式的接触。加强社区、家庭建设，关注青少年的交往对象，增加其与正面行为榜样的接触，防止其过早接触不良同伴和犯罪观念。在监狱等矫正机构中，要注意隔离罪犯的不良交往，避免罪犯之间相互交流犯罪经验，强化犯罪观念。通过教育和心理矫治等方式，引导罪犯接触和学习非犯罪行为模式。

（二）社会凝聚论

赫希认为犯罪产生的原因在于外在社会控制或社会联系的薄弱或中断。个体可能会受到内在动物本能的驱使而实施犯罪行为，除非有其他因素阻止。个人的犯罪行为取决于社会控制因素的强弱，这种社会控制就是社会联系，例如个人与父母、亲朋、老师、同事、雇主的关系。

绝大多数人未从事犯罪活动是因为他们担心犯罪会失去重要的社会纽带或凝聚力，例如家庭、亲朋、学校和邻里等。正是这些纽带的作用，人们的犯罪动机和行为得以控制。个人只有对家庭、学校和社会存在紧密的社会联系，即高度依附、投入、参与和信念，才会积极投入到正当的、健康的传统活动中，形成正确的、为社会所推崇的世界观、人生观和价值观，内化传统的社会规范和准则，从而抵制不良诱惑，远离越轨行为及违法犯罪活动。

（三）非标签化论

标签理论认为，偏差行为的原因是公开地贴上标签及其带来的影响，因此非标签化成为预防犯罪的重要对策。非标签化论对刑事政策产生了重大影响，为20世纪六七十年代西方推行的以非犯罪化、非刑罚化、非监禁化等为内容的刑事司法改革提供了理论基础。主要措施有：

（1）除罪除刑政策。对罪犯（特别是少年犯）采取除罪除刑政策，减轻司法标签的负面影响。

（2）社区处遇代替机构性处遇。由于社区处遇（如保护管束）不会产生标签作用，司法上大量采用社区处遇代替机构性处遇。

（3）转向政策。对于轻微少年犯罪，不由司法机关处理，而交付学校或社会机构处理，以减少标签的伤害。

（4）减少罪犯标签的影响。在监狱或社区矫正中，通过心理矫治和职业培训等方式，让罪犯重新树立自我形象，增强他们的自尊心和自信心。同时，社会应该为释放人员提供重新融入社会的机会，消除就业歧视等标签带来的次生后果，减少他们再次犯罪的可能性。

二、犯罪风险预测评估

（一）犯罪风险的预测因子

1. 初犯预测因子

总体来说，初犯预测因子可以分为家庭环境、学习状况、同伴交往、早年偏差行为、社区影响等类型。

20世纪50年代，美国哈佛大学教授格卢克夫妇创立了少年非行早期预测法。格卢克夫妇根据少年在6岁以前的生活经历，具体预测其在11～17岁是否可能陷于非行。他们选定3组因子，每组由5种因子构成。有关社会背景的因子包括父亲对少年的管教、母亲对少年的监督、父亲对少年的感情、母亲对少年的感情、家属内的和睦；依据罗夏测验所获得的有关性格特征的因子包括社会态度、反抗性、疑惑性、破坏性、情绪易变性；依据精神医学诊断所获得的人格特征包括冒险性、行为外倾性、被暗示性、顽固性、情绪不稳定性。

2004 年，黄兴瑞等学者设计的少年初犯调查问卷中，社会因素涉及以下诸项目。一是家庭环境：① 家庭结构；② 家庭的团结状况；③ 父母的教育方式；④ 与父母的感情；⑤ 父母的职业和文化程度。二是学校环境：① 学习成绩；② 与老师的感情；③ 学校评价。三是少年行为模式：① 早年暴力；② 早年偷窃；③ 早年偏差行为。四是社会交往：① 社区或村落的团结状况；② 交友状况。自制问卷的设计侧重于少年成长环境的客观记述，而少有主观的判断。心理因素方面则采用较为客观的明尼苏达多相人格测验表对少年心理予以测量。

2. 再犯预测因子

总体来说，再犯预测因子可以分为犯罪前的基本状况、犯罪行为、服刑状况、释放后状况等类型。

1999 年，英格兰与威尔士推广使用预测工具"罪犯评估系统"，主要评估要素包括犯罪史、文化程度、经济状况、思维方式、行为特征、社会关系、狱内表现等 14 个项目，同时还包括其他四部分内容：危险，即严重伤害的危险、对他人的危险；罪犯危险评估总结表；服刑计划；自我评估。

黄兴瑞等学者以犯罪人生命历程为线索，分析其生活中重要的人物、事件和关系，尤其是重大的生活转折点对其犯罪生涯的影响，根据显著性、独立性和有效性，检选出早年不良行为、不良行为模式、犯罪时职业、对被害人的态度、第一次逮捕年龄、罪名、前科次数、刑期、服刑期间是否学到就业技能、释放前的管理级别、出狱时年龄、出狱时婚姻等 12 项因素作为预测因子。

（二）犯罪风险的预测量表

1. 初犯预测量表

少年初犯预测的研究始于 20 世纪中叶。格卢克夫妇历经十年，编制出最具影响力的少年初犯诸因子预测量表。英国剑桥的维斯特与费宁顿对少年初犯的研究亦不亚于格氏，他们对 400 余名少年犯进行了详尽的分析，最后遴选出若干重要因子作为预测少年初犯的变量。美国犯罪学家艾里诺等人则采追踪研究的方法自 1976 年始即在全美抽出 1700 多个少年样本（11～17 岁），历经五年的追踪调查，最后精选出若干因素作为预测少年初犯的因子。

（1）少年非行早期预测量表。格卢克夫妇在 15 种预测少年初犯因子中，每种因子下设 2～3 种情况，给每种情况一定的分值。然后根据犯罪少年所属具体情况计算分值，将 15 种因子所得分值相加即总分值。根据得分多少即得出每种因子乃至每种情况同犯罪的关联表，即成格卢克少年非行早期预测法。格卢克夫妇经过比较，认为依据 3 组因子制作的预测量表中，社会背景五因子预测量表为最优。

社会背景五因子预测量表将非行可能率分为 2 级时，所确定的等级分值与少年初犯可能性是：超过 250 分是 79％，不满 250 分是 16％。如表 6-1 所示。

表 6-1　社会背景五因子预测量表

因子名称	因子细目	失败点数
1. 父亲对少年的管教	严格或不一贯	71.8
	宽大	59.8
	适当且亲切	9.3
2. 母亲对少年的监督	不适当	83.2
	普通	57.5
	适当	9.9
3. 父亲对少年的感情	不开心或敌对	75.9
	温柔（含溺爱）	33.8
4. 母亲对少年的感情	不开心或敌对	86.2
	温柔（含溺爱）	43.1
5. 家属内的和睦	不团结	96.9
	稍团结	61.3
	团结	20.6

（2）少年初犯可能性预测量表。

2004 年，黄兴瑞等学者从自制问卷中检选出 42 项相关因子，编制了少年初犯可能性预测量表（见表 6-2）。量表将危险等级分为 4 级时，所确定的危险等级分值与少年初犯可能性是：31～42 分是 100％；21～31 分是 84.5％；11～21 分是 29％；0～10 分是 7％。

表 6-2　少年初犯可能性预测量表

预测因子	得分	预测因子	得分
一、家庭环境			
（一）家庭结构		（二）家庭团结状况	
1. 父母是否健在		3. 父母的团结状况	
健在	0	团结	0
一方或双方去世	1	不团结	1
2. 父母是否离异		4. 家庭成员的团结状况	
是	0	团结	0
否	1	不团结	1

预测因子	得分	预测因子	得分
（三）父母的教育方式		16. 初中阶段的学习成绩	
5. 父亲的教育方式		好	0
民主或专制	0	差	1
溺爱或放任或粗暴	1	17. 小学阶段与班主任的感情	
6. 母亲的教育方式		亲密	0
民主或专制	0	疏远	1
溺爱或放任或粗暴	1	18. 初中阶段与班主任的感情	
（四）与父母的感情及父母的文化程度		亲密	0
7. 父亲是否经常带子女出去玩		疏远	1
是	0	19. 小学阶段在全校是否被点名批评	
否	1	是	1
8. 父亲是否经常关心子女的学习		否	0
是	0	20. 初中阶段在全校是否被点名批评	
否	1	是	1
9. 父亲是否经常了解子女的在校情况		否	0
是	0	**三、早年行为模式**	
否	1	（一）早年暴力	
10. 母亲是否经常带子女出去玩		21. 是否主动打过别人	
是	0	是	1
否	1	否	0
11. 母亲是否经常跟子女聊天		22. 是否强行要别人财物	
是	0	是	1
否	1	否	0
12. 母亲是否经常关心子女的学习		（二）早年偷窃	
是	0	23. 是否趁人不在拿过别人的财物	
否	1	是	1
13. 父亲的文化程度		否	0
中学以上	0	24. 是否借钱或物不还	
小学以下	1	是	1
14. 母亲的文化程度		否	0
中学以上	0	（三）早年偏差行为	
小学以下	1	25.14 岁前是否吸烟	
二、学校环境		是	1
15. 小学阶段的学习成绩		否	0
好	0		
差	1		

预测因子	得分	预测因子	得分
26. 14 岁前是否喝酒		35. 14 岁前是否经常撒谎	
是	1	是	1
否	0	否	0
27. 14 岁前是否当面骂老师		36. 是否醉酒	
是	1	是	1
否	0	否	0
28. 14 岁前是否逃学		37. 是否文身	
是	1	是	1
否	0	否	0
29. 是否离家出走		38. 是否花钱无度	
是	1	是	1
否	0	否	0
30. 是否早恋		**四、社会交往**	
是	1	（一）社区团结状况	
否	0	39. 社区或村落的团结状况	
31. 14 岁前是否有性行为		团结	0
是	1	不团结	1
否	0	40. 社区或村落中是否有人犯罪	
32. 14 岁前是否故意破坏公物		没有	0
是	1	有	1
否	0	（二）交友状况	
33. 14 岁前是否赌钱		41. 亲密接触的朋友的学习成绩	
是	1	好	0
否	0	差	1
34. 14 岁前是否编造虚假理由向父母要钱		42. 亲密接触的朋友中是否有人违法	
是	1	没有	0
否	0	有	1

2. 再犯预测量表

1928 年，美国芝加哥大学的伯吉斯教授和哈佛大学的格卢克教授制成了定量化的再犯可能性预测表，从而奠定了现代犯罪预测的基础。目前美国、英国、加拿大等国家已经建立起较完善的服刑人员出监后重新犯罪预测体系，有水平评估量表、历史因素评估量表、精神疾病量表等。

（1）水平评估量表。水平评估量表是由加拿大的学者于 1995 年设计并推出的，是一个包容使用动态与静态的要素于一体的评估再犯危险的工具，在理论界影响较大。

水平评估量表确定被测者再犯罪可能的十方面共 54 项评估内容，如表 6-3 所示。

表 6-3　水平评估量表

方面		
1. 犯罪史 （Criminal History，10 分）	（1）以前至少接受过 1 次定罪	（6）曾经因为犯罪行为而被监禁过
	（2）在成年期间 2 次被定罪	（7）曾经被监禁过
	（3）在成年期间曾接受了 3 次定罪	（8）曾经因为不当行为而被惩罚过
	（4）现行犯罪有 3 个以上	（9）在被监管期间违反有关规定或者被起诉
	（5）在 16 岁以下被捕	（10）有攻击或者使用暴力的记录
2. 教育或者就业情况 （Education/Employment，10 分）	（11）现在失业	（16）在学校没有读完 12 年级
	（12）经常失业	（17）停学或者被开除
	（13）整年无业可就	（18）参与项目情况与成绩
	（14）曾经被开除	（19）伙伴之间的来往
	（15）在学校没有读完 10 年级	（20）被有关机构联系或者来往的情况
3. 财产情况 （Financial，2 分）	（21）经济问题	（22）依赖于社会帮助
4. 家庭情况 （Family/Marital，4 分）	（23）对家庭不满意	（25）从来没有回报亲戚
	（24）从来没有回报父母	（26）家庭成员或者配偶也犯罪
5. 住宿情况 （Accommodation，3 分）	（27）对居住状况不满意	（29）邻居犯罪问题突出
	（28）去年变更住址 3 次以下	
6. 娱乐情况 （Leisure/Recreation，2 分）	（30）缺少娱乐	（31）能够很好地使用时间：提高自己的需要
7. 交往 （Companions，5 分）	（32）交往孤独	（35）与犯过罪的人不交往
	（33）有些犯过罪或者正在服刑的朋友	（36）没犯过罪的朋友
	（34）有犯过罪的朋友	

8. 使用酒精或者毒品问题（Alcohol/Drug Problems，9分）	（37）曾经有酗酒问题	（42）有婚姻或者家庭问题	
	（38）曾经有吸毒问题	（43）学校或者工作问题	
	（39）现在酗酒问题	（44）生理问题	
	（40）现在吸毒问题	（45）其他酗酒、吸毒信息	
	（41）违法问题		
9. 情感问题（Emotional/Personal，5分）	（46）情感干预	（49）现在的精神状况	
	（47）动态的精神状态	（50）精神指标	
	（48）经过治疗后的精神状态		
10. 态度（Attitudes/Orientation，4分）	（51）对犯罪持赞同态度，不满意现状	（53）对刑期态度消极	
	（52）对传统持不赞成的态度	（54）对监督态度消极	

水平评估量表的危险等级确定方法如下。

根据水平评估量表用户手册，量表将危险等级分为 5 级。在对 956 名加拿大罪犯（释放 1 年后）的分析基础上所确定的危险等级分值与重新犯罪可能性是：41～47 分以上，高度危险的罪犯（重新犯罪率是 76％）；34～40 分，中高度危险的罪犯（重新犯罪率是 57.3％）；24～33 分，中度危险的罪犯（重新犯罪率是 48.1％）；14～23 分，低中度危险的罪犯（重新犯罪率是 31.1％）；0～13 分，低度危险的罪犯（重新犯罪率是 11.7％）。

（2）重新犯罪可能性预测量表。我国很多省份都编制了重新犯罪可能性预测量表。例如，2005 年版湖南省重新犯罪可能性预测量表（见表 6-4）涵盖基本情况、基本技能、释放时婚姻家庭情况、释放时经济情况、释放时社会环境及关系、就业安置预期、创业设计能力、改造质量综合评估、专家鉴定情况等 15 项因子。

该量表最终的评分结果共分五档：一档总分 90 分以上，几乎没有重新犯罪的可能；二档总分 80～89 分，重新犯罪的可能性小；三档总分 70～79 分，有重新犯罪的可能性；四档总分 60～69 分，重新犯罪的可能性较大；五档总分 60 分以下，重新犯罪的可能性非常大。

表 6-4 2005 年版湖南省重新犯罪可能性预测量表

档案号： 姓名：

项目（分值）	状态	预测结果
1. 文化程度（3）		
2. 年龄（3）		
3. 通前职业（4）		
4. 犯罪故意（2）		

项目（分值）	状态	预测结果
5. 犯罪种类（4）		
6. 有无前科（2）		
7. 有无吸毒史（2）		
8. 释放时婚姻家庭情况（5）		
9. 释放时经济情况（5）		
10. 释放时社会环境及关系（5）		
11. 就业安置预期（5）		
12. 改造质量综合评估（40）		
13. 基本技能（10）		
14. 创业设计能力（5）		
15. 专家鉴定情况（5）		
最后预测结论		

学习项目 4　犯罪实证学派的犯罪预防方式

犯罪实证学派通过科学研究发现，人受到生物、心理、社会环境因素的影响而产生犯罪行为，因此他们主张应该排除或改善可能影响人犯罪的因素，并提出各种对策和计划以改善人的犯罪倾向或犯罪特质。犯罪实证学派围绕人为什么想犯罪的问题，就影响犯罪人形成犯罪倾向的个体因素、社会因素展开研究，并针对性地提出了使人不想犯罪的因应对策，即对犯罪预防的教育改善模式。

一、犯罪预防的教育改善模式

犯罪实证学派主张对犯罪的社会预防和个别预防达到社会防卫的目的。犯罪实证学派认为，人无自由意志，也无道义责任的问题。犯罪人之所以要负刑事责任，是因为其行为已对社会构成威胁或破坏，具有人身危险性。人身危险性即犯罪人再次犯罪的可能性，从犯罪行为的严重性程度、犯罪原因、犯罪人在犯罪前后的表现等诸方面进行判断，包括行为的危险性和行为人的危险性。国家对犯罪人加以制裁，是为了保卫社会。社会防卫要体现的是刑法的目的不在于保护法律秩序，而是为了防止犯罪人再次危害社会。这个概念最早由犯罪实证学派代表人物菲利在 19 世纪末提出，后来被比利时刑法学家普林斯系统化为理论。社会防卫的理念不仅限于刑罚领域，还包括采取各种政治、社会和保安处分措施来减少犯罪发生的原因。

龙布罗梭在关于国家刑罚权的来源以及刑罚的正当性的论述中，明确提出了社会防卫思想。他既强调维护社会生存条件的需要是刑罚存在的依据，又明确将刑罚权称为社会的"自卫权利"，从而勾勒出社会防卫论的基本框架。龙布罗梭主张，首先应当预防犯罪人的产生，而不是惩罚犯罪人。如果无法预防犯罪的产生，就应当对犯罪人进行矫治。如果无法矫治，就应当把这种无法矫治的人隔离在适当的机构中，但是这种隔离机构并没有监狱那种负面的名声。

格拉马蒂卡提出了以社会防卫法取代刑法的观点，主张废除犯罪和刑罚等基本刑法概念，而用"反社会性"和"保安处分"等概念来代替。但是这个理论过于激进，完全废除犯罪、刑罚并不太现实。

安塞尔提出新社会防卫论，将社会防卫运动统一到刑法之中，用以保障复归社会者的自由和权利；并改革现有的刑罚制度，把刑罚和保安处分合并为刑事制裁的统一体系，根据具体情况选择适用刑罚或保安处分。

菲利认为，刑罚的目的"纯粹是社会防卫"。因此，犯罪学家们只有通过改变比较容易改变的社会因素来改变地理因素和人类学因素的影响，寻找刑罚之外的其他社会防卫手段——改良社会，革除社会弊病。菲利称这种间接的防卫手段为刑罚的替代措施。他还为社会设计了双重防卫措施，即改善社会环境和永久或临时性地消除罪犯，大致指明了社会防卫论的两大基本特征，即镇压犯罪与矫治罪犯。受其影响的一些刑事立法取消了刑罚的概念而代之以"社会防卫措施"，作为刑罚的称谓。

二、主要策略方法

（一）建立基于人身危险性的罪责处罚标准

犯罪实证学派认为，刑罚轻重的裁量，应以行为人主观恶性的大小为标准，不应以行为的结果为标准。刑罚是改善性格的一种手段，刑罚的主要目的是预防犯罪人重新犯罪。犯罪应受惩罚的不是行为，而是行为人，其承担责任的基础不是犯罪行为的社会危害性（已然罪行），而是犯罪人的人身危险性（已然的犯罪所显示的行为的危险性），刑事责任的基础是人身危险性，本质是防卫社会。

人身危险性包括行为的危险性和行为人的危险性。从龙布罗梭与加罗法洛的论述中可知，人身危险性指的是特定的人所具有的危害社会的倾向，即犯罪的可能性，它是一个面向未来的概念。加罗法洛论证了犯罪人的危险性是犯罪的核心要素，人身危险性就等同于罪犯与社会的不适应性，强调与犯罪作斗争的中心应聚焦于犯罪人的危险性、反社会性格，并根据犯罪人的分类使犯罪对策个别化。李斯特认为犯罪人的刑事责任基础是人身危险性，并提出应受惩罚的不是行为而是行为人。

由于个别预防论采用人身危险的概念取代了罪责的概念，它将罪责转移到了人身危险性上，自然而然地将犯罪可能性作为刑罚的决定因素。这个观点鲜明地体现在李斯特的名言"应受惩罚的不是犯罪而是罪犯"中，这也标志着刑罚的重心由罪责向人身危险性的转变。

（二）基于社会改良的刑罚替代措施

由于犯罪原因是多方面的，因此我们不能幻想仅依靠刑罚来应对犯罪。刑罚只是一种辅助手段，其主要目的是个别预防。因此，我们需要消除导致犯罪产生的环境因素，从而"根除社会弊端"。由于社会原因是犯罪的主要根源，李斯特提出"最好的社会政策就是最好的刑事政策"，强调犯罪预防不能仅仅依靠刑罚制裁，改善社会环境对于防止犯罪更为重要。因此，我们应该注重采取有效的社会政策作为最好的刑事政策。菲利主张采取社会防卫措施来替代刑罚的实施，提出了刑罚替代物的概念。他认为立法者应该相信，社会改良在预防犯罪方面比刑法典更有益。作为保护社会有机体健康的立法者，应该尽可能地减少运用强暴的外科方法，而是依靠卫生科学的作用。只有这样，立法者才能避免曾经流行或普遍存在的危险错误。

在社会预防论方面，菲利主张以社会的手段代替刑罚，因为犯罪是社会的产物而不是个人的选择，对犯罪承担责任的应该是社会。菲利认识到，刑罚措施对抑制犯罪的作用是有限的，因此他积极寻找能够代替刑罚并对减少犯罪产生更明显效果的间接性措施，他把这些间接的防卫手段称为刑罚替代措施。他的刑罚替代措施具体包括以下五个方面。

1. 经济领域的刑罚代替措施

经济领域的替代刑罚措施包括自由贸易、无限制移民、改革税收制度、市政工程、限制酒类消费、硬币代替纸币、建立公共储蓄银行、调整公职人员工资、限制工作时间、建设公共照明街道、高速公路、铁路和有轨电车、建设通风宽阔住宅、建设廉价住宅、建立老年保险制度、发展合作互助团体和慈善团体、开辟农业垦殖区等。

2. 政治领域的刑罚代替措施

这类措施主要有：协调政府和民众的愿望；实行言论自由；统治阶层和当权者尊重个人和团体的权利，从而使全民族尊重法律；改革选举制度；消除政治均衡和官僚集中，使法律适应各地区不同的气候、种族、传统、语言、习惯和利益等，从而能消除由此引起的大量犯罪。

3. 科学领域的刑罚代替措施

菲利认为，科学的发展提供了比刑罚更有效的犯罪问题解决方法。此外，解剖学和毒物学的发展减少了投毒案件的数量，保险箱、门窗插销和警铃对预防盗窃起很大的作用。

4. 立法和行政领域的刑罚替代措施

在此方面，明智的遗嘱立法、有关非婚生子女的立法、法律的简单易懂化、制定完善的转让制度、建立民事身份登记、建立弃儿和孤儿院以及囚犯帮助协会等都是刑罚替代措施，具有积极意义。

5. 教育领域的刑罚代替措施

教育的发展能够降低犯罪率，因此我们应当积极推动由各类社会机构、政府、媒体、学校和公共场所开展广泛的道德与文化教育。此外，我们也需要警惕不良教育可能带来的危害，所以应当禁止某些低俗、黄色的娱乐活动以及宣扬犯罪的出版物。

菲利认为，预防犯罪不仅要依靠刑罚的威慑力，还应从根源上着手，消除促使犯罪产生的各种因素。这些因素包括人类学因素、地理因素和社会因素。由于人类学因素和地理因素难以改变，我们应该重点改革容易改变的社会因素，从而控制和减少犯罪。因此，菲利认为，预防犯罪的根本在于社会改良，革除社会弊病。具体措施包括改善人们的就业状况、居住条件、文化教育状况直至社会制度。就像医学对待人类疾病一样，我们应该以预防为主，在必要时进行治疗，同时着眼于消除促使犯罪产生的各种因素，防患于未然，以减少和消除犯罪。

（三）基于目的刑论的教育矫治方式

目的刑论认为，刑罚的正当化根据在于目的的正当性。犯罪实证学派强调，应当对犯罪人进行科学的矫正治疗。

李斯特主张，刑罚的目的是要达到特殊预防的效果。为了实现这一目的，刑罚制度必须具备灵活性、可变化性和保安性。李斯特认为，犯罪人的个性是量刑的基础和标准，为了达到特殊预防的目的，刑法必须以改变犯罪人的个性为目标，使其在未来的生活中将尊重刑法规范作为首要任务。同时，必须寻求有效的行为调节和个性研究方法，并将其始终如一地运用于犯罪人。刑罚的目的不仅仅是简单的机械报应，而是应该注重通过教育改造犯罪人，消除其危险性，使其能够重新融入社会生活，达到预防犯罪的目的。然而，他也认为对于那些无法改造的罪犯，需要采取与社会永久隔离的措施。李斯特的刑罚目的思想可以概括为一句名言："矫正可以矫正的罪犯，不能矫正的不使其为害。"此外，李斯特还关注短期自由刑的弊端，主张采用缓刑和累进制。他提倡使用罚金刑和设立刑务委员会，对少年犯、精神病犯罪人采取特别处遇等。

在龙布罗梭看来，监狱不仅仅是单纯对罪犯进行报应和惩罚的场所，更重要的是对罪犯进行救治的地方。因此，他反对简单地将罪犯关进监狱的行刑方式，而是提倡在监狱中对囚犯进行教育感化，重视劳动对于矫正罪犯的作用，提倡将心理学运用于监狱管理，主张引入行刑激励机制，使监狱从原来的封闭式逐渐转向半开放式或开放式，使监狱真正成为救治罪犯的医院。在他的见解中，龙布罗梭已经包含了行刑社会化、非监禁化的思想。

菲利认识到，刑罚并不是解决犯罪问题的万灵药，它的威慑作用非常有限。刑罚只是社会用来进行自我保护的一种次要手段，而治疗犯罪问题的手段应该与导致犯罪的实际因素相适应。而且，因为导致犯罪的社会因素是最容易消除和改善的，因此我们同意普林斯顿的观点："对于社会疾病，我们要寻找社会的治疗方法。"所以，菲利主张对刑罚制度进行改革，主张在量刑和执行刑罚的过程中应充分考虑犯罪人的个人特征，通过对犯罪人的矫正，改变其犯罪心理和犯罪人格，使其能够重新融入社会。在预防策略上，菲利主张针对不同的犯罪原因采取不同的预防策略。他认为，在社会生活中，刑罚与犯罪的关系就像医药与疾病的关系一样。当有机体生病后，我们会求助于医生。然而，医生只能对某个病人取得治疗效果，而不能做其他事情。然而，如果个人和集体都遵守预防性卫生规则，则有超过90%的疾病都可以避免，只有在特殊情况下，如创伤或心理状态不符合健康规则，才会出现疾病。正是在菲利的倡导下，刑罚个别化制度、不定期刑制度、矫正制度得以确立，刑罚开始具有了教育刑的内涵，单纯的刑罚预防开始向社会预防的方向转变。

1870年，美国辛辛那提宣言确立了矫正的基本原则：其一，实行不定期刑；其二，实行犯人分类管理制度；其三，实行累进处遇和缓刑制度；其四，推行矫正方案和假释制度。

20世纪初期，随着教育刑的思想深入人心，人们普遍认为犯罪人是身体上、精神上、社会上的"患病者"，罪行是其"疾病"的表现或症候，迫切需要治疗。显然，早期而精确的诊断，加之及时而有效的"医疗干预"，能够保证犯罪人得到肯定的预后（矫正）。这样，监狱就转化为治好犯罪人"疾病"的"医院"，"治疗者"意在帮助犯罪人解决使其犯罪的内在冲突，使犯罪人得以康复。

（四）基于一元化理论的保安处分手段

菲利提出了保安处分与刑罚方法的统一理论，产生了深远影响。从社会防卫的角度出发，他认为刑罚和保安处分的目的和作用都是保护社会免受犯罪的侵害，因此它们都是"社会防卫措施"。因此，没有必要将它们分开。基于这种观点，在他起草的意大利刑法草案中，包括了罚金、流放、惩役、监禁等传统刑罚措施，也包括监视、交职业感化院、交监置所、送犯罪狂病院等保安措施。菲利没有对这些措施作"刑罚"和"保安处分"的区分，而是将它们统称为"制裁"。菲利所倡导的刑罚与保安处分统一论得到了社会防卫学派的继承和发展。

李斯特也强调了在刑罚之外设置保安处分的必要性，但两者在本质上属于完全不同的社会防卫手段。刑罚以已经存在的犯罪为前提，不能仅仅因为嫌疑而进行处罚，作为刑罚的依据的人身危险性只能是已经存在的犯罪所显示的危险性。与此不同，保安处分不是以已经存在的犯罪为前提，而是一种纯粹的预防性手段，它的尺度的本质在于行为人的危险性。

20世纪，资产阶级刑罚中出现了一种新的制度——保安处分。保安处分的基本性格是隔离、防范、改善，以及剥夺、限制自由，是从属于隔离、防范、改善的。

知识拓展

我国刑法规定的保安处分主要类型

我国法律规定了保安处分内容，但法律并未明确指出。根据我国《刑法》的规定，保安处分主要有以下几种类型。

（1）专门矫治教育。《刑法》第17条第5款规定："因不满十六周岁不予刑事处罚的，责令其父母或者其他监护人加以管教；在必要的时候，依法进行专门矫治教育。"

（2）强制医疗。《刑法》第18条第1款规定，对于不负刑事责任的精神病人，"应当责令他的家属或者监护人严加看管和医疗；在必要的时候，由政府强制医疗"。

（3）禁止令。《刑法》第38条第2款规定："判处管制，可以根据犯罪情况，同时禁止犯罪分子在执行期间从事特定活动，进入特定区域、场所，接触特定的人。"第72条第2款规定："宣告缓刑，可以根据犯罪情况，同时禁止犯罪分子在缓刑考验期限内从事特定活动，进入特定区域、场所，接触特定的人。"

（4）从业禁止。《刑法》第37条之一第1款规定："因利用职业便利实施犯罪，或者实施违背职业要求的特定义务的犯罪被判处刑罚的，人民法院可以根据犯罪情况和预防再犯罪的需要，禁止其自刑罚执行完毕之日或者假释之日起从事相关职业，期限为三年至五年。"第3款规定："其他法律、行政法规对其从事相关职业另有禁止或者限制性规定的，从其规定。"

操作训练

本单元学习情境任务评析

根据犯罪的社会微观理论，犯罪的发生与群体之间以及个体之间的相互影响密切相关。家庭、学校、同伴、社区是主要因素，制定预防未成年人犯罪建议稿主要以此为基础展开。建议稿可以分为总则、预防支持体系、预防犯罪的教育、对不良行为的干预、对严重不良行为的矫治、对重新犯罪的预防、法律责任等七章。其中第三章"预防犯罪的教育"集中体现了基于家庭、学校、同伴等因素的教育预防，内容如下。

某区预防未成年人犯罪建议稿（摘录）

第十四条（监护人的教育责任）

未成年人的父母或者其他监护人是预防未成年人犯罪的直接责任人，应当依法履行监护职责，树立优良家风，培养未成年人良好品行，有效预防未成年人犯罪。

（一）加强对未成年人道德品质、心理健康、生活学习习惯、生命安全、防毒禁毒、自我保护、法律常识等方面的教育，提高未成年人识别、防范和应对性侵害、学生欺凌、网络不良信息和不法侵害等的意识和能力。

（二）发现未成年人心理、行为异常的，应当及时了解情况并进行教育、引导和劝诫，并及时与学校沟通，不得拒绝或者怠于履行监护职责。

（三）配合司法机关、教育部门、学校及相关社会组织开展预防未成年人犯罪工作，主动接受家庭教育指导，学习科学的家庭教育理念和方法，提升监护能力。

第十五条（学校的教育责任）

学校应当依法履行教育、管理职责，做好预防未成年人犯罪工作。

（一）将预防未成年人犯罪纳入学校日常教育管理工作，制订工作计划，开展道德法治、心理健康、网络安全、青春期健康、防毒禁毒、自我保护等教育教学活动，并明确一名学校负责人分管预防未成年人犯罪工作。

（二）完善学生关爱机制，及时发现学生的心理、行为异常情形，并采取适当干预措施。

（三）建立心理辅导室，配备专职心理健康教育教师，设立心理健康教育专项经费，为学生提供心理咨询和辅导，预防和解决学生心理、行为异常问题。

第十六条（中小学校法治副校长）

中小学校法治副校长协助所在学校做好未成年人保护相关工作，并对预防未成年人犯罪工作执行情况进行监督，发现所在学校隐瞒本校心理、行为异常学生的信息，或者未采取有效的帮助和管理教育措施的，应当及时向学校提出整改意见并督促其改正。法治副校长对实施不良行为、严重不良行为的学生，可以予以训导。

第十七条（中小学校法律顾问）

中小学校应当聘任法律顾问，鼓励有条件的中小学校聘任校外法治辅导员，提高保护未成年人和预防未成年人犯罪工作的专业能力。

教育部门应当安排专门学校教师，协助中小学校开展预防未成年人犯罪工作。

第十八条（未成年人同伴教育）

本区支持未成年人依托学校共青团、少年先锋队、学生联合会、社团等学生组织开展同伴教育，平等交流、互帮互助，学习法律知识，了解未成年人犯罪风险因素，增强预防犯罪的意识和能力，加强自我教育、自我管理、自我服务，实现健康成长。

学校应当为学生开展预防犯罪的同伴教育提供支持、创造条件。

第十九条（社会共治）

本区将预防未成年人犯罪工作纳入平安建设，全社会应当共同营造预防未成年人犯罪的社会环境，抵制吸毒贩毒、网络赌博、传播淫秽物品等容易引发未成年人犯罪的行为。

居民委员会、村民委员会应当积极开展预防未成年人犯罪宣传教育活动，协助公安机关维护学校周围治安，及时掌握本辖区内未成年人的监护、就学、就业情况，组织、引导社会组织参与预防未成年人犯罪工作。

鼓励单位和个人关心关爱遭受家庭暴力、监护缺失、重大家庭变故等因素影响的未成年人，以及义务教育结束后未能继续就学或者就业的未成年人。

第二十条（检察机关督促教育）

人民检察院对在工作中发现或者其他部门移送的涉及未成年人不良行为、严重不良行为和违法犯罪的线索，应当依法办理，并督促未成年人的父母或者其他监护人、学校、居民委员会、村民委员会、相关部门对未成年人进行帮助和教育；必要时，应当对未成年人的父母或者其他监护人进行教育，督促其依法履行监护职责。

💡 思考练习

1. 家庭对犯罪影响的主要表现有哪些？
2. 社会学习理论是怎样如何解释犯罪原因的？
3. 不同交往理论提出的犯罪对策是什么？
4. 控制个人不犯罪的四大因素是什么？
5. 根据犯罪实证学派观点，犯罪预防的主要策略方法有哪些？

犯罪的情景条件理论

知识导航

一、学习任务目标

◆ **知识目标**

掌握犯罪情景条件因素分析的基础理论。

◆ **能力目标**

能够运用犯罪情景条件理论来阐释犯罪成因，并制定针对性的犯罪预防策略。

◆ **素养目标**

通过时空地理环境与犯罪的相关性分析研究，进一步强化生态伦理意识与可持续发展观，助推生态文明建设；基于犯罪情景机会理论的学习启示，切实践行社会主义核心价值观，养成文明健康、科学的生活方式；基于被害人学理论的学习启示，进一步加强个人道德修养、个人安全管理意识、家庭家风建设，减少被害风险。

二、学习内容导图

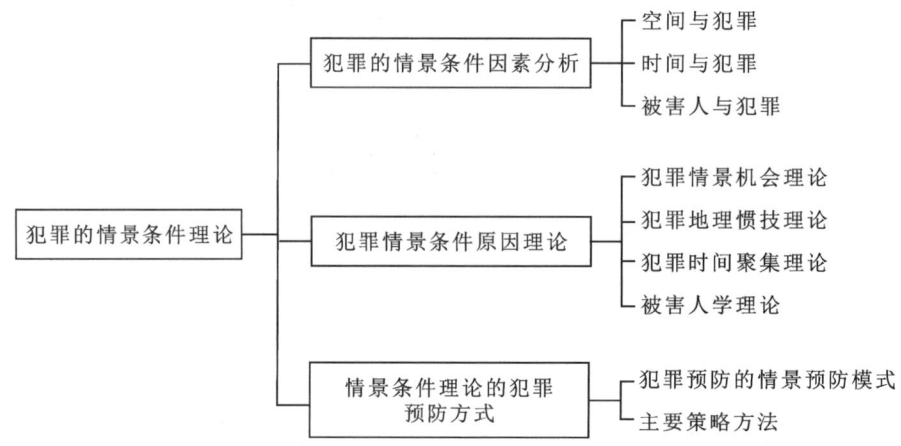

三、学习情境导入

应用犯罪情景预防理论 加强监狱安全管理

监狱作为自由刑的刑罚执行场所，其刑罚执行、执法管理、劳动改造、教育改造的实施等必须依靠监狱的安全防范措施，警戒保护作为监狱内的警察权，担负有警戒监狱安全，维持监规纪律，改造罪犯，保护救助，防止罪犯脱逃、抗拒改造、自伤自杀、再犯罪等危害行为的任务。

监狱安全事故发生的原因，主要有监管设备欠缺、罪犯不适应监狱生活、罪犯需求不能满足、监狱处遇偏差、监狱安全管理漏洞等。

进一步查找影响监狱安全的详细资料，并运用犯罪情景预防理论加强某监狱安全管理。

💡 项目学习

学习项目1　犯罪的情景条件因素分析

犯罪学对犯罪发生的原因，大致可归纳为"有动机的犯罪者加上犯罪机会，构成犯罪"。有动机的犯罪者即潜在犯罪人，是具有犯罪性或者犯罪倾向的人。犯罪实证学派指出，犯罪性是一种深受个人生物心理特质和外部环境影响，且难以改变的心理行为趋势，例如反社会性格和自我控制力低下。该学派主要聚焦于罪因论，强调与犯罪紧密相关的个人消极因素或犯罪危险性，但关于犯罪成因的研究仍存未解之谜。犯罪现代古典学派则认为，犯罪性体现在个人对犯罪所得利益与被发现风险的自我权衡上，这种评估会随着犯罪成功率的变化而波动。克拉克和康尼丝的观点是，成长环境会影响犯罪人对犯罪利益和风险的评估，导致他们往往高估利益而低估风险。

为何人能够犯罪？哪些因素为犯罪提供了契机？犯罪人如何选择目标？要回答这些问题，就必须深入分析犯罪的时间、地点、目标和防护措施等情景要素。犯罪的自然环境理论专注于犯罪与时空环境的关系，涵盖犯罪地理学、犯罪生态学和环境犯罪学等多个学科领域。虽然犯罪的根本原因难以消除，但我们可以更容易地改善犯罪的条件。自然环境，包括气候、地理、时间等原始自然因素，以及城市隐蔽角落、交通工具、建筑结构等人工环境因素，共同构成了犯罪的背景。而犯罪的情景机会，就潜藏在这样的环境之中。

一、空间与犯罪

空间环境因素会影响犯罪人对犯罪风险和收益的评估。如，黑暗且无人监管的小巷为抢劫、盗窃等犯罪行为提供了隐蔽场所；缺乏维护的公园可能成为犯罪人的聚集地。空间可达性强容易形成犯罪热点地区，成为容易到达且具有犯罪目标吸引力的地方。例如，商业中心是盗窃、诈骗等犯罪的高发区域，便捷的交通网络使得犯罪人能够快速出入。不同的空间功能分区会出现不同类型的犯罪。在住宅区，可能以入室盗窃、家庭暴力等犯罪为主；在工业区域，可能会出现盗窃工业原材料、破坏生产设备等犯罪；而在娱乐场所周围，容易发生酒后斗殴、寻衅滋事等犯罪。不同的地理位置，为犯罪人实施某种犯罪提供了一定的方便条件。

（一）城市与犯罪

城市相较于农村，犯罪率普遍偏高，而在大城市中这一情况更为严重，同时，城乡犯罪形态也呈现出显著的差异。根据美国联邦调查局 2022 年的犯罪记录，都会区暴力犯罪率是农村的 2 倍以上，但农村的枪支相关犯罪死亡率更高。2022 年《中国统计年鉴》数据显示，我国城市刑事立案数占比约 64%，农村约 36%。这些差异很大程度上源于城市的高度集中与开放特性，这种环境为犯罪分子提供了更多的犯罪诱因和可乘之机。

我国城市犯罪率上升的原因，可归结为以下三方面。

1. 人口与交通因素

城市人口稠密，社会关系错综复杂，流动性强，且交通网络发达，这不仅为犯罪活动提供了温床，也给犯罪防控带来了巨大挑战。随着住宅形态的转变，城市居民生活空间日益集中，一方面聚集了潜在的犯罪人和受害者；另一方面，邻里关系的疏远使得犯罪分子更易于锁定目标，作案后也能迅速融入人群，难以追踪。城市的便捷交通更是为犯罪分子流窜作案和逃逸提供了便利，增加了犯罪的成功率。同时，非正式的社会监督力量薄弱，难以有效遏制犯罪行为。

2. 经济与文化因素

经济繁荣，娱乐场所众多，这在一定程度上刺激了人们的不良欲望，进而诱发犯罪行为。城市为人们提供了获取高价值物质财富的机会，但同时也孕育了经济犯罪和渎职犯罪的土壤。这些犯罪不仅数量增多，而且逐渐向金融、证券等敏感领域蔓延，其高智能化、技能化的特点使得犯罪的社会危害性日益加大。此外，城市娱乐场所的密集和不健康娱乐活动的存在，也催生了某些淫欲型犯罪。

3. 生活与心理因素

城市快节奏的生活方式激发了人们的竞争意识和超越欲望，但同时也加大了个人生活压力。这种压力下，人们容易出现心态失衡、情绪失控等行为表现，导致暴力犯罪频发。另外，大量农村剩余劳动力涌入城市，这些流动人口中的一部分由于精力旺盛、无稳定职业和收入等特点，成为犯罪的高危人群。同时，城市居民贫富差距逐渐拉大，社会利益冲突加剧，城市社会结构不断变动，一些亚文化群体容易集结形成治安隐患和犯罪高发群体。

（二）农村与犯罪

总体来说，我国农村人口流动性相对较小，农民间的联系较为稳定，他们的社交圈子也相对较窄，这使得农村的犯罪类型不如城市复杂，犯罪率也相对较低。然而，农村犯罪也有自身特点。例如，犯罪人的文化程度普遍不高，且以中青年为主；盗伐滥伐森林、非法捕捞和狩猎等传统性生态环境犯罪较为常见；因恋爱、情感、土地和邻里关系等引发的犯罪占有一定比例；诈骗和赌博犯罪呈现出明显增长趋势，而针对老人和儿童的犯罪也屡见不鲜。值得注意的是，村组干部的职务犯罪也时有发生。

影响农村犯罪发生的主要因素包括以下内容。

1. 乡村社会受到不良风气的影响，村民的法治意识相对淡薄，而传统的道德规范也在不健康因素的冲击下逐渐瓦解

随着现代乡村法治与德治建设的推进，原有的社会平衡机制被打破，而新的机制尚未完善，导致社会秩序出现失衡。此外，非法宗教组织的煽动以及黑恶势力的危害等因素，都给农村的治安环境带来了巨大压力。

2. 农民的自我防范意识和能力有待提高，同时留守人员也面临着诸多问题

农村的犯罪案件大多发生在熟人之间，这反映出农民对自我防范的认识不足。有些农民甚至晚上不关门，家中贵重物品也随意摆放，这无疑增加了被盗的风险。另一方面，随着大量农民外出打工，留守的儿童和老人几乎处于无家庭监管的状态，这使得他们更容易受到性侵犯、伤害和诈骗等刑事案件的侵害。

3. 林、土、草、水等资源引发的纠纷增多

随着社会主义市场经济的发展，农村经济也在迅速崛起，这也带来了林、土、草、水等资源纠纷的增多。农民的价值观和消费观发生了深刻变化，对土地、物质和金钱的占有欲望日益增强。同时，农村经济体制改革也改变了农民的生产经营方式，导致农村利益主体分化和农民个体利益的凸显。这些因素都加剧了农村土地、水利等问题的复杂性。

4. 农村基层组织在化解矛盾和管理方面存在明显不足

一些农村基层干部对违法犯罪的打击和防范工作重视不够，导致乡村行政管理能

力弱化。此外，有些村委会和党支部也未能充分发挥其应有的作用，及时发现问题并妥善处理。

（三）民居环境与犯罪

民居的建筑结构对犯罪行为具有显著影响，主要体现在以下几个方面。

1. 平房结构民居

独院平房的犯罪率居首位，其次是排院平房和门脸房，杂院平房的犯罪率相对较低。

2. 楼房结构民居

在楼房结构的民居中，中间层和底层因易于接近且隐蔽性适中，往往成为犯罪分子的首选目标，而顶层的犯罪率则相对较低。

3. 高层住宅民居

高层住宅民居的犯罪率明显高于低层住宅，且随着楼层高度的增加，犯罪率也几乎按比例上升。这类建筑多采用单元式设计，各层之间相对封闭，居民流动性小，监视不足，为犯罪分子提供了隐蔽的作案环境和方便的逃逸条件，尤其是电梯、第一层和顶层，更是犯罪的高发区域。

4. 邻街民居

邻街民居以盗窃案最为频发。虽然表面上看人员流动性大，能起到一定的监视作用，但实际上由于监视主体不明确和责任过度分散，加上人员流动性强，反而为犯罪分子提供了混入和逃跑的便利。

5. 新住宅区民居

新住宅区民居的发案率也较高，主要原因包括高层建筑缺乏必要的安全措施，居民多为年轻人且白天外出工作导致住宅内人员稀少，以及居民间不熟悉、互动率低等，这些因素都为犯罪分子提供了可乘之机，有时甚至会出现连续作案的情况。

（四）特殊区域与犯罪

1. 城市死角

指都市中具有触引、便利或者隐匿犯罪的地理环境，社会控制力所不及的空间，如地下通道、电梯间、建筑工地、无人居住住宅、棚户区、公园、窄小的胡同或小巷等。

2. 流动场所

包括商业经营场所、文体场馆、车站、码头、公用交通工具等经贸繁荣、人员流动频繁的场所。商业区、娱乐区是财产型、暴力型、娱乐型犯罪的高发区。这类地区是城市最繁华的区域，集中了大量的财物，而且人口、财物的流动性最大，具有高度的犯罪诱惑力，因此在这一区域有关盗窃、诈骗、抢劫等财产犯罪的发案率较高。同时，娱乐区滋生了一些非法性服务、赌博等行业，过于放肆则可能引发彼此间的冲突，甚至酿成伤害、杀人案件。流动场所由于人员复杂、流动快，极易发生侵财案件，扒窃、抢劫尤为突出。宾馆、车站更是犯罪分子猖狂的地区。交通工具也成了犯罪频发的场所，特别是盗窃、诈骗、抢劫，甚至还有拐卖人口、强奸等。

3. 城乡结合部位

多为往来于城市和乡村的咽喉部位，人口及车辆流量大，社会成员构成较为复杂，加之地处社会控制真空（"三不管"地带），常常被流窜作案分子和逃犯视作落脚藏身之处，也是不法分子进行窝赃、销赃、制假、贩假的理想场所，盗窃、抢劫犯罪也时有发生。

4. 偏僻的矿山、施工区及工厂区

这类地区远离城市，缺乏文化娱乐设施和休闲场所。同时，在成员构成上男女比例严重失调，男性青壮年居多，他们精力旺盛，体力充沛，但其知识程度与体力往往不相平衡，缺乏适当的自制力，闲暇时乐于好勇斗狠，并常常借助于酗酒、嫖赌行为打发单调时光。由此引发的流氓、伤害、斗殴案件远比其他地区高。

5. 国（边）境地区

国（边）境地区是国际间或地区间人员往来和货物流通的通道。这类地区的基本特点是境内外往来人口比重大，人员流动量大，人员构成复杂，且商贸发达，信息灵通。正是这一特殊的地理位置和人文构成，使这里成为境内外流窜犯罪分子的重要聚集地，同时是境内外走私、贩毒、偷渡及间谍等犯罪的频繁发生地。

（五）网络空间与犯罪

网络，也被称作电子信息空间或虚拟世界，是亿万民众共享的精神家园。网络空间看似虚无，但使用它的个体却是实实在在的。与传统物理空间不同，网络空间以其独特的形式客观存在。它其实是基于网络技术的现实社会的一部分，因此，现实社会中的多数犯罪行为在网络中都有所反映。网络空间犯罪指的是利用计算机技术，通过网络攻击系统或信息，或者进行其他非法活动的行为。

网络空间犯罪一方面以网络为媒介，利用计算机、移动设备或干扰网络传输的手

段危害网络安全，如非法穿越防火墙，窥探、窃取或破坏信息，非法入侵国家重要领域的网络资源，制作和传播计算机病毒等。

另一方面，网络也成为金融欺诈、盗窃、贪污、挪用公款、窃取国家机密、赌博、组织卖淫、侮辱诽谤、恐吓、走私、非法交易、色情服务、虚假广告、洗钱、侵犯商业秘密、组织邪教、间谍等传统犯罪的温床。这些犯罪实际上是传统犯罪在网络上的扩展，是现代科技与传统犯罪的交融。即使是抢劫、强奸等需要直接面对受害人的犯罪，其预备行为或共犯中的组织、教唆、帮助等行为，也可能在网络空间中发生。

💡 思政园地

习近平：网络空间不是"法外之地"

习近平总书记多次强调网络安全的重要性，并对强化网络安全意识提出了具体要求。

2015年12月，习近平在第二届世界互联网大会开幕式上的讲话指出："网络空间不是'法外之地'。网络空间是虚拟的，但运用网络空间的主体是现实的，大家都应该遵守法律，明确各方权利义务。"并强调"世界范围内侵害个人隐私、侵犯知识产权、网络犯罪等时有发生，网络监听、网络攻击、网络恐怖主义活动等成为全球公害"。还指出"各国应该共同努力，防范和反对利用网络空间进行的恐怖、淫秽、贩毒、洗钱、赌博等犯罪活动。不论是商业窃密，还是对政府网络发起黑客攻击，都应该根据相关法律和国际公约予以坚决打击"。

2016年4月，习近平在网络安全和信息化工作座谈会上发表讲话强调："网络空间是亿万民众共同的精神家园。网络空间天朗气清、生态良好，符合人民利益。网络空间乌烟瘴气、生态恶化，不符合人民利益。谁都不愿生活在一个充斥着虚假、诈骗、攻击、谩骂、恐怖、色情、暴力的空间。互联网不是法外之地。利用网络鼓吹推翻国家政权，煽动宗教极端主义，宣扬民族分裂思想，教唆暴力恐怖活动，等等，这样的行为要坚决制止和打击，决不能任其大行其道。利用网络进行欺诈活动，散布色情材料，进行人身攻击，兜售非法物品，等等，这样的言行也要坚决管控，决不能任其大行其道。"

2018年4月，习近平在全国网络安全和信息化工作会议上的讲话指出："没有网络安全就没有国家安全，就没有经济社会稳定运行，广大人民群众利益也难以得到保障。"并强调："要依法严厉打击网络黑客、电信网络诈骗、侵犯公民个人隐私等违法犯罪行为，切断网络犯罪利益链条，持续形成高压态势，维护人民群众合法权益。"

2020年11月，习近平在中央全面依法治国工作会议上的讲话指出："网络犯罪已成为危害我国国家政治安全、网络安全、社会安全、经济安全等的重要风险之一。"

二、时间与犯罪

任何犯罪行为都是在一定时间内完成的，犯罪人对时间的选择不仅表现在实施具体犯罪中对时间的精心安排，还表现在对昼夜、季节等自然周期的利用上。犯罪与时间联系上是必定的，在一定的时间内表现出一定的规律性特征。某些犯罪在一定的时间内，在年、月、周、日内有一定的分布表现，某些时候多些，某些时候少些。不同类型的犯罪表现出不同的时间动态趋势。时间与犯罪，主要表现为昼夜周期、社会周期、自然周期与犯罪的关系。

（一）昼夜周期与犯罪

犯罪现象在白昼和黑夜的不同时间点上，表现形态因时而异，并表现出一定的时间规则。

（1）从犯罪类型看，夜间人员活动减少，环境相对黑暗安静，暴力犯罪、盗窃犯罪等相对高发；白天公共场所人员密集，扒窃、商业诈骗等犯罪更容易发生。据大数据显示，美国芝加哥夜间犯罪占比为 $60\%\sim70\%$，主要是枪击、抢劫；巴西里约热内卢夜间犯罪占比超过 75%，主要是毒品交易、帮派火拼；中国一线城市夜间犯罪占比为 $35\%\sim45\%$。

（2）从犯罪高峰看，白天暴力犯罪高峰往往出现在下午 2 点至 4 点，原因是人们在午后疲劳期易引发冲突；白天财产犯罪高峰时段是上午 7 点至 9 点，犯罪人利用通勤时段盗窃车辆、扒窃。夜间暴力犯罪高峰时段是下午 8 点至凌晨 2 点，占全天暴力案件的 $55\%\sim65\%$，犯罪原因与酒精消费、情绪波动高度相关；夜间财产犯罪高峰时段是凌晨 1 点至 4 点，犯罪人趁人们的深度睡眠期入室盗窃。

（二）社会周期与犯罪

具有社会性内容并循环往复的社会周期（周末、节假日、上下班高峰时刻）与犯罪有着共振式的波动变化。

（1）社会周期犯罪大多是侵财，比如抢劫、盗窃等。当然，由于酗酒、纵欲、狂欢等放纵消遣活动，也易发生伤害、性犯罪等犯罪行为。

（2）节假日是社会周期的基本表现形式。每逢此时，人们得以暂时摆脱劳作、放松休息，在普遍较之平时更为宽松的气氛下，不仅人们的自我约束减弱，社会性接触的机会大为增加，而且酗酒、纵欲之类的消遣活动，极易引发各种越轨行为。我国春节之前为案件多发期。由于传统观念中都要储备金钱和物质欢度春节，在贫富差异的影响和物质需求欲望的驱使下，某些经济困难、无能力获得物质资料满足自己欲望奢求的人，便会抛开道德和法律的约束而走上犯罪道路。

（3）在城市社会中，当上下班乘客流量达到高峰时刻，扒窃犯罪活动就会猖獗起来。

社会周期对犯罪的影响是显而易见的，并且犯罪也表现出周期规律性特征。

（三）自然周期与犯罪

自然周期是指包括季节气候变化在内的各种自然规律的时段性概念。自然周期犯罪的行为人实施犯罪行为时，大多处于自身生物循环的低潮期，非常偶然。当这种原因在诸种原因中处于积极发动地位时，犯罪就会出人意料地发生。

1. 季节对犯罪的影响

季节本身对犯罪心理的形成并无直接关系，只有当它同人们的习惯和日常生活联系起来时，才成为影响犯罪形成的一种外在相关因素。

一般而言，夏秋两季是案件的高发期，盗窃、强奸、抢劫等案件多发生在夏秋。冬季侵财犯罪比夏季多，夏季对人身犯罪比冬季多。夏季气温高，人的情绪易激动，人们在户外接触机会多，活动时间多，故易发生人身伤害犯罪。冬季气候恶劣，夜长寒冷，室外活动少，为盗窃带来方便，故多发生侵财犯罪。

另外，气候影响农作物生长周期，农作物生长周期决定农忙与农闲，农忙与农闲影响着农村人口涌向城市的流量，人口的流量又与案发量的升降有关。通常情况下，农忙时，涌向城市的人较少，刑事案件相对减少；农闲时，城市流动人口增多；刑事案件也会增多。根据我国犯罪学研究分析，每年发案所经历的曲线是：1月低，4月高，7月低，9月回升，12月达到高峰。

2. 气候对犯罪的影响

法国启蒙思想家孟德斯鸠曾指出："你将在北方气候之下看到邪恶少、品德多、极诚恳而坦白的人民。当你走近南方国家的时候，你便将感到自己已完全离开道德的边界；在那里，最强烈的情欲产生各种犯罪。"[①] 比利时学者凯特勒提出：在南方和温暖的季节中，暴力犯罪盛行，而在北方和冬季则侵犯财产的犯罪盛行，从而得出道德随季节的不同而有变化，进而影响到犯罪的类型和数量的结论，被称为"犯罪热定律"。

地球表面温度的分布呈现纬度地带性，从赤道至极地气候带粗略分为热带、温带和寒带。气候特点对人们的影响，使犯罪行为呈现明显的纬度地带性。其特点是：热带地区的犯罪率最高，温带次之，寒带最低；热带地区强奸犯罪率最高，其次是温带，再次是寒带；热带地区侵犯人身犯罪率高于财产犯罪率，而寒带恰好相反。

三、被害人与犯罪

被害人指的是那些人身和财产等合法权益受到犯罪行为侵害的个体。他们通常具备被害性、与犯罪人的互动性，以及在某些情况下的可责性。对被害倾向、诱发犯罪的被害人特质，以及加害人与被害人的相互关系进行研究是至关重要的。

---

① 孟德斯鸠：《论法的精神》（上册），张雁深译，商务印书馆1961年版，第230页。

（一）被害因素

被害因素涵盖了所有可能诱发或加剧犯罪行为的要素，包括被害人自身容易受害的客观条件、主观心理状况、行为举止以及所处的社会环境等。被害条件特指那些有利于犯罪发生的特定时间和空间背景。

导致被害人受害的主要原因，主观因素方面有自我保护意识缺乏、法律意识淡薄、轻信他人、贪图小便宜、情感问题、经济纷争、社交难题以及人际关系的异常等；客观因素方面则包含不可预测的原因、环境影响以及时间因素等。

（二）斯德哥尔摩综合征

斯德哥尔摩综合征，又称为人质情结或人质综合征，是指被害人对犯罪人产生情感，甚至反过来帮助犯罪人的一种情结。被害人在孤立无援的情境下，与犯罪人产生强烈的情感共鸣，甚至对犯罪人产生好感、依赖，乃至于协助犯罪人，这种现象广泛存在，包括人质、集中营囚犯、战俘，邪教组织成员，娼妓、受虐妇女、乱伦受害者，以及被拐卖的人口等。从进化心理学的角度，新生婴儿会与最亲近的强者形成情感依附，以确保自己的生存，这种综合征可能是由此演变而来。斯德哥尔摩综合征是角色认同防卫机制的一个显著例子，下面以人质为例具体分析其成因与表现。

1. 形成原因

（1）心理防卫机制影响。人质为了减轻无法逃脱的恐惧和焦虑情绪，可能会启动心理防卫机制，把对绑匪的恐惧转化为对他们的理解和认同，让自己的心理状态能够维持在一个相对稳定的水平。

（2）权力关系认知反转。绑匪掌控着人质的生死大权，人质如果得到绑匪偶尔的小恩小惠，可能会将这些行为视为一种善意，对绑匪产生一种感激之情。这种认知的反转使得人质的情感发生变化，从最初的完全敌对转变为部分认同。

（3）同情依赖心理作用。人质与外界隔离，绑匪成为他们唯一能接触到的人，因而可能会在情感上更加倾向于依赖绑匪，并促使他们产生同情等复杂的情感。

2. 症状表现

（1）同情依恋犯罪人。人质会开始理解犯罪人的行为动机，认为他们可能是被逼无奈或者有自己的难处等客观原因。在一些极端情况下，人质会和犯罪人产生情感上的联系，甚至发展为爱情。

（2）抵触敌视营救者。人质可能会对前来营救自己的警方或者其他救援人员产生抵触情绪，觉得救援行动会激怒犯罪人，从而给自己带来更大的危险。

学习项目 2　犯罪情景条件原因理论

人们为何能够犯罪？这一问题的答案涉及多种情景条件，如时间、地点、目标和保护力量等。通过对这些因素的全面解析，我们构建了多种有特色的理论框架，主要涵盖了犯罪情景机会理论、犯罪地理惯技理论、犯罪时间聚集理论以及被害人学理论等。

一、犯罪情景机会理论

在犯罪情景机会理论中，新机会理论为主流观点，由美国学者费尔森和克拉克首次系统提出。他们从人们日常活动的环境角度出发，引入微观空间层次的概念，以突显犯罪事件在地点上的集中性，使得犯罪高发区成为该理论的核心研究对象。

新机会理论主张，犯罪机会是引发犯罪的一个根本原因。该理论从外部环境来探究犯罪成因，认为个人行为是其内在特质与外部环境交互作用的结果，缺乏外部环境的机会，犯罪难以实施。无论个体的犯罪倾向多强，若无法突破外部环境的制约，犯罪行为仍难以发生。尽管新机会理论并不能全面解释犯罪的所有成因，但犯罪机会无疑是犯罪行为发生的一个重要且不可或缺的因素。

新机会理论融合了日常活动理论、犯罪风格理论和理性选择理论。这三个理论都隐含"机会"的要素，或者通过机会的变化来阐释犯罪分布及数量的变动。机会在犯罪行为中起到了举足轻重的作用，涵盖了犯罪目标的变化、犯罪手法或工具的改变，以及情境的转变等。然而，这些变化均源于环境的演变，而非个人特质或社会结构的调整。值得一提的是，虽然这三个理论都强调机会对犯罪发生的影响，但它们的侧重点各有不同：日常活动理论着眼于社会层面，探讨犯罪人决策范围，关注哪些人更易成为潜在受害者，犯罪机会如何在空间上集中，以及被害人为何会暴露于危险之中（即曝光性）；犯罪风格理论聚焦个体层面，研究犯罪地点选择的模式，犯罪人如何认知空间与犯罪机会的交汇点，以及被害人为何会遭遇犯罪（即邻近性）；理性选择理论侧重于个人所处的具体环境，探讨决策内容，以及被害人为何会被犯罪人选中（即被算计）。

（一）日常活动理论

人为何会暴露于危险之中？某些地点为何成为犯罪高发区域？在传统观念中，一个区域犯罪高发可能被认为是因为当地居民素质低或者贫穷导致的，但美国犯罪学学者科恩和费尔森综合考虑了区域的日常人员流动情况、潜在犯罪目标的分布以及治安监管力度等因素后，提出日常活动理论。

科恩和费尔森在研究 20 世纪 60 年代美国犯罪率变化时发现，二战后，尽管社会经济条件得到显著改善，美国的就业率、入学率以及社会福利水平持续提高，犯罪率却反常地上升了。他们在对美国家庭的研究中观察到，随着经济繁荣和双亲家庭的普及，妇女在家的时间减少，犯罪率却在上升。他们认为，这一现象应归咎于战后美国人日常活动的变化，郊区化进程加速，居民的工作与生活地点日益分离，妇女就业比例和单亲家庭比例攀升，同时人们越来越喜欢远离家庭和社区的休闲娱乐活动。这些变化无形中增加了犯罪的机会，从而推高了犯罪率。基于这些研究，他们指出人类的活动模式与犯罪紧密相连，并据此提出了日常活动理论。

1. 理论基础

日常活动理论源自理性选择理论在被害人学中的应用，同时也是古典犯罪学理论的一种发展。1978 年，美国学者亨德朗和戈特弗雷德森等人创立了生活形态暴露理论。该理论阐释了个人日常生活活动的多样性，如职业和休闲娱乐等，会如何影响其被害的风险。加害人与被害人在生活节奏上的相似性为他们提供了互动的机会，那些经常与具有犯罪倾向的人接触的人，在特定时间和空间内暴露于危险情境的机会更多，被害的可能性也相应增大。科恩和费尔森进一步论述了这一点，他们指出犯罪活动的发生与日常活动中的某些因素息息相关，特定的生活方式往往会促成犯罪的发生。他们认为犯罪动机和犯罪人的存在是社会中的恒定因素，即每个社会中总会有一定比例的人出于各种原因而犯罪。同时，暴力犯罪的数量和分布与被害人和犯罪人的日常生活方式密切相关。某些特定的生活方式可能会导致更高的犯罪率（及被害率）。犯罪和合法活动在生活中是交织在一起的，比如进出娱乐场所、夜晚归家、远离家庭等都是合法的活动，但这些活动也为犯罪提供了机会。

2. 理论内容

由于犯罪人猎取被害人的发生必定有直接接触，所以这种猎取行为的发生是基于犯罪人的活动路线和被害人的活动路线于某一时间和空间存在交叉，这种时空就是研究犯罪人日常活动的一种环境。日常活动理论最初用来解释侵财犯罪的发生，后来逐渐演变为解释犯罪机会如何产生的理论。该理论的重心并非加害人的特性，而是讨论加害人标的选择过程中的情景障碍及情景吸引力。费尔森提出，要分析犯罪能够发生的"化学成分"，首先要明确当犯罪活动发生时，哪些人必须在场，哪些条件必须具备，以及哪些人必须不在场，哪些因素必须不成立。我们要分析这种情况一般最有可能在何时何地出现，并确定犯罪人是如何接近目标，并在得手后顺利逃走的。

此理论认为，犯罪行为是犯罪人在合适的时间、合适的地点，针对合适的目标才可能发生，并且将这些因素归为三个群组，即犯罪的三种基本要素。

（1）有能力及动机的可能加害人，即具有犯罪倾向，同时寻求犯罪机会的人。这里的加害人必须透过机会的因素，结合合适的被害目标出现，并且在环境监控力缺乏时，才会将犯罪的倾向转换成行动。加害人的行动，是其犯罪意志经过理性选择和反复权衡之后的表现。

（2）合适的侵害目标，即易袭目标。目标具有价值、可移动性、可见性、可接近性等特性时，容易成为被害的对象。在这里合适的目标绝非仅指被害人本身，还包括标的物以及地点。包括以下几方面。一是目标的价值。加害人有寻找相同目标的倾向，因为对他们而言，某些目标是有价值的，例如抢劫犯喜欢在银行附近下手，强奸犯会选择身材好且漂亮的女性下手。二是目标的可移动性。有些物品虽然价值很高，但难于移动且携带不便，此类物品的失窃率就会比较低，相反那些轻巧且价值较高的财物则比较容易被窃取。三是目标的显著性。钱财外露或者是停放在路边的比较惹眼的名贵跑车等，均会增加被害的风险。四是目标的可接近性及是否易于逃跑。加害人常有在自己熟悉的地方和路途下手的倾向，陌生并且遥不可及的目标，对加害人而言是缺少可接近性的。

（3）缺乏有效监控犯罪的力量。犯罪的发生不仅需要找到合适的被害人，还要同时出现另一条件即监控的缺乏，也就是监控者的懈怠或失职。这里所谓的监控者可以是任何人、任何事或者任何可以阻止犯罪发生的因素。影响环境进而影响犯罪机会的一个重要因素是保护性主体。以财产犯罪为例，监护人是指对潜在犯罪目标起到照管或保护作用的人，不仅是指财物的所有人或持有人，还可以是邻居、保安等。管理者是指对一定区域拥有控制权的人，如超市老板、大楼的管理者等。而监督者是指对潜在犯罪人负有监控职责或义务的人，如警察。只要这三类人具备其一，犯罪就不易发生，因为其分别控制着犯罪发生的三个条件（目标、地点、犯罪人）。有学者更用下面的犯罪三角来表示犯罪的发生与周围环境之间的关系，如图7-1所示。犯罪人、犯罪目标、犯罪环境（或犯罪地）三个因素形如犯罪问题的三个角，在它们的共同作用下，犯罪就发生了。因此日常活动理论也被形象地称为犯罪三角理论。

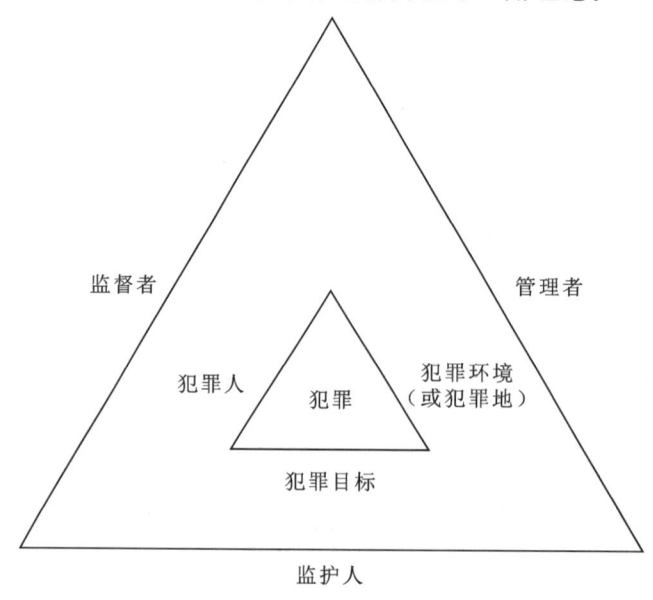

图 7-1　犯罪三角图

犯罪的三种基本要素若在时间、空间下聚合，就容易产生犯罪。即只有当犯罪人、受害人或者可获财物同时同地出现并缺乏保护时，暴力犯罪或财产犯罪才可能出现。可以表示为：犯罪机会＝犯罪人＋目标－防范力量。

日常活动理论强调生活中存在大量潜在的犯罪人，犯罪动机何时何地都有，犯罪动机和犯罪人是一个常数，因此我们应该从日常生活变量着手，分析其对犯罪的影响。人们的日常行为存在一定的重复性和可预测性，因此这些具有日常行为的人通常会被具有犯罪动机的人选择成为犯罪目标，一旦缺乏足以阻止犯罪发生的保护因素时，犯罪就会发生。

3. 理论应用

（1）该理论说明 20 世纪 60 年代以后美国社会暴力犯罪层出不穷的原因，同时也说明家宅窃盗发生的比率为何会随着生活形态而变化。二战后，随着社会经济条件的完善，美国本土的就业率、入学率和社会福利水平不断提高，但同期多种犯罪的犯罪率反而升高了。

（2）该理论认为愈不以家庭为中心的生活形态、晚归、居住于高失业率地区、环境不具监控性等，被害可能性愈大。

（3）该理论解释了日常活动如何影响犯罪人的行为。一个人的生活形态如果有充足的机会与潜在的被害人接触，他的犯罪可能性便会随之升高。

（4）该理论提倡通过某些特定环境或者社会环境的改变来降低犯罪率，并主张通过指引个人的行为，减少犯罪人和犯罪目标相遇的可能性，从而减少犯罪。

案例分析

网约车司机被害案件

2019 年 3 月 24 日凌晨，常德市江南城区发生一起命案，一名网约车司机被害身亡。

经公安机关初步调查，3 月 23 日深夜，犯罪嫌疑人杨某搭乘网约车从武陵区前往江南城区。3 月 24 日零时左右，在江南城区大湖路常南汽车总站附近下车时，坐在后排的杨某趁司机不备，连捅数刀，致司机死亡。

杨某事后到公安机关投案自首。据他供述，其因悲观厌世早有轻生念头，当晚因精神崩溃，无故将司机杀害。

试用日常活动理论对网约车司机被害原因进行分析。

（二）犯罪风格理论

1. 理论基础

为何被害人会遭遇犯罪人？日常活动理论为我们揭示了犯罪行为发生的必要条件，但这些仅是犯罪发生的前提，并不能精确预测犯罪最终会在何处发生。特别是当多个时间段和场所都满足犯罪发生的先决条件时，犯罪并不都会在这些地方发生。

犯罪风格理论试图阐释犯罪人和被害人在犯罪环境中如何相遇的问题。这一理论是环境犯罪学的核心组成部分，也被广泛称为犯罪空间分布理论、犯罪模式理论、犯罪形态理论、生活形态理论、犯罪搜寻理论。20 世纪 80 年代以来，加拿大的布兰廷汉姆夫妇在研究犯罪人如何选择目标时，创新性地融合了理性选择理论与日常活动理论，进而提出了犯罪风格理论。该理论的核心观点在于，犯罪人的决策方式深受其生活经验（特别是认知空间）的影响。尽管日常活动理论和理性选择理论已经分别从犯罪的客观条件和犯罪人的主观理性选择角度，为犯罪行为的发生机制提供了合理的解释，但布兰廷汉姆夫妇指出，在实际情境中，犯罪人的理性是有限的。这意味着，犯罪人在选择犯罪目标和地点时，更多地依赖于他们平时的生活经验和空间认知。这一观点构成了犯罪风格理论的重要基石。犯罪风格理论强调犯罪人在进行犯罪决策时，不仅仅是基于纯粹的理性选择，还会受到其过去的生活经验的影响。这一理论为我们更深入地理解犯罪行为提供了新的视角。

2. 犯罪模型

根据该理论，犯罪最可能发生在潜在犯罪人的活动空间和潜在受害者或目标（一般是指财物）活动空间重合的区域。认知空间也称为日常活动空间，是指个人每天、每周定期活动的地方以及他们外出的路线，并在人的头脑中形成一个关于地点的"认知地图"。同其他社会人一样，犯罪人也要吃饭、睡觉、交通、消费等，其日常生活也要受到工作、家庭的限制。这些居住、工作、休闲娱乐的场所就是归属点，行走在归属点之间的路线为路径。犯罪分子根据日常活动环境在头脑中形成自己的"认知地图"。犯罪人会比较倾向于在离其居住场所比较近的地方实施犯罪，每天在自己的认知空间中来回活动以寻找犯罪的机会。因此，犯罪人的头脑中就会以其居住地为中心形成认知空间和机会空间两个模型，这两个模型交叉的地方就是犯罪行为易发生的区域，如图 7-2 所示。研究表明，犯罪分子往往在购物、拜访朋友或上下班路上实施犯罪活动。基于认知空间的概念，研究人员开始用 GIS 等工具分析犯罪人的住址、常去的地点和犯罪地等空间要素的关系，并形成了犯罪轨迹研究、犯罪地理画像研究等研究流派，为警务部门的连环犯罪案件和一些重案、要案的串并案分析提供了有效帮助。

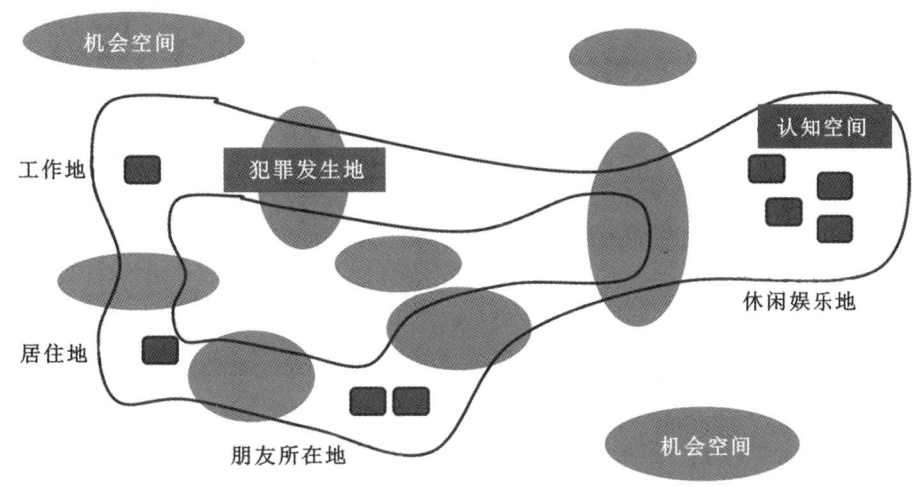

图 7-2　基于认知空间和机会空间交叉形成的犯罪地假设模型图

3. 核心观点

犯罪人会从个人活动的中心范围，如居住地、工作地和休闲娱乐地附近，以及沿着三条路线找寻犯罪机会和犯罪对象，通常不会远离他们所熟悉的区域犯罪。该理论形成了自身独特的三个核心观点：中心点、活动路径、边缘。

（1）中心点（节点）。指人们每天活动的起点与终点，这些地点不仅可在内部产生犯罪，亦会影响周遭的状况。犯罪人在日常生活中的一个三角形区域范围内寻找目标，从自己的居住地到工作地到休闲娱乐地，除了一个缓冲地带之外，在三个节点以及所形成的路线周围寻求犯罪机会。

（2）活动路径。一个人每天活动所采取的路径往往与其是否被害有关。布兰廷汉姆指出，道路是连接人们日常生活中不同类型认知空间的重要途径，因此，在犯罪地理上可以将人们的认知空间分为点和线。一些学者从实践层面研究了机会空间分布与街道特征之间的关系：主干道以及道路密集区域周边的发案率要明显高于交通不发达区域；路段的可达性越高，越会提升案件的发案率水平。

（3）边缘。边缘系指人们居住、工作、休闲娱乐等的边界地带。此地带人们彼此较不熟悉，因而较易产生犯罪（缺乏社会控制）。一些犯罪更可能会在这些边缘发生，诸如抢劫等，因为这里人们互不了解、互不认识。在早期的研究中，研究者们发现，发生抢劫犯罪比较集中的地点是富裕区域与贫穷区域的交界处，富裕区域提供了具有吸引力的目标。

总之，犯罪地点的选择，不是完全随机的，有其内在规律。犯罪人选择的作案地点是其认为这个地点不错，恰好又有合适的被害对象出现。不管作案人本人是否意识到，这种看起来偶然、随机的地点选择往往与他本人对空间的感觉风格有关。

💡 案例推送

亚特兰大杀童案犯罪人的心理画像

1979—1981 年，相继有多名儿童和青年人在亚特兰大失踪或是被谋杀。当时年仅 23 岁的韦恩·威廉姆斯被控与其中两起案件有关，1982 年他被定罪之后，其余案件也相继审结。

"年轻的作案人对案发地点所在的区域十分熟悉，也许他本人就居住于此。并且由于工作的原因，他曾经或现在经常开车出入于此……死者没有被随意丢弃，作案人选择的地点说明他了解这些远离城区、人烟稀少的地方。当威廉姆斯被抓住的时候，警方得知他是一名摄影爱好者，弃尸地点是他工作时经常去的地方。"当寻找作案机会时，很少有人会将自己置于不熟悉的地方。

（三）理性选择理论

被害人为什么会被犯罪人锁定？日常活动理论解释了犯罪行为发生所必备的要素，犯罪风格理论解释了犯罪人和被害人如何在犯罪环境中相遇，而理性选择理论则要解释在要素齐备时是否会去实施犯罪。理性选择理论研究是从犯罪如何决策的角度解释犯罪。大多数的犯罪活动是迅速、简单且无技术含量的。多数为激情犯罪，也有的充其量是临时盘算，只有很少一部分是经过认真考虑的行为。例如，许多强奸案件都是偶然发生的，也许仅仅是因为入室盗窃时恰巧碰到一位女性独自在家。作案人的行为抉择受到时间、费力程度以及所掌握的信息量多少的影响，因此，犯罪人大多只具有有限的理性。

1. 理论基础

理性选择理论立基于犯罪经济学的理性人的假设，认为人可以精确分析何者对其利、何者对其不利，这点与边沁的自由意志相当。贝克尔提出，只有当利得高于损失时，潜在犯罪人才会进行犯罪。苏利文认为，决定采取何种犯罪手段，所考量的因素包括利用合法手段所花费之成本及所获得的利益、利用非法手段所花费的成本及所获得之利益、进行犯罪行为时可能被逮捕的概率，以及被逮捕后可能受到刑事处罚的轻重。

理性选择理论已经在犯罪学研究中得到广泛应用，一些越轨社会学家和环境犯罪学家都应用该理论来研究犯罪行为，通过研究犯罪人的决策来解释犯罪的模式和分布情况。克拉克等借鉴了这些研究，深入分析了犯罪人的决策问题。

2. 对犯罪原因的看法

犯罪行为的发生是一个人考虑个人的因素和情景因素后所作的冒险决定。理性选择理论认为，犯罪人基于收益、风险和成本的感知，对是否犯罪作出决策。收益是指犯罪能带给犯罪人的各种生理和心理需要的满足，风险是指犯罪失败被抓获和惩罚的可能性，成本是指实施犯罪的投入。当收益大于投入和风险时就容易发生犯罪。考察犯罪成本时，情景和机会是被作为重点加以研究的。学者们要集中探讨的是在什么条件下犯罪的成本最小，而作案成功的机会最大，包括时间、地点及作案对象的选择等。在犯罪过程中，犯罪人的行为可能会受个体特征、社会因素、日常活动、生活方式等因素的影响。

理性选择理论认为，如果提供一个无风险的犯罪机会，任何人都有可能会犯罪。例如，通常一个不会盗窃的人，在收益高又不会被抓的情况下可能会盗窃，而在风险高或收益小的情况下就可能不会犯罪。因此，理解特定环境中犯罪人的行为与机理，有助于科学制定犯罪防控战略。犯罪的空间防控之所以可行，是因为我们一直相信潜在犯罪人在实施犯罪前是经过理性思考的。理性选择理论可以解释一个一贯表现良好、没有不良嗜好的人为什么会在特定的环境下实施犯罪。这种选择既是对犯罪机会的选择，也是对犯罪风险和收益的分析。前者包括犯罪时间、犯罪地点和目标的选择。以财产犯罪为例，这三方面的选择是密不可分的，一个暴露在众人监管之下的财物，其价值再高，也很可能不会成为偷盗的对象；一个价值不高的物品（如老旧的汽车），即使无人看管，也可能不会成为盗窃的对象。

3. 犯罪分析选择三要件

理性选择理论认为犯罪行为特性和犯罪人特性是相互作用的，所以某种具体的犯罪是犯罪行为特性和犯罪人特性这两种特性相结合的产物。

（1）犯罪行为特性与犯罪人特性。犯罪行为特性，是指具体的犯罪行为所具有的特征。根据克拉克等人的观点，犯罪人根据不同犯罪行为的特性，有选择地进行某些犯罪行为。每种犯罪都有独特的决定因素、不同的危险性，需要不同的技能，犯罪人就是对这些特性进行思考后，才决定去犯罪的。以盗窃犯罪为例，其犯罪行为特性包括适宜目标的可得性、撬保险箱或扒窃的技能、制订计划、寻找逃跑用的交通工具、使用暴力的可能性、销赃的困难性等。犯罪人特性，是指与犯罪人自己有关的各种情况，尤其是指犯罪人的需要、技能等。犯罪人会简略地分析犯罪情境、犯罪机会、犯罪要付出的代价、犯罪会带来的利益以及犯罪要冒的危险等情况，然后再考虑他们自己的动机和需要，如缺钱或者对性刺激的需要。只有当犯罪人觉得所有合法的手段都不能满足需要时，才可能选择机会进行犯罪。如果犯罪所冒的危险太大，犯罪人就会考虑各种替代性措施。

（2）犯罪选择。主要包括犯罪地点的选择、标的物的选择、犯罪技巧的学习。

（3）选择结构。康尼丝与克拉克提出了环境选择理论，将分析的重点放在犯罪行为上，认为犯罪行为是一系列选择和机会的产物，其理论的核心概念是潜在犯罪环境下的选择结构，即与特定种类的犯罪相联系的犯罪机会、成本和利益群。

据此，学者设计了不同种犯罪的选择结构。例如，有关涉及现金的财产犯罪的选择结构包括下列因素：可能性（一定数量的犯罪目标的存在、对犯罪目标接触的可能性）、犯罪方法的知晓（如扒窃还是信用诈骗）、每一次犯罪可能得到的现金收益、是否需要专长、必要的计划（如扒窃还是抢劫银行）、必要的犯罪资源（交通工具、装备等）、单独犯罪还是共同犯罪、实施犯罪所需要的时间、所需要的冷静头脑（如抢银行还是计算机诈骗）、对风险的理解、惩罚的严厉性、具体的危险、是否需要使用暴力、是否面对被害人（如直接抢劫还是夜盗）、抢劫什么样的被害人、犯罪所可能造成的社会影响（如银行保险箱抢劫还是暴徒式抢劫）、必需的"买卖赃物者"、社会的道德评价等。

4. 犯罪置换

犯罪人决定不在某个地方或某一时间实施犯罪，或者不对某个目标或某个被害人实施犯罪，这并不意味着他们永远地不再犯罪，而有可能选择另一个地方、时间或被害人进行犯罪，这种替代现象称为犯罪置换。地理学家西蒙·哈基姆和乔治·伦格特区分出了五种犯罪置换类型：

（1）时间置换，即暂时停止犯罪，改到另一天、另一星期甚至另一季节去犯罪。

（2）空间置换，即不在这个邻里、区域或地区犯罪，而去另一个邻里、区域或地区犯罪。

（3）目标置换，即在同一个地区针对更容易成功（或者能获得更大奖赏）的目标犯罪。

（4）手段置换，即不用这一种手段进行犯罪，而改用另一种手段去犯罪。

（5）犯罪类型置换，即放弃实施危险性较大的犯罪，而去实施危险性较小的犯罪。

犯罪人是否出现犯罪置换现象，取决于他们对所冒的危险、可能遭受的损失和可能获得的利益或奖赏进行理智思考的结果。犯罪置换现象的出现，是符合犯罪人用最小代价获取最大利益的经济学原则的。

5. 理性选择理论的政策影响

理性选择理论对犯罪预防有直接的应用，预防犯罪可以通过理性干预，遏阻犯罪人刹那的理性，阻断其犯罪冲动。从潜在犯罪人本身来预防犯罪，主要有情景犯罪预防策略、一般吓阻策略；从犯罪人本身来预防犯罪，主要有特别吓阻策略、长期监禁策略、公平正义策略。

二、犯罪地理惯技理论

惯技，也被称为常规操作方式或惯用手法，指的是个体或群体在特定活动中经常采用的方法和手段。在犯罪学领域，地理惯技理论提出，犯罪人在选择作案地点时并非随心所欲，而是倾向于选择自己熟悉的环境和方式进行犯罪，这些犯罪行为之间呈现出显著的相似性。犯罪人形成这样的地理惯技，是受到他们对距离、风险评估以及个人舒适度等多重因素的习惯性考量影响。这一理论主要探讨的是犯罪路径的模型，特别关注犯罪发生地点与犯罪人的基地（例如他们的居住地）之间的关联性。

（一）犯罪出行活动的重要规律

犯罪出行活动基本上局限于犯罪人日常活动空间范围之内，由此派生出犯罪行为就地性和"空间距离衰减性"（见图7-3）。所谓就地性，是指犯罪人往往倾向于在居住地附近作案；所谓空间距离衰减性，是指距离犯罪人居住地越远，犯罪人（惯犯除外）实施犯罪的主观意愿就越弱。

同时，犯罪人出行距离与犯罪类型存在相关性。例如，20世纪80年代，学者Haring根据一系列的实证研究指出，美国的毒品案件犯罪人的平均作案出行距离为2.17英里，轻微盗窃案件为1.83英里，夜盗案件为0.77英里，破坏案件为0.62英里。

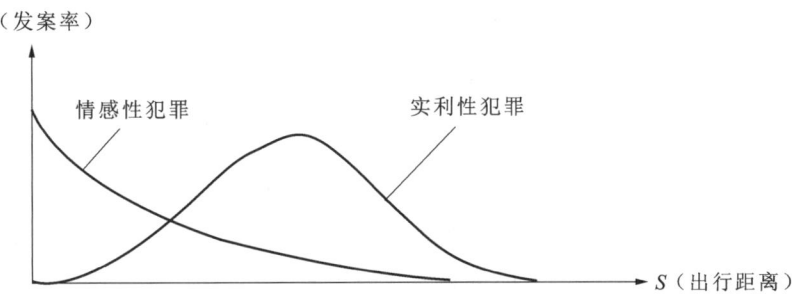

图 7-3　实利性犯罪与情感性犯罪出行距离比较图

◌̇ 案例推送

杨某某的犯罪地理惯技

杨某某，1968年7月出生，初中文化。1996年因盗窃、强奸被判处有期徒刑5年，2000年提前释放。自2000年9月开始，杨某某入室作案26起，共杀死67人、伤10人、强奸23人。

杨某某的作案范围集中在河南省境内及与周边省份接壤的县区和乡村，其中大部分发生在以漯河为中心、半径100公里以内的豫南地区，贯穿豫南的107国道西侧10公里以内的村庄是案发的重点区域。分析这些乡村的地理分布，大致可以得出犯罪人所处的行政乡区位。

（二）犯罪人选择犯罪地点的法则

犯罪觅食理论将犯罪视为猎取行为。犯罪人在选择犯罪地点时都会遵守"三不"法则，即不远、不近、不重复，如图7-4所示。

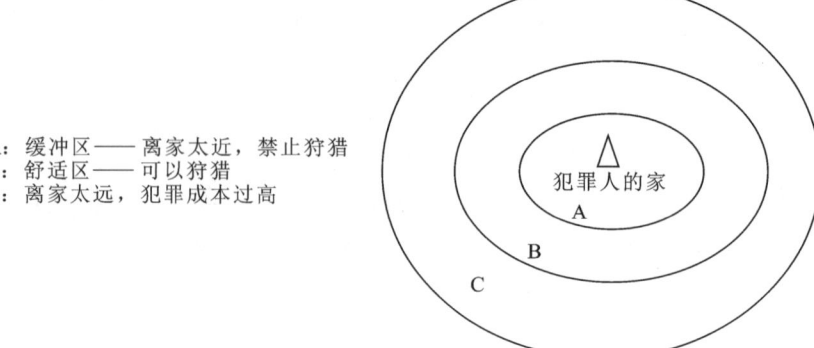

A：缓冲区——离家太近，禁止狩猎
B：舒适区——可以狩猎
C：离家太远，犯罪成本过高

犯罪人的家
A
B
C

图 7-4　"三不"法则示意图

1. 不近法则

"不近"是指犯罪人在选择犯罪地点时要尽量考虑避开熟人环境，他们不仅害怕作案时被熟人认出或发现，而且也担心案发后自己被警察纳入调查的范围。犯罪人选择的犯罪地总是他心理上合适的距离。犯罪人对家附近的区域、节点和路径均很熟悉，这不仅有助于他们选择合适的目标，而且能帮助他们隐藏、逃避或避免被发现。

正因为如此，犯罪人要保持适度的距离，平衡对自己家附近地区的熟悉程度和在本地区犯罪的危险。在犯罪人居住地和犯罪地之间，通常存在一个缓冲地区，主要的道路、铁路、桥梁、河流、街道都可构成心理缓冲区。

2. 不远法则

"不远"是指犯罪地点不会离犯罪人活动基点太远，太远则犯罪人对犯罪地点环境的熟悉程度降低，从而大大增加其犯罪行为被暴露和自己被抓捕的危险。

犯罪人如果能够在离家近的地方找到满足其要求的侵害目标或被害人，那么他就不需要也不大愿意到离家远的地方去寻找侵害目标或被害人。这是罗斯莫所说的最省力原则，即就近原则。

还有首案附近原则，就是指在某些案件中，尤其是在犯罪人似乎没有精心策划犯罪地点的情况下，他可能就居住在其第一次实施犯罪行为的地点附近。其蕴含的前提就是，犯罪人在第一次犯罪时是随意而带有冲动性的，犯罪只不过是其"在外闲逛时没有很明确的犯罪意图的见机行事"。

3. 不重复法则

"不重复"是指同类型的刑事案件不会发生在同一地点。一方面是因为犯罪人害怕被知情人发现，另一方面被害人也会提高警惕，增加了犯罪人作案的难度。犯罪人经常在他的舒适地带中选择犯罪地点。他的舒适地带主要取决于他对该地带的熟悉程度和信心水平。英国利物浦大学的坎特教授认为，犯罪人选择自己熟悉的、对自己方便的地方实施犯罪，至少在最初是这样选择犯罪地点。

（三）圆周假设理论和圆周重合结论

1. 圆周假设理论

1985 年，坎特教授以不重复法则为基础，提出了著名的预测系列犯罪案件犯罪人居住地的圆周假设理论。该原理的基本内容为：假设一个犯罪人连续作案，其作案地点分布广泛，若找出两个最远的犯罪位置，将二者连接起来，并以此连线为直径，画出一个包括所有犯罪地点的圆周，多数情况下，犯罪人就住在圆周内，而且可能就住在靠近圆周中心的地区。通过统计得知，有 80％的强奸犯居住在圆周内，60％以上的犯罪人居住在大圆半径的中心地区。这里的居住地包括其父母的居住地，也包括其女友和亲密朋友的居住地，是犯罪人第一次实施犯罪的出发点和基地。

该假设赖以存在的根基是犯罪人的行为结构、心理结构与地理时空相结合形成的深层结构关系。犯罪人犯罪行走的距离有其特点。由于缺乏经验，加上恐惧心理的作用，犯罪人前几次作案通常离家或者工作地相对较近。随着作案经验的增加，犯罪人的舒适度有所提高，信心大增，其行走的距离在增加，猎取被害人的范围也在扩大，他会有意识地躲开自己的居住地，到远离自己居住地的地区作案。但是，其有意识的逃避终归要有一个限度，到了其不愿去或过于偏远的地方，出于自身安全考虑，犯罪人就有可能改变方向，以其住所为中心，向周边扩展。这样，作案轨迹就会由"直线形"变为"扇形"，由"扇形"最后演变为"圆周形"。这样我们就能得到犯罪地图基本模式：一种是线形，即沿着一条直线作案；一种是扇形，即作案的轨迹扇形展开。两者结合，可以组成圆形，两者的移动轨迹就形成了所谓的"犯罪圆周"。

2. 圆周重合结论

罗斯莫认为系列犯罪案件发生地点与作案人固定落脚点之间的距离的常量数据是可以通过统计、归纳的方法得到的。只需要以系列案件发生地为圆心、以常量数据为半径画一个圆，作案人的固定落脚点就在这个圆周范围内；系列案件中的每一起犯罪发生地点都可以被作为圆心并画出一个圆，作案人固定落脚点就很可能在几个圆重合的区域中。罗斯莫提出了一个测算该常量数据的公式（即著名的罗斯莫公式），并以此公式为基础开发了犯罪空间情报分析软件。

💡 案例推送

宝丰"3·18"系列杀人案

在河南宝丰县，从 1991 年 3 月 18 日到 1995 年 8 月 4 日，5 年间连续发生 10 起杀人系列案件，侦查人员采用地图分析法，将犯罪分子抓获。

从图 7-5 可知，犯罪嫌疑人从 1991 年 3 月 18 日第一次行凶杀人后，又在不同区域内连续作案 9 起。首先，第一次作案在大白庄村、肖旗镇附近，这是值得关注的重点。其次，以第一次发案点为圆点，向其他发案地区连线就会发现，案件大多发生在 A、B、D 三条线构成的扇区内，其中 1992 年发生的 2 起案件都沿公路展开。再次，闹店镇、贾寨村等最远处作案点，显然是以宝丰县城为依托，然后窜至县城的边缘地带，寻找流浪人员，伺机作案。最后，将两个最远的作案地点 C、E 连线，并以 CE 中点为圆心画圆，则可将所有的作案地点全部包括在内，符合犯罪的圆周假设理论。

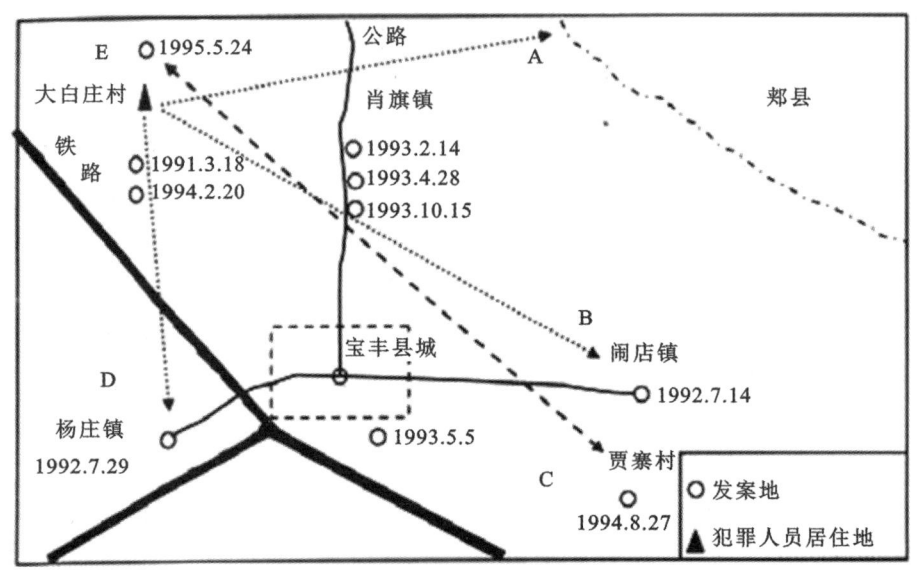

图 7-5　宝丰"3·18"系列杀人案犯罪地图

结论：犯罪人有可能居住在圆周内。A、B、D 三条直线的交叉点，又是第一次发案地点，以大白庄村、肖旗镇为中心的地区，应是犯罪人的原始居住地，符合犯罪人首次作案的心理。

三、犯罪时间聚集理论

犯罪时间聚集理论主要研究犯罪行为在时间上的集中分布特征和规律。该理论认为季节、月份、时日与犯罪存在着相互关系，在不同时间，犯罪的数量、类型、特征存在差异，并发现了性犯罪、侵财犯罪、暴力犯罪的高发季节、月份及具体时间特征。

龙布罗梭运用了大量统计数字对犯罪现象与季节性关系加以证明，结论是冬季侵财犯罪比夏季多，夏季对人身犯罪比冬季多。龙布罗梭对 1825—1838 年美国犯罪现象进行了统计研究，结果显示，杀婴在 1—4 月多发，杀人犯罪 7 月最多，强奸妇女在 6—8 月最多、12 月最少，侵财犯罪 1 月和 12 月最多。美国学者在明尼阿波利斯城研究发现，犯罪在下午 7 点至凌晨 3 点之间较为集中。美国联邦调查局通过对犯罪时间的统计分析发现，盗窃和抢劫等犯罪在晚上 22 点左右高发。

犯罪时间聚集的影响因素主要有：

（1）犯罪机会因素。不同时间的社会活动和人们的行为模式会创造出不同的犯罪机会。如在旅游旺季，景区的盗窃、诈骗等犯罪可能增多，因为游客增加，人员复杂，人们放松警惕，犯罪人有更多可乘之机。

（2）社会控制因素。社会控制在不同时间的强度和效果存在差异。例如，工作日白天，公共场所的安保人员、警察巡逻等社会控制力量相对较强，犯罪人作案的风险较大；而夜间或节假日，部分地区的社会控制可能会相对薄弱，犯罪率上升。

（3）犯罪人自身因素。犯罪人的日常生活规律和时间安排也会影响犯罪的时间聚集。一些犯罪人可能利用自己的业余时间或工作间隙进行犯罪活动，如一些上班族可能会在上下班途中实施盗窃或其他犯罪行为，犯罪团伙可能选择在特定时间进行大规模的犯罪活动。

四、被害人学理论

这是从被害人的角度来探讨犯罪，被害人学目前在西方已独立成为一学科。

在时间、地点、目标、保护力量等情景条件因素中，被害人是目标因素，被害人研究是情景条件研究的重要内容。同时，一定意义上看，犯罪人针对某被害人实施犯罪，而不是其他人实施犯罪，这的确是"理性选择"的结果；加害人与被害人的互动性也体现出加害与被害之间的一种"理性选择"。被害人学理论是理性选择理论的一个方面。

被害人学理论主要有生活方式暴露被害理论、日常活动被害理论、暴力循环理论、破窗理论、被害人促发理论等，这里重点介绍暴力循环理论和破窗理论。

（一）暴力循环理论

哈格斯 1994 年提出暴力循环理论，该理论认为暴力在家庭中的存在和发生呈周期性的循环过程，包括愤怒积蓄期，暴力发生期，道歉原谅期，蜜月期。

1. 暴力行为发生阶段

（1）第一阶段（引发阶段）：加害人与被害人之间潜伏着各种争吵因子，而又伴随着工作压力、人际关系及财物压力，使之不堪承担。

（2）第二阶段（发生阶段）：加害人为降低压力或控制情景，而对被害人施以殴打行为。

（3）第三阶段（后悔、和解和蜜月阶段）：当加害人压力减轻或转移时，生理及情绪上也较缓和，开始觉得后悔及表示道歉。

2. 暴力行为连续循环

如果对被害人前两次暴力行为无法有效遏止，暴力行为会不断地循环下去，且每一个阶段时间及循环间之距离愈来愈短且愈来愈严重，如从先前的情绪虐待及暴力威胁，演变成直接或严重之身体虐待及杀人行为。

（二）破窗理论

威尔逊与凯琳于1982年共同提出了"破窗效应"这一概念，认为如果放任环境中的不良现象存在，会诱使人们仿效，甚至变本加厉。一栋楼的一扇窗户被打破，若对其放任不管，将会导致更多的窗户被打破，甚至整栋楼被拆毁。环境可以对一个人产生强烈的暗示性和诱导性。例如，桌上的财物、敞开的大门，可能使本无贪念的人心生贪念；对于违反公司程序或廉政规定的行为，有关组织没有进行严肃处理，没有引起员工的重视，从而使类似行为再次甚至多次重复发生。

对于被害人个人而言，"破窗"即是指其具有的被害性等容易招致犯罪侵害的因素，如过于贪财、脾气暴躁、钱财外露而不注意保护等。被害人的这些特性就如同第一道"破窗"，如果不及时修复，就会给不良分子以机会和诱惑，吸引潜在的加害人侵害自己，结果造成自己的被害。

学习项目 3　情景条件理论的犯罪预防方式

一、犯罪预防的情景预防模式

从短期看，消除引起犯罪的机会比消除犯罪人的犯罪动机要容易得多。犯罪原因是很难消除的，但犯罪条件则较容易被整治。

如何让人不能犯罪？可以通过犯罪情景预防。情景预防是通过持久有机地改善阻却性情景，影响行为人的理性选择，减少犯罪机会的促成情景因素，达到预防犯罪的目的。即将预防犯罪的重点从影响犯罪人人格的形成转移到对刺激行为人产生犯罪动机和将动机外化为侵害行为的外在情势的控制。英国在司法预防、社会预防失败后，20世纪80年代初期，犯罪预防的重点便开始向情景预防倾斜，到1993年达到了预期的效果。

多数犯罪人遇到机会时凭一时冲动而实施犯罪行为，所以可以通过加强安全防范措施、增加犯罪风险和成本、减少犯罪回报和收益来减少其危害性。

情景预防理论主要来自日常活动理论，就被害人而言，要加强自我防卫的观念与技巧，避免落入被害情境；就目标物而言，要想办法使其难入侵，增加犯罪成本，使犯罪人因此放弃计划。另外，根据剥夺犯罪能力理论的方法与技术，强调对情景犯罪中的重要地点、重点过程的监控。

克拉克参考日常活动理论犯罪聚合因素，于1983年提出情景犯罪预防的概念。1992年，他出版《情景犯罪预防》一书，主张通过增加犯罪困难、提升犯罪风险、降低犯罪酬赏等 3 项原则与 12 种技术，有效预防犯罪。1997 年，在原来内容基础上，克拉克又加入促使产生罪恶感或羞耻感原则，并发展出 16 项技术。2003 年，克拉克与艾克将 1997 年的情景犯罪预防第四项原则分成"减少犯罪刺激"与"移除犯罪借口"，提出情景犯罪预防的 5 项原则与 25 项技术。

二、主要策略方法

（一）提升犯罪实施难度

此策略的核心目标是保护目标对象，即强化目标对象本身的防护，确保其处于安全和受保护的环境中。通过这种方式，我们增加了犯罪成功的难度，进而使潜在犯罪人在面临挑战时选择退缩。这可以被视为一种基础性的、针对具体情境的犯罪预防措施。

1. 目标对象强化

这涉及设置物理障碍，如安装锁具、保险箱、栅栏、铁窗等设备。在 20 世纪 80 年代的英国伦敦，邮局柜台安装了反抢劫防护罩，这一举措有效地使抢劫案降低了 40%。

2. 通道管理

这是指采取措施来阻止潜在犯罪人进入目标场所，从而降低该场所发生犯罪的可能性。古代的可收式吊桥和护城河就是有效的防御手段。在现代社会，这种控制主要体现在建筑物的出入口管理，例如住宅区的对讲机系统、围墙以及停车场的电子入口系统等。

3. 预防潜在犯罪

这需要对环境和情境进行适当的管理与控制，以分散和转移犯罪分子，防止他们聚集并引发犯罪行为。例如，关闭经常发生犯罪的街道或滋事场所（如酒馆），可以防止潜在犯罪人聚集。在足球比赛中，通过时间分段控制球迷的进场和离场，可以减少在等待期间发生纠纷。

4. 控制犯罪诱因

这需要对那些容易引发犯罪的因素进行严格管理，以减少此类犯罪的发生。这些因素可能包括枪支、信用卡、支票和酒精等。例如，1975 年，苏格兰犯罪预防委员会就建议使用不易碎的杯子来替代易碎的玻璃杯，以防止它们被用作攻击性武器。另外，来电显示电话的引入也是为了遏制电话骚扰。

5. 出入口监管

这需要在入口和出口加强人力或使用仪器进行检查。入口检查主要是为了筛选不遵守规定的人或检查违禁物品；出口检查主要是为了防止商店盗窃，电子仪器、商品电子标签和条形码的使用对商店的自我防护非常有帮助。登机前的安全检查就是这种控制的一个实际应用。

（二）增加犯罪风险

调整具体环境，使犯罪行为一旦实施，被抓概率显著提升，从而打消犯罪人的侥幸心理，实现有效的预防。当前广泛采用的策略包括以下内容。

1. 强化监视

引入有能力的看护要素，包括两种途径：一是常规预防，如夜间结伴而行；二是实施邻里守望计划。

2. 自然观察

通过修剪路边灌木或改善路灯照明，提升犯罪行为被发现的概率，增强监视效果，震慑犯罪行为。此举能给犯罪人一种被监视的感觉，使胆小或意志不坚者放弃犯罪。

3. 官方监控

由警察、安保人员和商店保安执行，威慑潜在犯罪人，减少非法行为。技术的进步能够让监视摄像头、警铃、报警热线等电子设备大大提升监控效果。

4. 降低匿名性

通过减少匿名，让犯罪人身份暴露于社会关注之下，使其在行动时考虑到增加的风险，从而放弃犯罪。例如，出租车司机的身份标识牌有效减少了宰客现象。

5. 员工监视

利用公共服务员工（如商店雇员、饭店服务生等）作为监视者，有效监控潜在犯罪活动，协助治安维护。如英国酒吧里，员工视野内的公共电话的损害率就较低。

（三）降低犯罪回报

旨在减少犯罪行为能为其带来的回报，降低对潜在犯罪人的吸引力。减轻犯罪收益的基本方法就是使犯罪的对象变得不再有价值，或将对犯罪人有价值的目标置于其控制之外。减少犯罪回报的手段有以下几种。

1. 隐蔽目标

如远离街道停车，使用中性电话簿（尤其对女性重要）。前者使盗窃者难以发现目标，后者防电话丢失后的骚扰。

2. 更换目标位置

移动和替换易成犯罪对象的物体，避免成为犯罪目标。如现金交易改票据转让、减少商店柜台现金、游乐场用代币替代现金。

3. 财产标记

在财产上作独特标记，如名贵手表上标识独特表号、牲畜身上烙印，增加识别性，便于找回失物且难以销赃。又如机动车登记制度和汽车识别码。

4. 打击黑市

财产被标记后仍可能流入黑市，通过打击黑市消除销赃和变现机会，将犯罪收益降至最低，减少对犯罪人的吸引力。

5. 限制利润

采取措施限制犯罪人获利，使其无法达到预期目的而放弃犯罪。如 1990 年纽约市实行的 24 小时清除计划，迅速清除涂鸦，降低涂鸦带来的满足感。

（四）降低犯罪诱因

减少挑衅和消除借口是克拉克情景预防研究的最新成果。

1. 缓解挫败与紧张

一些暴力犯罪源于日常琐事，如态度恶劣的服务、服务机构效率低导致的长队等待或插队等。娱乐场所的嘈杂、拥挤也易使人焦躁，因此增设服务窗口减少排队、改善服务态度、增设座位、使用柔和灯光、播放舒缓音乐可以有效平息焦虑，预防暴力犯罪。

2. 避免冲突

现代足球发达国家常采用隔离球迷方式减少摩擦。如将敌对球迷分看台就座，设置隔离物或安排保安分隔双方，分离出入口并错时进出。

3. 减少情感刺激

即减少生活和工作中的诱惑。例如，建立作品分级制度或过滤软件，防止淫秽和暴力内容对青少年的腐蚀。

4. 消解群体压力

新员工或新加入的青少年可能受到同事或同伴的不良压力，如偷窃或醉酒驾车。需采取措施帮助他们在思想上消解这种压力，预防犯罪。如我国绿坝软件可拦截色情内容、控制上网时间等。

5. 防止恶意模仿

根据破窗理论，须迅速消除轻微违法的后果，防止模仿。如快速修复受损房屋和财产，新闻检查员删除犯罪方法详细描述等。

（五）消除犯罪理由

当行为人举止有违常规道德时，他们可能会借用规则模糊或他人相似行为作为理由，以此来消解内心的羞耻感，实现自我合理化。因而需要采取措施消除这些犯罪借口。

1. 规则明确化

例如，通过法律和规范，明文规定犯罪所得为非法收益。

2. 唤醒道德意识

例如，在商店、火车站等盗窃高发地设置"盗窃违法"警示牌，在公共交通工具内贴出禁烟标语，路边设置限速提示，以此在违法行为发生前通过环境警示唤醒人们的道德意识。

3. 公示行为规范

在特定场所张贴公共行为准则，防止人们因"不知情"而违法，如在禁停区域设置"禁停"标志。

4. 促进守法行为

为公众提供便捷、合法的选择，消除违法的借口。例如，增设公共卫生间以减少随地便溺，增加垃圾箱以减少乱扔垃圾。

5. 严控毒品和酒精

除法律规定醉酒或吸毒后犯罪须负刑事责任外，还应通过严格管控酒精和毒品，使潜在犯罪人无法获取，也无法以此为理由消除其犯罪后的羞耻感。常见措施包括在酒吧等场所设置酒精测试仪，禁止在公共场所饮酒，以及禁止将酒带入特定区域。

操作训练

本单元学习情境任务评析

情景预防是通过持久有机地改善阻却性情景，影响行为人的理性选择，减少犯罪机会的促成情景因素，达到预防犯罪的目的。即将预防犯罪的重点从影响犯罪人人格的形成转移到对刺激行为人产生犯罪动机和将动机外化为侵害行为的外在情势的控制。

情景预防理论来自日常活动理论，就被害人而言，要加强自我防卫观念与技巧，避免落入被害情景；就目标物而言，要想办法使其难入侵，增加犯罪成本，使犯罪人放弃计划。

监狱安全事故发生的原因，主要有监管设备缺欠、罪犯不适应监狱生活、罪犯需求不能满足、监狱处遇偏差、监狱安全管理漏洞等。

根据情景犯罪预防理论，做好某监狱戒护事故预防安全管理，如表 7-1 所示。

表 7-1　监狱情景预防措施一览表

提升犯罪阻力	增加犯罪风险	降低犯罪酬赏	减少犯罪刺激	移除犯罪借口
标的物增强：围墙设置脉冲高压电子围栏	扩充监控：管制受刑人行进动线	目标物藏匿：有价物品收藏妥当	减低挫折压力：严禁不当管教	设立规则：入监须知的设立
管制通道：三道铁门隔离戒护区	增加自然监控：戒护区各处照明	目标物移置；簿册交易取代现金	避免争吵：分开收容不同帮派分子	敬告规则：禁止停车
出口检查：进出戒护区携行物检查	减少匿名：出租车驾驶员服务监督卡	财物识别：电器用品予以标签造册	减少情绪挑逗：管制不当书籍	激发良心：设置励志标语
转移潜在犯罪人：视讯接见系统	职员协助：定时清点受刑人人数	捣乱市场：取缔非法流动摊贩	减少同侪压力：分散麻烦人物	协助遵守规则：新收罪犯入监教育
控制犯罪促进物：作业工具管制	强化正式监控：闭路电视（CCTV）	否定利益：立即销毁违禁物品	避免模仿：严处罪犯挑衅管教人员	管制药与酒：销售部禁卖酒类饮料

1. 犯罪实证学派和犯罪现代古典学派对于犯罪性的理解有何不同？请解释犯罪性的含义并比较两个学派的观点差异。

2. 请阐述特殊区域的概念，并探讨它与犯罪之间的关联。

3. 探讨季节和气候变化对犯罪活动的影响。

4. 日常活动理论、犯罪风格理论和理性选择理论为何都认为机会是促成犯罪的重要因素？请分析它们各自关注点的异同。

5. 请概述日常活动理论的基本观点及其核心内容。

6. 请描述犯罪人在选择犯罪地点时遵循的原则。

7. 请为某监狱设计一个情景预防方案，旨在减少犯罪行为的发生。

犯罪的多元整合理论

💡 知识导航

一、学习任务目标

◆ 知识目标

了解各种因素整合等与犯罪的关系，掌握社会疏离理论、犯罪的共通性理论、犯罪的生命历程理论等犯罪原因及因应对策理论。

◆ 能力目标

运用犯罪的多元整合理论解释犯罪原因，构建基于犯罪多元整合理论的因应对策。

◆ 素养目标

通过多学科、跨文化的多元整合犯罪理论学习，进一步强化系统思维、辩证思维和创新思维，强化理论联系实际的作风；通过中国特色犯罪综合治理模式的分析研究，进一步强化政治认同，始终坚持党的领导、人民当家作主和依法治国的有机统一；拓展全球视野，助力人类命运共同体建设。

二、学习内容导图

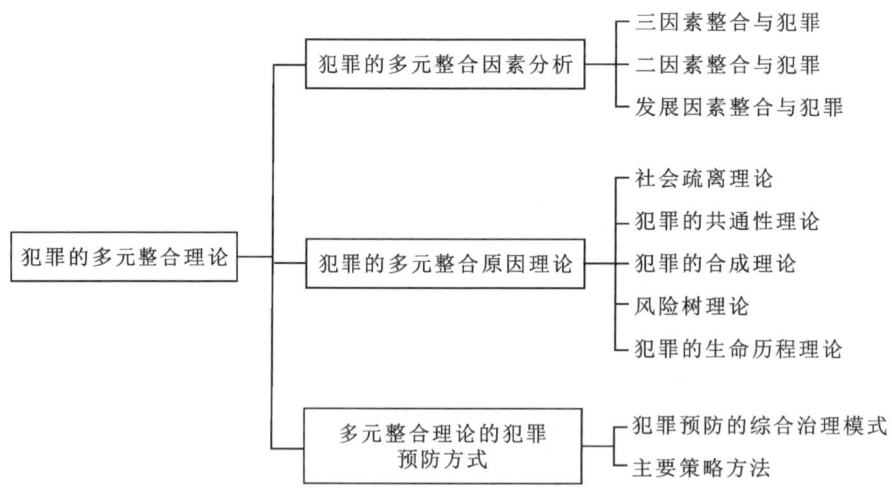

三、学习情境导入

甘蒙系列强奸杀人案

1988 年至 2002 年，甘肃省白银市白银区 10 名女性惨遭杀害，最小的被害人年仅 8 岁。凶手专挑年轻漂亮的女性下手，而且作案手段极其残忍，在当地造成严重的社会恐慌。

2001 年该系列案件被公安部列为 1 号督办案件。2004 年 8 月 5 日，公安部将白银系列案件与内蒙古自治区包头市昆都仑区 "97·3·28" 李某被杀案并案，合称为甘蒙 "8·05" 系列强奸杀人残害女性案。

2016 年 8 月 26 日，犯罪嫌疑人落网。甘蒙系列强奸杀人案犯罪嫌疑人高某某 1964 年出生在甘肃省兰州市榆中县农村的一个贫困家庭，其母 40 多岁时才生下他，他有五个姐姐、两个哥哥。母亲早逝，全家生活十分艰难。姐姐纷纷出嫁，二哥挣苦力不慎溺亡，家庭气氛逐渐冷清。祸不单行，父亲积劳成疾，瘫痪 4 个月后去世。伴随着巨大的家庭变故，高某某又经历了两次高考落榜和招考飞行员失败。高中毕业后，高某某先在家务农，后外出务工，但生活都十分窘迫。结婚后，生活依旧穷困不堪。在贫困、多难、挫折和孤寂中，高某某度过了人生的前 24 年。1988 年 5 月 26 日，24 岁的他第一次实施犯罪：进入甘肃省白银公司 23 岁的女职工白某家中并将其强奸杀害。此后，高某某又持续犯罪 14 年，实施强奸杀人犯罪 10 次。2002 年 2 月 9 日后，他终止了犯罪。

请进一步收集甘蒙系列强奸杀人案的更多详细资料，并思考：是否可以整合多种理论综合分析高某某犯罪的原因？如果可以，试分析之。

💡 项目学习

学习项目 1　犯罪的多元整合因素分析

犯罪学理论主要是对犯罪现象产生的原因作出解释，并对其未来走向作出分析。犯罪是一种复杂的社会现象。犯罪的原因可能是多方面的，有生物的、心理的、经济的、政治的、文化的等。犯罪往往是多种因素相互作用的结果，解释犯罪的理论以及预防犯罪和降低犯罪的政策性措施也应是多元的、多层次的、综合性的。前述各种犯罪学理论观点虽然都有其合理性，但是在解释犯罪行为方面，都有一定缺陷，解释能力是有限的。美国犯罪学学者埃利奥特等人认为，任何单个的犯罪学理论仅能解释10％～20％的违法越轨行为。因此，一些犯罪学家将犯罪学理论的合理成分加以整合，以提高其解释力。整合理论就是在整合各种犯罪学理论观点的基础上提出的综合性理论学说。在保持理论科学性的基础上，整合理论有选择地选取自己可利用的概念、变量等因素，有机融合，尽可能多地解释犯罪现象。

一、三因素整合与犯罪

由于犯罪人类学说备受批评，龙布罗梭晚年时对生物决定论进行了修正，加入了经济、政治等社会环境因素和季节、气候等自然环境因素对犯罪的影响。作为学生，菲利一方面继承了龙布罗梭的理论，否定人的自由意志，认为犯罪与人的生物遗传有着密切的关系。但另一方面，受凯特莱等人关于社会原因决定犯罪的观点影响，菲利又认为不能仅仅用生理因素解释犯罪，自然因素和社会因素也起很大的作用。因此，他的学说独立于犯罪人类学派的犯罪原因一元论，区别于李斯特的犯罪二元论，被称为"三因素说"或"犯罪原因三元论"。

（一）人类学因素

人类学因素包括犯罪人的生理、心理、个人状况。犯罪人的生理状况包括颅骨异常、脑异常、主要器官异常、感觉能力异常、反应能力异常和相貌异常及文身等所有生理特征。犯罪人的心理状况包括智力和情感异常，尤其是道德情感异常，以及罪犯文字和行话等。犯罪人的个人状况包括种族、年龄、性别等生物学状况和公民地位、职业、住所、社会阶层、训练、教育等生物社会学状况。菲利认为，人的生理、心理及种族差异对犯罪有很大影响。但这种人类学因素本身并不足以产生犯罪，它必须与其他因素结合，相互影响，相互作用，才能促使犯罪的产生。

（二）自然因素

菲利认为，自然因素主要包括自然资源状况、地形、气候、土壤状况、昼夜的相对长度、四季、平均温度和气象情况及农业状况等。这些因素虽不能直接产生犯罪，但通过与其他因素的结合能促使犯罪的发生并影响犯罪现象的变化。其根据是自然因素可以影响到社会状况，如贫穷、就业、文化及道德状况等，而社会状况与犯罪密切相关。犯罪的自然因素可以概括为时空因素，一般来说，犯罪的形成是犯罪人在一定时间、场所内与被害人的结合。

（三）社会因素

社会因素包括经济、政治、道德及文化生活中的各种不安定因素。经济因素包括贫穷和富裕两种情况，贫穷使得人为了生存而把行为准则降低到低级动物的程度，而富裕则可能使头脑空虚而又不从事体力和脑力劳动的人生活腐化，导致赌博、吸毒、通奸等嬉戏式犯罪行为的产生。政治、道德及文化生活的各种不安定因素在与其他因素相结合的情况下，也会促使犯罪行为的发生。

（四）三因素整合

菲利认为，三种致罪因素，都不足以单独产生犯罪，任何一种犯罪行为乃至整个社会的犯罪现象都是上述三种因素相互作用的结果。总的来说，社会因素所起的作用较大。每一个国家在客观上都存在着上述促使犯罪产生和变化的三种因素，这三种因素是不断变化的，并由此影响犯罪现象的变化。因此，犯罪也有年终平衡，其增多与减少，比国民经济的收支还有规律。每个国家始终都存在一定数量和一定种类的犯罪，犯罪始终处于与其原因相适应的饱和状态。但是，有时某个国家的犯罪也可能出现超饱和状态，不过最终还是会恢复到饱和状态。欲控制犯罪，需改造社会环境。

二、二因素整合与犯罪

从辩证唯物主义认识论观察，犯罪动机的形成是内因与外因相互作用的结果，相互作用的双方是相互依存的，是主观见之于客观的过程。主体的反社会意识等缺陷，使社会结构缺陷被主体接受成为现实，社会结构缺陷的客观性质并没有改变，一旦被接受就会强化主体的反社会意识，在主客观因素相互作用下犯罪行为得以实施。主客观因素相互作用产生犯罪时，使得反社会意识成为现实的犯罪主观原因，社会结构缺陷成为现实的犯罪客观原因。这就是外因与内因在个体实施犯罪过程中的相互依存性的表现。

（一）犯罪二元论

李斯特否定了龙布罗梭的犯罪人类学观点，认为遗传倾向只是由于外部环境的影响才表现为犯罪或精神障碍的，犯罪人跟普通人完全一样，普通人只不过是由于外部情况结合时的幸运才没有陷于犯罪而已。在否定龙布罗梭与菲利关于犯罪原因的观点的基础上，李斯特提出了犯罪原因社会因素和个人因素二元论。菲利的三元论与李斯特的二元论并无实质差别，李斯特认为自然因素只是社会因素的一种。

1. 社会因素

主要是指犯罪人周围的环境，特别是经济环境，如失业、恶劣的居住条件、低工资、生活必需品价格高昂、酗酒等，尤其强调贫困是培养犯罪的最大基础，也是遗传素质所以质变的培养液。李斯特认为社会原因是主要因素，对人的行为起决定性作用。

2. 个人因素

主要是指个人性格上的原因，这种性格有一部分为先天的，即生来如此；有一部分为后天，即由于发育关系或生存命运关系所致。在社会因素与个人因素中，李斯特更强调社会因素对犯罪发生的作用。

3. 二因素整合

李斯特从共性与个性、主观与客观的结合上对犯罪原因进行了研究，既认识到普遍的社会因素对犯罪形成的重要影响，又认识到犯罪人的个人特殊性格对犯罪形成的作用。认为犯罪是由实施犯罪行为当时行为者的特性，加上周围环境的影响所产生的。任何一个具体犯罪的产生均由两个方面的因素共同使然，一个是犯罪人的个人因素，一个是犯罪人的外界的、社会的尤其是经济的因素。认为社会因素对犯罪行为的塑造具有重要作用。一些犯罪学学者认为社会环境就是犯罪的培养基，它正是利用了人类自身的不同特性而催生了人体内犯罪的基因。贫穷、酗酒、恶劣的生活条件，这些都可以成为滋生犯罪的温床，这些环境借助人的自身因素而导致犯罪。

（二）内外因互动论

1. 社会与个人对抗论

贝卡利亚认为，犯罪是社会不公的必然结果，是行为人在特定环境下趋利避害的必然选择。根本上说，产生犯罪是因为社会与个人的对抗作用。作为一个社会的人，在与诸多社会外在因素的对抗与影响下，内心发生变化，当这种变化随着社会与内心的对抗不断加剧之后便容易导致犯罪。

2. 主客观综合因素论

美国犯罪学家迈克尔和赫希认为，犯罪性是因为低自我控制所产生，因此在儿童期如未受到良好社会化，则易产生低自我控制，但此并非犯罪的必然条件，仍需有犯罪环境与机会经由个人意志理性选择而定。因此，犯罪是主客观综合因素所致。

3. 个人与环境互动论

德国新古典学派的代表梅兹格提出动态犯罪学理论，提出犯罪的内外因互动因素为：

（1）犯罪是由个人素质与环境的互动因素而产生。

（2）个人素质包括遗传或者出生后所产生的身体或生理变化。这是一种内在因素。

（3）环境因素包括经济、教育、文化、社会地位的影响。这是一种外在因素。

（4）人的行为是由内在因素与外在因素相互影响所致。

（5）受内在因素影响较大者，可称为素质犯罪；受外在因素较大者，称为环境犯罪。早发性犯罪多属前者，迟发性犯罪多属后者。

三、发展因素整合与犯罪

犯罪发展理论，以发展的视角看待犯罪问题，是通过对犯罪开始、持续、中止、终止等关键转折点发生时间和诱因的分析，把握犯罪人犯罪历程的变化轨迹，探究不同时期、阶段影响犯罪变化的原因，以及在什么样的量变和质变共同作用下导致他们的犯罪行为出现了更加频繁、更加严重或者停止的形态。该理论发展过程中，围绕人的行为方式是否会随着环境的变化发生改变问题，形成了两种不同的分支，即生命历程理论和潜在特质理论。前者认为人的行为会受到自身特征和周边社会环境的影响而发生改变，这些改变会贯穿人的一生且造成犯罪行为的产生、中止及消亡；后者认为犯罪人的犯罪特质是稳定的，是犯罪机会的变化增加了犯罪的可能。

（一）生命历程因素

认为人的犯罪性是动态发展的，人在不同生命阶段中会受到不同因素、经历、生活事件的影响，其犯罪轨迹也随之变化。犯罪受社会的、个人的以及经济方面的因素的影响，这些因素随时间的变化而变化，所以，个人的犯罪行为也随时间的变化而变化。生命历程因素体现了主客观因素对犯罪的综合作用。

（二）潜在特质因素

认为犯罪行为的发展是由刚出生不久就表现出的犯罪倾向决定的，且这种稳定的特质不会随着人的成熟而改变。低自我控制是潜在特质因素的典型代表，其特质主要有冲动性、好刺激、自我中心、忍受力低、立即享受等犯罪倾向因素。潜在特质因素突出了犯罪机会的变化等时空环境因素对犯罪的强化影响。

学习项目 2 犯罪的多元整合原因理论

犯罪理论整合是将两个或更多现已存在的具有共同点的理论，组合成一个单一的重新构造的理论模式。新的理论模式比构成它的现存的理论具有更大的综合性和解释力。根据理论整合的层次，整合理论可以分为两类。一是同一学科整合。其一，同一理论流派整合。是将同一学科内的同一理论流派的不同理论和观点加以整合。例如，1969 年，赫希整合早期控制理论之后提出的社会控制理论。其二，不同理论流派整合。是将同一学科内的不同理论流派的理论和观点加以整合。例如，因为犯罪理论的前提假设、主要概念、理论倾向等易起冲突而颇有难度，1989 年，布雷恩韦特发表了重新整合的羞耻理论，在整合过程中对控制理论、标签理论、亚文化理论等不同流派的观点进行了逻辑性的协调和因果关系的精确化。二是不同学科整合。其一，多学科整合。

分别用生物学、心理学或其他学科的理论和方法对犯罪进行研究，来自这些学科的观点是并列的，并没有形成一个有机的理论体系。其二，科际整合。将不同学科的理论和观点加以有机整合。本单元介绍几种重要的整合理论。

一、社会疏离理论

（一）概述

社会疏离理论也称生物社会学习理论、生物环境学理论，是犯罪行为的科际整合理论。杰弗里是美国当代著名的犯罪学家、佛罗里达州立大学教授，1971年在其著作《通过环境设计预防犯罪》一书中提出"生物社会的学习理论"（社会生物学理论＋学习理论），他认为犯罪行为的解释可分为犯罪心理学派和犯罪社会学派两大派，缺一不可。为了整合两大学派，他提出社会疏离理论来说明犯罪的原因。

社会疏离理论主要关注个体与社会之间的关系。该理论认为，当个体感到自己与社会主流价值观、社会规范以及社会群体相疏离时，就更有可能实施犯罪行为。这种疏离可能体现在多个方面，如情感上的孤立、对社会规则的不认同、缺乏社会归属感等。例如，一个长期处于社会边缘的青少年，没有被学校、家庭和社区所接纳，他可能会逐渐对社会的道德和法律规范产生抵触情绪。使得他在面对诱惑或者冲突时，更容易采取犯罪的方式来表达不满或者获取自己想要的东西。

该理论还认为，城市化造成人与人之间的疏离感、隐匿性及隔阂，容易导致人类行为的偏差。如果某些地区的社会互动越低，人际关系越疏离，守望相助的意愿越低或越没有社会规范，则其犯罪发生率将会越高，安全度越低。杰弗里在《通过环境设计预防犯罪》以及另外一本书《社会疏离理论》中，均提出应该通过良好的环境设计增加地区居民的互动，培养敦亲睦邻以及守望相助的精神，借此来防止犯罪。

（二）社会疏离与犯罪行为的关系机制

1. 缺乏社会约束

当个体与社会疏离时，他们对社会规范的接受程度降低，社会对他们的约束作用也会减弱。例如，一个与家庭和学校疏离的青少年，不再在乎父母的期望和学校的规章制度。在这种情况下，他可能会更容易受到不良同伴的影响，参与一些违法犯罪活动，如盗窃、抢劫等，因为他没有了来自家庭和学校的监督和约束。

2. 通过犯罪行为寻找归属感或认同感

一些犯罪团伙会为成员提供一种"家庭"般的感觉，对于那些感到社会疏离的人来说，这种虚假的归属感具有很大的吸引力。例如，一个在社会上被孤立的年轻人，加入一个盗窃团伙后，可能会因为团伙成员之间的互相支持和认同而继续犯罪。

3. 对社会的报复心理

当一个人觉得自己被社会抛弃或者受到不公平待遇时，他可能会想要通过犯罪来报复社会。例如，一个曾经因为贫困而被社会福利机构忽视的人，可能会通过破坏公共设施或者进行诈骗等犯罪行为来表达对社会的不满。

（三）犯罪原因解释

杰弗里认为，犯罪行为是学习而来的，学习主要受生物与环境的互动，犯罪行为等于环境乘以遗传。杰弗里以社会生物学为基础，认为犯罪行为不能偏重环境或遗传的任何一方。犯罪是一种整合，不应是单面向的，萨瑟兰的不同交往理论完全忽略了心理层面。杰弗里特别提倡社会疏离理论，认为社会互动越缺乏，人际关系就越疏离，就越不可能互相帮助，社会规范的维持就越困难。所以情感的疏离是造成犯罪的主要成因，尤其是青少年因缺乏依附，造成情感疏离，易产生被遗弃之感，对社会充满仇恨。

人际关系的缺乏，会造成情感上的孤独，缺乏安全感，仇视、敌对的心态油然而生。如果疏离扩大到团体，因个人对团体无任何的情感与依附性，那么集体的偏差行为就易出现。法律上的疏离更会造成规范的处罚缺乏正当性，社会的解离成为必然。

要防治犯罪，必须防止疏离产生，改善环境，或者控制遗传，这些都是预防犯罪的方法。减少疏离、增加人际交流都是预防犯罪的最佳方式。要推动社区的守望相助，并加强个人对群体的归属感，同时在法律上防止不平等，以避免因处罚不正当所造成的疏离。

学练园地

以社会疏离理论说明独生子女与犯罪的关系

社会疏离理论认为，一般犯罪人及少年犯的犯罪，大多都是缺乏良好的人际关系，未能与他人发展成功的人际关系所导致。

该理论认为社会疏离的形态可区分为三种。

（1）个人疏离：指一个人与他人疏离，缺乏良好互动，无法接受社会的价值体系，易生偏差行为。

（2）团体疏离：指某些团体与社会环境疏离，这些成员因仿效其团体，导致有文化偏差行为。

（3）法律上的疏离：指法律或制度本身对不同的族群、团体所为的差别待遇，会使得下阶层人士对法律规范疏离，易生偏差行为。

有些独生子女受到父母的过多保护，无法与他人建立良好的人际关系，处于个人疏离形态，容易因为与他人疏离、隔阂，无法建立良好的人际关系而犯罪。

二、犯罪的共通性理论

（一）概述

犯罪的共通性理论也称犯罪的一般化理论、一般化犯罪理论、犯罪的一般理论。美国犯罪学家迈克尔和赫希在1990年合作出版的著作《犯罪的一般化理论》中，整合社会控制论、日常生活理论、社会生物心理学，发展出犯罪的一般化理论。该理论延伸了社会控制理论，认为犯罪原因研究必须整合，不偏于单一性的原因论，而且要区分犯罪与犯罪性，只有在具有犯罪性且有触发犯罪的场合存在，犯罪才会产生。犯罪是以力量和欺骗来追寻个人自我利益的行为，犯罪性是犯罪人为求自己利益，对于社会控制认知不足，所产生的犯罪倾向。

犯罪的共通性理论以潜在特质因素为基础，勾画出一个犯罪原因连锁（见图8-1）。

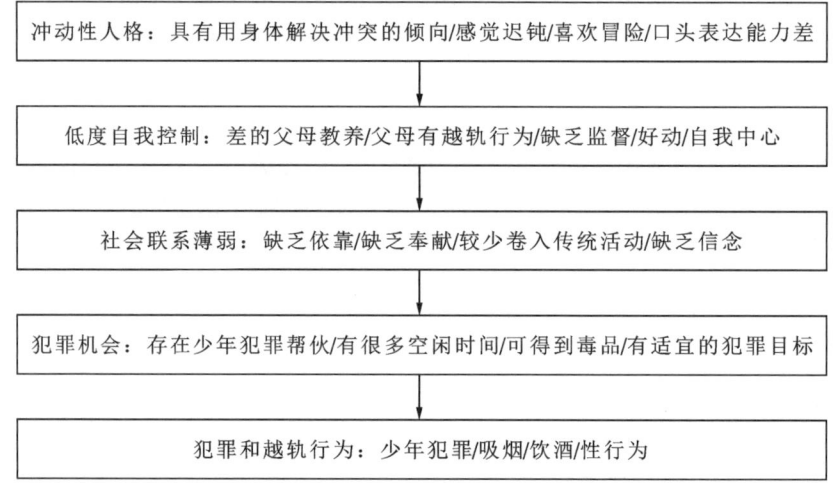

图 8-1　犯罪原因连锁示意图

根据实证研究，对于年龄与犯罪行为，提出犯罪行为的循环周期概念，即犯罪偏差行为在少年（约16～18岁）的中期（15～17岁）到达最高峰，而后急剧下降，前部分犯罪高峰的解释为低自我控制论，但是对于后部分，犯罪自我控制已经定型，需结合犯罪机会理论才能解释，而两者融合，即提出了犯罪的共通性理论。

犯罪的共通性理论明确了犯罪是一行为事件，而犯罪性是一个人的特性。研究犯罪性告诉我们哪些人较有可能犯罪，研究犯罪则告诉我们在何种情况下，犯罪倾向较有可能转化为犯罪行为。高佛森和赫希认为，他们的理论主要适合于普通犯罪，包括盗窃、夜盗、抢劫、杀人、盗窃汽车、强奸、贪污、吸毒和酗酒、过失事故等。

（二）低自我控制

犯罪性或犯罪倾向的最大特征在于低自我控制，人性并无所谓的善恶，只是追寻自我利益，或不损害自我的利益，故人非道德的动物。在一般的社会控制下，人性能倾向于守法。但在儿童时期若未受到良好的社会化，则易产生低自我控制。孩童时期的不当行为和青少年及成年犯罪有千丝万缕的联系，而这种联系是由自我控制因素决定的。自我控制是个体社会化的结果，是由家庭和学校所决定。由于自我控制早在童年期就已定型，因而就特定个体而言，其不当行为从儿童时期到老年都是恒定的。个体之间自我控制水平的差别决定了个体在不同的年龄阶段犯罪频率是不同的。

1. 低自我控制的特征

（1）享乐性。追求即时享乐，欲望立即满足。犯罪行为为其提供了直接的欲望满足。低自我控制者的主要特征是倾向于在直接的环境中对具体的刺激作出反应，有一种具体的"此地此时"取向。反之，高自我控制者则倾向于延后满足。犯罪牵涉到追求直接的快乐。所以，低自我控制者倾向于追求直接的快乐，包括非犯罪的行为，如抽烟、喝酒、嗑药、赌博、婚外生育、不法的性行为等。

（2）简单性。缺乏勤奋、执着和坚毅，行为简单或容易。

（3）冒险性。以喜欢冒险和刺激追求为取向，如危险、速度等。犯罪行为是刺激性的、有风险的、令人兴奋的，它会牵涉到偷偷做、危险、速度、轻快、欺骗、权力等。缺少自我控制的人因此会倾向要冒险、活动性与身体性，而有高自我控制的人则倾向谨慎、知性、口语的。

（4）短视性。欠缺稳定，缺乏技术和远见，尤其是学术和认知技术的缺乏，如不稳定的婚姻、友谊和工作（不稳定的人际关系）等。犯罪只能提供很少的长期利益，它们与工作或志业不能等量齐观，相反犯罪会干扰对工作、婚姻、家庭或朋友的长期投入。所以，低自我控制的人容易有不稳定的婚姻、友谊与工作，他们对于长期职业的追求比较没有兴趣或缺少准备。

（5）漠视性。感觉迟钝，较为自我中心取向、漠视他人，对他人意见较具漠视性。犯罪常导致受害者的痛苦或不适，如身体受伤、财产损失、隐私被侵犯、信任被破坏等。所以，低自我控制者常是自我中心的、漠不关心的、对别人的痛苦与需求不敏感的。不过，他们未必总是不仁慈的或反社会的，他们可能还会发现魅力与慷慨有直接而轻易的报酬。

（6）力量性。挫折容忍力低，口头表达能力差，具有用身体解决问题的倾向，以"力量"而非"协调沟通"解决问题。

总之，低自我控制者较常是冲动的、不敏感的、身体的、冒风险的、短视的。因此，他们常会涉入犯罪或相近的行为中。犯罪者的最大特征是缺乏未来取向，较易当下主义，是享乐取向者。犯罪行为较吸引低自我控制的人，是因为这些行为提供简单立即的欲望满足。但犯罪并非低自我控制必然的结果，与低自我控制相关的特性可说均是由缺乏教养和训练产生。同时个人的差异可以影响自我控制的程度，但有效的社会化总是不可缺乏的，因此家庭和育儿技术的不健全及缺陷是低自我控制最大的来源。

2. 低自我控制的原因

低自我控制并非由于训练、监护或社会化所造成。事实上，低自我控制的相关特征都显示他们缺乏照顾、纪律与训练。低自我控制的原因都是负向的，没有努力去创造，自我控制是不可能的。

3. 问题行为症候群

犯罪仅仅是犯罪性的多种可能表现方式中的一种。作为一种个人倾向，犯罪性可能导致犯罪行为的实施，也可能导致高速驾车与事故、抽烟酗酒、吸毒、在学校或工作中拖拉、懒惰、文身或男女乱交行为，还可能导致赌博、驾车兜风等。犯罪倾向与犯罪的发生之间，可能存在一对一的一致性。但是，高佛森和赫希认为，这是错误的假设，某种潜在的倾向会引起多种相关的行为；在那些由犯罪性引起的犯罪行为、使用毒品、吸烟、引起事故和赌博等行为之间，存在着很高的相关性。他们提出，预测个体犯罪的最直接和最有力的变量是个体的犯罪历史，尤其是儿童时期的问题行为，如大声喊叫、推搡他人、顶嘴等不礼貌的行为及在学校糟糕的成绩等。

犯罪行为和意外事故行为及各种问题行为的关联现象，学者称为问题行为症候群。

高佛森和赫希认为可能所有的偏差行为或问题行为均由相同的一个原因所产生，低自我控制者，不仅犯罪和偏差行为的可能性较高，其他相类似的各种意外事故的可能性也较高。自我控制愈高者，问题行为愈少；自我控制愈低者，问题行为将愈多，存在如心理病态性格者之临床症状，包括缺少同情心及责任感、病态说谎、易无聊追求刺激、冲动、无责任感、缺乏长远目标、偏差行为、人际问题等。

意外事故的共通性理论与犯罪的共通性理论相似，其假设均认为人类行为是追求短暂立即的快乐所引发的。事故、犯罪及偏差行为都是不注意或不太考虑行为的长期后果，从而发生危险的活动形态。而且兴奋、危险或刺激的活动，总是比例行、无害、乏味的活动更为快乐。例如，急速及大胆地驾驶比慢慢开车更令人有立即的愉快。而且一般意外事故的相关因素，似与犯罪的相关因素并无二致。

（三）犯罪原因解释

以社会控制理论为基础，并综合其他理论说明犯罪的潜在特质因素。

1. 犯罪性

犯罪是因为犯罪性特别是低自我控制所致。犯罪性是行为人追寻短暂、立即的享乐，而无视长远后果的犯罪倾向，是不同的个人在从事犯罪行为或其他行为上的差异。低自我控制即行为人缺乏自我抑制、冲动、不稳定等性格特质。

2. 犯罪发生

犯罪性加上日常活动理论才能发生犯罪。低自我控制特质只是具有一种犯罪性，不必然犯罪，需配合日常活动理论，即环境是否提供适当机会而定。犯罪是以诈欺或力量追寻个人自我利益的行为，其发生必须要有活动、机会、被害者和财物等特殊的条件，且为追求短暂利益。

三、犯罪的合成理论

（一）概述

1979—1985 年，美国学者埃利奥特等人结合紧张理论、社会控制理论与社会学习理论，提出犯罪的合成理论，用来解释青少年犯罪和吸毒。他们认为，不同的青少年和青少年群体有不同的目标，青少年犯罪和吸毒等行为是他们对无法实现自己目标的挫折状态的行为反应。埃利奥特等采用了两大步骤整合理论：第一步是将紧张理论和社会控制理论加以整合，第二步是将整合过的紧张/社会控制理论与社会学习理论进一步整合。

埃利奥特等人认为，紧张理论能为他们的整合模式提供前置变量。紧张理论假设，青少年犯罪是对社会压力的一种反应，这种压力产生于在达到社会期望的目标如地位、财富、权力等的过程中实际的或想象的失败。社会控制理论则认为，个人与主流社会的凝聚程度与其参与青少年犯罪活动的概率成反比，凝聚度的高低由家庭社会化以及社区组织解体状况决定。埃利奥特等人认为，凝聚度的高低也受到社会压力的影响。青少年犯罪的可能性与压力及社会控制两者均相关。压力增大、社会控制降低时，青少年犯罪的可能性最高。

为了更好地预测和解释青少年犯罪，埃利奥特等人进一步将社会学习理论的思想融入他们的理论模式中。根据社会学习理论，青少年犯罪是权衡与社会化过程中遵从和越轨行为相关的奖惩的结果。在青少年的早期，未成年人主要从家庭、学校和同伴那里接受奖惩。一般而言，家庭和学校鼓励主流社会价值或守法行为。同伴则不同，他们可能奖励守法行为，也可能支持违法或越轨行为，同伴更可能通过奖惩加强越轨行为。

埃利奥特等人的犯罪的合成理论可以用图 8-2 表示。

（二）犯罪原因解释

埃利奥特等人认为，根据社会学习理论，与越轨青少年群体的接触是导致青少年越轨或违法的主要因素。在他们看来，犯罪形成的过程可归纳为：因期望落差，造成紧张（紧张理论），若传统的控制力弱（社会控制理论），再加以亚文化的强化（亚文化理论），综合上述因素就易产生犯罪。

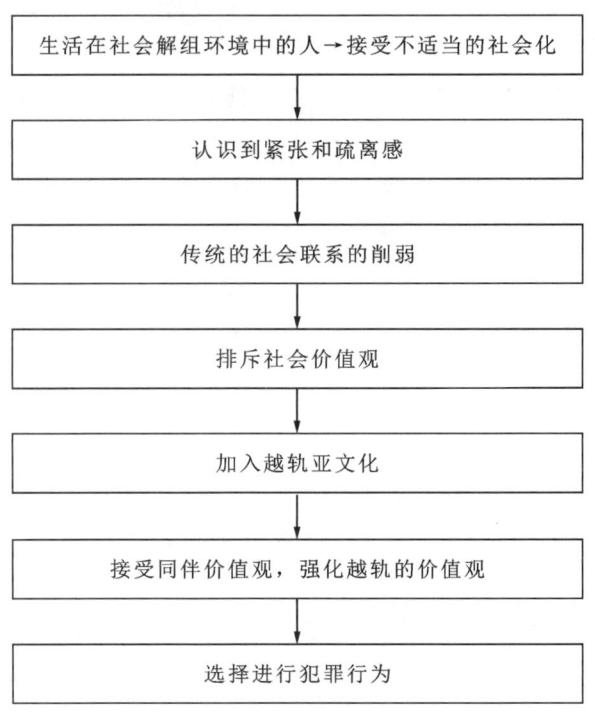

生活在社会解组环境中的人→接受不适当的社会化

认识到紧张和疏离感

传统的社会联系的削弱

排斥社会价值观

加入越轨亚文化

接受同伴价值观，强化越轨的价值观

选择进行犯罪行为

图 8-2　犯罪的合成理论

　　根据埃利奥特等人的观点，在解组的邻里社区生活中，人们会感到绝望，难以取得进步，甚至可能卷入轻微犯罪中，这些都会最终削弱传统的社会价值观，削弱对教育的关注、对家庭关系的关注和对社会秩序的尊重。在这种条件下，一个越轨的青少年同辈群体就会变成一个可以接受的传统群体的替代者，从而会强化和支持进行少年犯罪的态度和技能。结果便是，早期的青少年犯罪经历就变成了一种生活方式。

四、风险树理论

（一）概述

　　风险树理论也称危机树理论，由怀特教授等于 1998 年提出。该理论以树的各个部分来类比和分析影响青少年发展的各种因素及可能出现的结果等，即将青少年比作树的果实和花朵，以土壤、树根、树干、树枝等代表不同层面的影响因素，是一种因果关系描述。犯罪代表一种风险，由一系列的风险因素连锁而成，一个问题若不及时解决可能会引发另一个问题。相关因素包括：

　　（1）社会环境。如同土壤孕育种子，有害的社会环境是造成犯罪的温床，影响个体的健康成长和发展。

（2）家庭与学校。如同树根，它们是学习与文化传递的重要支柱，是个体在青少年时期重要的基础因素，并且伴随着个体的成长，对个体发展起到关键的支撑和影响作用。家庭失调、学校教育不当，就可能会造成偏差少年。

（3）个人特质。如同树干，是个人的素质因素。由高风险和低风险的行为与态度构成，代表个体自身对他人和自己的行为及态度等核心要素。个人特质风险因素可能是生理的缺陷，也可能是心理异常。

（4）适应行为。如同树枝有向旋光性，代表对社会适应不良、社交技能差、缺乏朋友、辍学、药物滥用等具体的高风险类别或问题行为的树枝，是树干所代表的核心要素的具体表现和延伸。若上述功能不佳，自然易趋向偏差团体。

（5）行为结果。如同长叶、开花、结果。代表青少年个体，根据成长环境和自身发展状况，可能表现为健康成长、受到一定伤害或处于不良状态等不同结果。

（二）犯罪原因解释

（1）土壤：社会环境因素（紧张理论）。
（2）树根：家庭与学校（社会控制理论）。
（3）树干：个人特质（低自我控制论）。
（4）树枝：适应行为（不同交往理论）。
（5）树叶、花朵、果实：危机少年（犯罪区位理论）。

五、犯罪的生命历程理论

（一）概述

传统的犯罪学通常以一个横断面来展开罪因的分析，探讨某种社会结构或社会化机制下的犯罪形成。一般的操作是截取特定时间点或某一时间段的犯罪情况进行研究，发现某些区域的犯罪率较其他地方高，或缺乏社会控制的未成年人更容易犯罪。显然这是静态的理论研究，主要讨论不同的人之间或者不同的阶层之间在犯罪形成上的差异，但这仍无法解释犯罪人自身的犯罪历程变化情况。生命历程理论则主要关注个人随着时间和空间的转换在犯罪形成或犯罪持续上的差异。

生命历程理论来自芝加哥学派对移民的研究，侧重于研究剧烈的社会变迁对个人生活与发展的显著影响，将个体的生命历程看作是更大的社会力量和社会结构的产物。美国社会学教授埃尔德是该理论的领军人物。生命历程即人生不同年龄段的道路，是指在人的一生中随着时间变化而出现的，受到文化和社会变迁影响的逐级年龄角色和生命事件序列；是人在一生中经历各种事件的过程，且这些事件的顺序是按年龄层级排列的，并与社会历史发展息息相关。生命历程理论的基本分析范式，是将个体、社会、历史三个层面结合起来，认为个体的生命历程是一个由多个生命事件构成的序列。同样一组生命事件，若排序不同，对一个人人生的影响也会截然不同。生命历程由两部分组成：一是发展轨迹，由一系列相对稳定、较为平滑、沿着一定轨迹和方向发展的生活状态组成；二是转折点，这些转折点把不同的生活状态连接在一起。轨迹和变迁是目前生命历程范式中基本的分析主题，它们相互作用就产生了生命历程中的转折点，而转折点有可能改变生命轨迹的方向。

可将生命历程理论理解为一种延续的动态过程与转折生命事件的组合，人在每一阶段建立的关系和行为方式将会影响甚至决定他们未来的生活。当把所有的事件和角色整合在一起的时候，就是人一生的真实经历。例如这样一组典型的生命事件：上学→就业→结婚。未成年人应该学会遵守各种社会规则和了解功能的有效性；当他们步入青年时期，应该顺利地完成学业、获得技能，然后找到一份稳定的工作，渐渐地，他们会离开原有的父母家庭，找到自己的伴侣，组成自己的核心家庭。了解社会、完成学业、找到工作、建立家庭等这些关键性生命事件被期待在某些合适的时间点发生，如果一些关键性转折点受到破坏或不适时出现，会导致生命事件发生混乱，增加人生轨迹走向偏离的可能。比如，应该在完成学业的阶段，却意外怀孕，过早结婚生子，就会缺乏未来寻求一份稳定工作的技能，不能找到稳定的工作，其生活质量也不会过高，有可能采取其他非法手段谋生。来自美国的实证研究表明，这一时期出现的问题行为更有可能持续到成人时期，并出现暴力的偏差行为。

犯罪的生命历程理论始于 20 世纪 20 年代纵向研究及经验性研究。20 世纪 60 年代以来，随着同期群效应、年龄级生命模式、犯罪生涯、犯罪参与和犯罪终止等核心概念的确立，生命历程理论得以形成并迅速发展。如今，生命历程理论已成为现代犯罪学的主流典型理论。生命历程理论融合了犯罪社会学理论的合理成分，也兼容了犯罪心理学、犯罪生物学等的思想与方法，将纵向的个人层面的动态数据以及对这些数据的微观分析，嵌入到其所经历的宏观或中观等多层次社会运行模式的历史过程中。最具建树的犯罪的生命历程理论家主要有格卢克夫妇、桑普森、劳布等。

犯罪的生命历程理论强调犯罪人于时间上的变化，认为犯罪行为会随年龄改变，而非固定不变。许多在儿童期出现反社会行为的人长大以后并没有继续产生偏离行为，而且成人犯罪中的大多数人也没有少年犯罪的历史。这说明在人的一生中会发生很大的变化，犯罪的连续性特征仅仅是反社会行为的偏态分布。该理论假定对于不同年龄阶段的犯罪人来说，不同因素将产生不同的结果，犯罪数据事实上表明反社会行为这一因变量与年龄这一自变量之间呈负向关系。试图通过年龄与犯罪曲线图的实证分析来建构个体之所以犯罪的生活经历图景。在实证调查中得出以下三点结论：一是所有反社会行为均集中于青少年晚期；二是反社会行为与个体年龄之间在个体方面、同伴方面、历史方面或文化差异方面并不存在任何实质的差异；三是随着年龄的增长，个体所有反社会行为在其整个生活历程中均直线或连续下降。在生命历程中，许多生活事件减少了成年越轨行为的产生，如进入工作、婚姻等状态，成年人与工作和家庭的联系越紧密，犯罪和越轨行为就会越少。

（二）犯罪原因解释

生命历程理论对犯罪原因的解释，主要有多元互动理论、逐级年龄理论、慢性犯罪理论等。

1. 多元互动理论

松贝利提出多元的因果关系结构，认为犯罪是多元因素互动而成，非可由单一原因解释。犯罪性格非固定不变，而是随着年龄的发展，受不同的因素互动影响。互动的因素为：

（1）父母与学校。青春期的初期，越依附于家庭与学校，就越不容易犯罪。

（2）同辈团体。青春期的中期，接触外面世界的时间多，故若接触非行团体的机会多，就容易为犯罪行为。

（3）传统价值。青春期的晚期，对于传统价值越坚持、对家庭越投入，就越不易投入犯罪。

2. 逐级年龄理论

在格卢克夫妇研究基础上，桑普森与劳布于1994年提出逐级年龄理论，以人的生命历程为视角，结合了控制理论与年龄的互动因素，用非正式社会控制纽带（社会资本）解释童年时期、青少年时期以及成年时期的违法犯罪行为。以往犯罪学上所有的有关社会控制的研究都集中在青少年或者官方正式的社会控制机制方面，如逮捕、监禁等，导致大多数的犯罪学研究都未能分析从儿童时期至成年时期的非正式社会控制过程。逐级年龄非正式社会控制理论系统地研究了所有年龄阶段的违法犯罪与非正式社会控制之间的关系，强调生命历程中各年龄阶段的非正式社会纽带的重要性，因此，儿童时期、青春期及成年时期的非正式社会控制构成了其核心。该理论的中心观点是：人生历程中的所有行为都具有稳定性和变动性，其中所发生的变动性整体上与成年时期的工作关系和家庭关系有关。较低的工作稳定性和薄弱的婚姻依恋程度增加了违法犯罪的可能性，而较高的工作稳定性和牢固的婚姻依恋程度则会减少违法犯罪的可能性。桑普森与劳布通过建立庞大数据群的方式型构了个体逐级年龄非正式社会控制理论模型。这一模型能够解释犯罪与儿童时期、青春期（一般指13~15岁的发育期）与成年时期的偏差行为之间的关系。他们发展了一种不同年龄层次的非正式社会控制理论来解释儿童时期的反社会行为、少年时期的违法行为以及成年早期的犯罪行为。根据该理论，个人连接社会的纽带减弱时，个体越可能实施犯罪；此显然不同于格卢克夫妇对于个体心理动力因素的强调，也有别于传统犯罪学对于贫穷与法律制裁的关注。该理论核心内容有三个要点。

（1）以家庭和学校非正式社会控制为媒介的社会结构环境来解释儿童时期与青春期的违法行为。家庭和学校能够调整个体的结构性背景因素。性别、年龄、种族等结构变项，可以透过家庭和学校的中介作用，来解释儿童时期和青春期的偏差行为。结构变项对犯罪及偏差行为有间接作用，决定因素则在于是否依附家庭与学校这些非正式社会控制因素。互动型连续的一个例子是，一个大发脾气的孩子有可能诱发老师和父母也对他大发脾气，这又进一步诱发了孩子的反社会行为。

（2）各个不同人生阶段中，反社会行为都具有很强的稳定性、连贯性。儿童时期的反社会行为，可以不同的形态而延续至成人时期，年龄较长，则较依附于工作、配偶、小孩、朋友。但也不能把反社会行为的稳定性、连贯性作为普遍性规则。

（3）除了儿童时期的倾向外，成年时期的家庭、工作等非正式社会控制纽带可以解释人在不同人生阶段的犯罪性的变化。即成年时期的社会键强，则犯罪率低，反之则犯罪率高，行为有其改变性。成年时期的工作与婚姻越是稳定，犯罪与偏差行为的可能性就越低。

此理论等于是将控制论加上时间的思考，即控制论所提供的控制因素，并不区分年龄而有不同。从儿童时期的反社会行为和青春期的偏差行为，至成年时期的犯罪行为，其联结点是弱社会键，而成年时期的重要生命事件和社会化经验可以在某种程度上抵消早期不良生命经验的影响。桑普森与劳布从非正式社会控制视角建立一种年龄级别的整体发展犯罪理论。他们认为，由于儿童时期的犯罪行为削弱了社会控制的联结纽带，儿童时期的犯罪行为与其他各种形式的反社会行为通过不同生活领域的转换，最终将导致成年时期诸种不良行为，如犯罪、经济依赖以及婚姻破碎等。在一个人不同的生命阶段，社会群体和社会机构起到了不同程度的控制作用。例如，童年时期的家庭、少年时期的学校、青年时期的伙伴团体、成人阶段的婚姻和工作等，都在不同生命阶段对个体起到重要的控制作用。成年时期的工作稳定与婚姻同犯罪的变化有着极为密切的联系。对于成年人而言，成年时期发生的某些事件，如参军、恋爱、结婚等，都可能成为生活中的转折点，甚至改变长期犯罪人的生活轨迹。但是，以婚姻为例，这一生活事件本身并不能增加社会控制，只有通过婚姻所体现出的亲密的家庭关系才能增加社会联结，从而减少生命历程中越轨行为的出现。同样的道理，工作本身并不能增加社会控制，而工作所带来的对工作的责任、义务和忠诚感增加了社会的凝聚力，从而有助于减少犯罪行为。

3. 慢性犯罪理论

少年时犯罪的，成年后仍有部分持续犯罪；少年时未犯罪的，只有极少数犯罪。此一持续犯罪的少部分人，称为慢性犯罪人（习惯性犯罪人）。这解释了大部分的犯罪行为。该理论是由渥夫冈和费洛库提于 1945 年，通过同生群之偏差行为研究得出的结论。

通过同生群之偏差行为研究，也称同生群纵贯性研究。渥夫冈和费洛库提利用官方犯罪统计，对宾州费城的青少年进行了广泛的追踪研究。他们选择 1945 年出生于费城当地的小孩（同生群）共 9945 名，作为研究样本，追踪研究这群样本 18 年（也就是研究到小孩成长至 18 岁）。结果他们发现，样本中 6％的少年，犯罪数量却占一半。又追踪研究这群样本到 30 岁，发现了慢性犯罪人。慢性犯罪人矫治无效，宜采用"选择性长期监禁",以达到防卫社会安全的目的。另外,渥夫冈和费洛库提又提出暴力亚文化理论,他们认为,下阶层存在着一种暴力亚文化,尤其是青少年,学习以暴力解决问题,使用暴力不会有罪恶感,而且会获得称许与敬重。

学习项目3 多元整合理论的犯罪预防方式

控制犯罪的发生是一项系统工程,要想取得长远的效果必须从消除引起犯罪的原因入手,从而消除潜在犯罪人的犯罪动机,使其不愿实施犯罪。但从短期看,消除引起犯罪的机会比消除犯罪人的犯罪动机要容易得多。尤其是针对数量众多的街头犯罪来说,其发生的原因有时是很难探究的,或许只是因为一时好奇。防控这类犯罪的发生,也只能从消除诱使犯罪发生的条件入手。从消除犯罪原因到整治犯罪条件的转向实际就是从消除犯罪动机到消除犯罪机会的转向。对于犯罪生成,我们可以这样理解:人在内外环境作用影响下,形成了犯罪倾向(犯罪性),成为潜在犯罪人,因果决定论所研究的主体内外环境结构是产生犯罪行为的根本性决定因素;但有犯罪倾向并不一定有犯罪,从犯罪动机到犯罪行为还有一个形成犯罪决意和具体行为的决策过程,自由意志论所研究的主体理性抉择原则是产生犯罪行为的控制性主导因素。没有环境原因,就不会产生潜在犯罪人;没有自主选择,也不会生成具体犯罪行为。可见,犯罪行为的生成是由环境决定、主体调控的辩证统一过程,因应对策也要基于对犯罪生成原因的多元整合分析,综合施治。

一、犯罪预防的综合治理模式

对犯罪和社会治安问题进行综合治理是当今国际社会预防犯罪、维护社会治安的一个总趋势。比利时、英国、荷兰、新加坡等很多国家都有综合预防犯罪的计划、具体的措施和理论研究。我国的社会治安综合治理也是典型的综合治理模式。在我国,社会治安综合治理是指在党委、政府统一领导下,以政法机关为骨干,依靠人民群众和社会各方面的力量,分工合作,综合运用政治的、经济的、行政的、法律的、文化的、教育的、技术的等多种手段,从根本上预防和治理违法犯罪,化解不安定因素,着力建设平安中国,确保人民安居乐业、社会安定有序、国家长治久安的系统工作。它很准确地表述了社会治安综合治理的直接目的和间接目的、采取的手段和组织形式。综合治理的要害和核心、优势和难点均在于"综合"二字。如何综合、综合到什么程度、综合中各因素应处于何种点位上、如何才能达到综合为治的目的,这些都是摆在我国社会治安综合治理研究面前的重大课题。

中国社会治安综合治理的"综合"主要表现在几个方面:

（1）力量的综合。社会治安综合治理的主旨，是组织动员社会的力量，共同解决社会治安问题，其力量之众、力量之大是任何单一部门所无法比拟的。

（2）手段的综合。社会治安综合治理的手段多种多样，包括政治的、经济的、行政的、法律的、文化的、教育的、技术的等，可以说只要有利于维护社会治安，可以采用能够采用的一切手段。

（3）客体的综合。即不能只对准部分治安问题、某些危险性因素和少数有违法犯罪倾向的人，而是要对全国整个社会治安、所有不安定因素和危险因素，进行全面的综合分析和估量，作出总体规划，制定整体预案，分层次、有步骤地组织实施。

（4）目的和效果的综合。也就是以反馈形式综合考评综合治理的效果，落实责任制，进行督促检查，并始终从社会稳定、国家安全的战略高度去考察综合治理的目的和效果的达成程度。

💡 思政园地

坚持和完善新时代"枫桥经验"

枫桥经验，是指20世纪60年代初，浙江省诸暨县（现诸暨市）枫桥镇干部群众创造的"发动和依靠群众，坚持矛盾不上交，就地解决，实现捕人少、治安好"的经验。它是中国社会治安综合治理的一面旗帜。1963年，毛泽东批示"要各地仿效，经过试点，推广去做"。

2013年10月，习近平总书记专门为纪念毛泽东同志批示"枫桥经验"50周年大会作出重要指示，强调"各级党委和政府要充分认识'枫桥经验'的重大意义，发扬优良作风，适应时代要求，创新群众工作方法，善于运用法治思维和法治方式解决涉及群众切身利益的矛盾和问题，把'枫桥经验'坚持好、发展好，把党的群众路线坚持好、贯彻好"。2023年3月，习近平总书记再次强调，要坚持和发展新时代"枫桥经验"，完善正确处理新形势下人民内部矛盾机制，及时把矛盾纠纷化解在基层、化解在萌芽状态。2019年以来，"枫桥经验"陆续被写入《中国共产党农村基层组织工作条例》、《为人民谋幸福：新中国人权事业发展70年》白皮书，写入党的十九届四中全会决定，特别是写入了党的二十大报告。

新时代"枫桥经验"是习近平新时代中国特色社会主义思想在社会治理领域的生动实践，是实践探索和理论创新的统一。新时代坚持和发展"枫桥经验"，就是要始终践行党的群众路线，依靠群众就地化解矛盾，推动健全党委领导、政府负责、社会协同、公众参与、法治保障的基层社会治理体系。同时还融入了法治元素，以自治、法治、德治、智治融合为基本方法，以多元共治为基本格局，有效整合实现全过程人民民主所必需的各方力量，为中国式现代化建设创造安全稳定的社会环境。

毛泽东思想催生了"枫桥经验"，习近平新时代中国特色社会主义思想孕育了新时代"枫桥经验"。党的领导是坚持和发展新时代"枫桥经验"的根本保证，人民至上是新时代"枫桥经验"的价值追求，推进更高水平的平安建设是新时代"枫桥经验"的目标任务，共建共治共享是新时代"枫桥经验"的重大原则，源头治理是新时代"枫桥经验"的工作路径，系统治理是新时代"枫桥经验"的基本方法。

二、主要策略方法

中共中央、国务院于 1991 年 2 月 19 日作出了《关于加强社会治安综合治理的决定》，这是中央首次以综合治理为主题向全国发出的正式文件。同年 3 月 2 日，第七届全国人民代表大会常务委员会第十八次会议通过了《关于加强社会治安综合治理的决定》，将社会治安综合治理的有关问题用法律形式固定下来。

（一）社会治安综合治理的范围程序

坚持"打防结合、预防为主，专群结合、依靠群众"的方针，围绕打击、防范、教育、管理、建设、改造六个方面展开。这六个方面既体现了我国社会治安综合治理的系统性、全面性，囊括了治理和预防犯罪的工作范围，同时也反映了综合治理的程序性、逻辑性。

1. 打击

这是社会治安综合治理的首要环节，也是落实社会治安综合治理其他措施的前提条件。通过长期坚持依法从重从快严厉打击严重刑事犯罪活动的方针，运用打击的手段震慑犯罪分子。对于那些严重危害社会治安的杀人、强奸、爆炸、抢劫、贩毒、拐卖妇女儿童等犯罪及严重破坏社会主义经济秩序的经济犯罪，依法从重从快惩处。

2. 防范

这是减少各种违法犯罪活动和维护社会治安秩序的积极措施。通过发动群众建立起各种形式的群防群治组织，落实治安责任制，建立健全各项规章制度，不断提高自防自卫的能力。加强思想政治工作，广泛发动和组织群众，大力疏导调解社会各种矛盾和民间纠纷，消除不安定因素和安全隐患，积极采取人防、物防和技防等各种防范措施，有效控制和逐步消除犯罪产生的土壤和条件。

3. 教育

这是维护社会治安的战略性措施。通过对全体社会成员进行全方位、多层次的思想教育、文化教育和法制教育，尤其是加强对青少年的教育，可以提高全体公民的素质，特别是增强公民的道德观念和法制观念。要根据青少年的特点，开展各种喜闻乐见、寓教于乐的思想教育活动，培养青少年高尚的情操，提高辨别是非的能力，增强自身的免疫力。

4. 管理

这是堵塞犯罪漏洞、减少社会治安问题、建立良好社会秩序的重要手段。通过加强对重点人员和重点部门要害部位的管理，落实责任，明确措施。加强各方面的行政管理工作，如对流动人口的管理，对特种行业和特殊场所的管理，对文化市场和出版、音像市场的管理，对集贸市场、金库、重要物资仓库等易发案的要害部位的管理，等等。

5. 建设

这是落实综合治理的关键。通过加强基层组织建设和制度建设，层层建立社会治安综合治理组织机构，把基层组织建设作为重点，推行各种形式的综合治理目标责任制和领导干部责任制，加快制定和完善综合治理的法律法规，使综合治理各项工作做到有法可依，有章可循。基层组织建设指城乡特别是村级基层组织的建设，主要是为了确保综合治理的各项措施能落实到每个基层群众。制度建设是指建立健全各种安全防范制度（如社会治安综合治理责任制），制定和完善综合治理的法律法规，将其纳入法治化轨道。

6. 改造

这是教育人，挽救人，防止重新犯罪的特殊预防工作。通过积极做好刑释、解教人员的帮教和就业安置，采取多种渠道为他们解决生活出路问题，以利于对他们的改造和帮教，减少重新违法犯罪的可能性。监狱、社区矫正机关要加强对犯罪人员的教育改造，社会各个部门要积极配合。

💡 思政园地

习近平：一体推进不敢腐、不能腐、不想腐

党的十八大以来，党中央坚持一体推进"三不腐"，对腐败犯罪综合施治。不敢腐、不能腐、不想腐是相互依存、相互促进的有机整体，"不敢"是前提，"不能"是关键，"不想"是根本，必须打通内在联系，增强总体效果。习近平总书记多次论述一体推进不敢腐、不能腐、不想腐，为全面打赢反腐败犯罪斗争攻坚战、持久战指明了方向，提供了遵循。

2020年1月13日，习近平总书记在十九届中央纪委四次全会上的讲话指出："一体推进不敢腐、不能腐、不想腐，不仅是反腐败斗争的基本方针，也是新时代全面从严治党的重要方略。不敢腐、不能腐、不想腐是相互依存、相互促进的有机整体，必须统筹联动，增强总体效果。"

2022年6月17日，习近平总书记在十九届中央政治局第四十次集体学习时的讲话中强调："从治标入手，把治本寓于治标之中，让党员干部因敬畏而'不敢'、因制度而'不能'、因觉悟而'不想'。"还同时指出，"一体推进不敢腐、不能腐、不想腐，必须三者同时发力、同向发力、综合发力，把不敢腐的强大震慑效能、不能腐的刚性制度约束、不想腐的思想教育优势融于一体，用'全周期管理'方式，推动各项措施在政策取向上相互配合、在实施过程中相互促进、在工作成效上相得益彰"。

2023年1月9日，习近平总书记在第二十届中央纪律检查委员会第二次全体会议上的讲话中指出："要把不敢腐、不能腐、不想腐有效贯通起来，三者同时发力、同向发力、综合发力，把不敢腐的震慑力、不能腐的约束力、不想腐的感召力结合起来。"

2024年1月8日，习近平总书记在第二十届中央纪律检查委员会第三次全体会议上强调："坚持一体推进不敢腐、不能腐、不想腐，深化标本兼治、系统施治，不断拓展反腐败斗争深度广度，对症下药、精准施治、多措并举，让反复发作的老问题逐渐减少，让新出现的问题难以蔓延，推动防范和治理腐败问题常态化、长效化。"

（二） 社会治安综合治理的实施原则

1. 打防并举，标本兼治，重在治本的原则

打防并举，标本兼治，就是要求将打击和预防有机结合起来，协调起来，要两手抓，两手都要硬。既要严厉惩处各种严重的刑事犯罪，又要注意控制和消除犯罪赖以滋生的土壤和条件，从根本上控制和减少犯罪。

重在治本，就是要求人们深入探究违法犯罪的原因之所在，注意从"病因""源头"入手治理犯罪，不能就事论事。如果不从根本上控制和消除犯罪的原因，只靠打击这一手，则打不胜打。

2. 谁主管谁负责的原则

这一原则旨在明确社会治安综合治理的工作职责，构建党委领导、政府主导、综治协调、各部门齐抓共管、社会力量积极参与的社会治安综合治理工作格局。要求每个部门和单位都把社会治安综合治理作为自己的分内之事。

根据社会治安综合治理的任务、要求和工作范围，主动找准自己的位置，明确本部门、本系统的职责，切实承担起共同维护社会治安的社会责任。同时，要保证这一原则得到落实，必须将它制度化、法律化，对各主管部门应负什么责任，怎么负责，不负责怎么办，均应制定法律、法规或者规章明确规定，做到有法可依、有章可循。

3. 属地管理原则

这是对"谁主管谁负责"原则的补充，旨在明确社会治安综合治理的领导职责及

职责协调关系，避免各行其是。要求社会治安综合治理将"抓系统、系统抓"同"条块结合，以块为主"有机结合起来。

有关部门下属的企事业单位，应当服从所在地党委和政府的统一领导，主管部门要积极配合地方党政组织，督促所属单位做好综合治理工作，消除条块分割、各自为政、无人负责的现象，保证社会治安综合治理的整体效益。属地管理原则有利于整合当地的各种资源，形成统一的治安治理力量，也便于群众参与和监督当地的社会治安综合治理工作，增强群众的归属感和责任感。

4. 专门机关工作与群众路线相结合原则

这一原则是我国社会治安综合治理工作的优良传统和成功经验。专门机关工作是指在社会治安综合治理中，公安机关、人民检察院、人民法院、司法行政机关等司法机关各司其职，发挥着核心的专业作用。这些专门机关拥有专业的法律知识、执法权力和技术手段，是维护社会治安的重要力量。

群众路线是指强调广大人民群众在社会治安综合治理中的主体地位。群众是社会治安问题的直接感受者，也是社会治安综合治理的重要参与者。居民可以通过提供线索协助警方破案、参与社区治安巡逻、开展邻里守望等活动来维护社区治安。同时，群众还可以对社会治安综合治理工作进行监督，提出意见和建议。

专门机关工作与群众路线相结合，可以充分发挥各自的优势，形成强大的治安治理合力。专门机关的工作如果没有群众的支持和配合，就会失去广泛的信息来源和社会基础；而群众参与社会治安综合治理如果没有专门机关的指导和法律保障，也难以发挥有效作用。

操作训练

本单元学习情境任务评析

可以运用犯罪的生命历程理论予以分析。

犯罪的生命历程理论为动态研究甘蒙系列强奸杀人犯罪的产生和变化提供了新的方法和理论视角。考察甘蒙系列强奸杀人案犯罪嫌疑人这一个体的成长和生活经历，可以看到：

（1）由于个体成长在一个贫困、多难的残缺家庭，个体的自我控制和社会对个体的控制都较弱，24岁的个体成为一个犯罪的"后期开始者"。

（2）初次实施犯罪行为后，个体的反社会人格障碍不断被强化，反社会行为带来的负面影响不断叠加，生活压力逐渐积累，个体具有了犯罪的累积持续性和现在持续性，希望通过犯罪来发泄其不良情绪、缓解其生活压力。

（3）持续犯罪14年之后，伴随着孩子的成功升学和顺利就业，重新建立的家庭依恋关系和社会联系对个体的犯罪行为起到了有力的控制作用，且伴随着生活品质的提升，个体的反社会人格障碍得到了自我康复，强烈的自我保护意识也迫使其主动放弃了犯罪。

可见，在人的生命历程中，家庭、学校、伙伴、工作等一系列环境、事件和互动关系都会对个体行为的持续和变迁产生重大影响，应当重视对个体生命不同时期的环境、事件和互动关系的研究，进而揭开个体犯罪行为持续和变迁之谜。

💡 思考练习

1. 菲利的犯罪三元论与李斯特的犯罪二元论有什么关系？
2. 犯罪的生命历程因素和潜在特质因素有什么异同？
3. 以社会疏离理论说明独生子女与犯罪的关系。
4. 举例说明什么是问题行为症候群。
5. 风险树理论是怎样解释犯罪原因的？
6. 简述社会治安综合治理的实施原则。

参 考 文 献

[1] 吴宗宪. 西方犯罪学 [M]. 2 版. 北京：法律出版社，2010.

[2] 康树华. 犯罪学通论 [M]. 北京：北京大学出版社，1996.

[3] 王牧. 新犯罪学 [M]. 北京：高等教育出版社，2005.

[4] 周路. 当代实证犯罪学新编——犯罪规律研究 [M]. 北京：人民法院出版社，2004.

[5] 肖剑鸣. 犯罪演化论——"入世"后犯罪形态演化的机制及其调控 [M]. 北京：北京大学出版社，2005.

[6] 许章润. 犯罪学 [M]. 4 版. 北京：法律出版社，2016.

[7] 曹立群，周愫娴. 犯罪学理论与实证 [M]. 北京：群众出版社，2007.

[8] 蔡德辉，杨士隆. 犯罪学（增订四）[M]. 台北：五南图书出版社，2006.

[9] 李伟. 犯罪学的基本范畴 [M]. 北京：北京大学出版社，2004.

[10] 白建军. 关系犯罪学 [M]. 北京：中国人民大学出版社，2005.

[11] 张绍彦. 犯罪学 [M]. 北京：社会科学文献出版社，2004.

[12] 莫洪宪. 犯罪学概论（修订本）[M]. 北京：中国检察出版社，2003.

[13] 宋浩波. 犯罪学原理 [M]. 北京：中国人民公安大学出版社，2001.

[14] 康树华. 犯罪学——历史·现状·未来 [M]. 北京：群众出版社，1998.

[15] 王智民. 当代国外犯罪学概论 [M]. 北京：中国人民公安大学出版社，1999.

[16] 邱国梁. 马克思主义犯罪学 [M]. 上海：上海社会科学院出版社，1998.

[17] 孔一. 犯罪学研究的实证主义范式——理论与方法 [M]. 北京：群众出版社，2007.

[18] 周密. 论证犯罪学 [M]. 北京：北京大学出版社，2005.

[19] 赵可，等. 一个被轻视的社会群体——犯罪被害人 [M]. 北京：群众出版社，2002.

[20] 陈兴良. 遗传与犯罪 [M]. 北京：群众出版社，1992.

[21] 郭建安. 美国犯罪学的几个基本问题 [M]. 北京：中国人民公安大学出版社，1992.

[22] 冯树梁. 中国预防犯罪方略 [M]. 北京：法律出版社，1994.

［23］康树华，赵可．国外青少年犯罪及其对策［M］．北京：北京大学出版社，1985．

［24］张甘林．犯罪学原论［M］．台北：汉林出版社，1986．

［25］阴家宝．新中国犯罪学研究综述（1945—1995）［M］．北京：中国民主与法制出版社，1997．

［26］刘广三．犯罪现象论［M］．北京：北京大学出版社，1996．

［27］于志刚．论犯罪的价值［M］．北京：北京大学出版社，2007．

［28］汪明亮．犯罪生成模式研究［M］．北京：北京大学出版社，2007．

［29］杨兴，谭涌涛．环境犯罪专论［M］．北京：知识产权出版社，2007．

［30］李锡海．文化与犯罪研究［M］．北京：中国人民公安大学出版社，2006．

［31］胡联合．转型与犯罪：中国转型期犯罪问题的实证研究［M］．北京：中共中央党校出版社，2006．

［32］曾赟，等．犯罪原因分析［M］．武汉：华中科技大学出版社，2010．

［33］张敏发，刘洪．犯罪学原理与实务［M］．北京：中国政法大学出版社，2015．

［34］张金武，刘念．犯罪学基础理论［M］．北京：社会科学文献出版社，2017．

［35］张远煌．犯罪学［M］．4版．北京：中国人民大学出版社，2020．

［36］刘志松，段知壮．唐代犯罪学学说丛论［M］．北京：中国政法大学出版社，2020．

［37］切萨雷·贝卡里亚．论犯罪与刑罚［M］．黄风，译．北京：北京大学出版社，2008．

［38］切萨雷·龙勃罗梭．犯罪人论［M］．黄风，译．北京：北京大学出版社，2011．

［39］恩里科·菲利．犯罪社会学［M］．郭建安，译．北京：中国人民公安大学出版社，2004．

［40］加罗法洛．犯罪学［M］．耿伟，王新，译．北京：中国大百科全书出版社，1996．

［41］汉斯·约阿希姆·施奈德．犯罪学［M］．吴鑫涛，马君玉，译．北京：中国人民公安大学出版社，1990．

［42］韦恩·莫里森．理论犯罪学：从现代到后现代［M］．刘仁文，等译．北京：法律出版社，2004．

［43］阿·伊·道尔戈娃．犯罪学［M］．赵可，等译．北京：群众出版社，2000．

［44］汉斯·约阿希姆·施奈德．国际范围内的被害人［M］．许章润，等译．北京：中国人民公安大学出版社，1992．

［45］菊田幸一．犯罪学［M］．海沫，等译．北京：群众出版社，1989．

［46］约翰·格拉海姆，特雷弗·白男德．欧美预防犯罪方略［M］．王大伟，译．北京：群众出版社，1998．

［47］谢尔盖·谢苗诺维奇·博斯霍洛夫. 刑事政策的基础［M］. 刘向文，译. 郑州：郑州大学出版社，2002.

［48］萨瑟兰. 白领犯罪［M］. 赵宝成，等译. 北京：中国大百科全书出版社，2007.

［49］迪·金·罗斯姆. 地理学的犯罪心理画像［M］. 李玫瑾，等译. 北京：中国人民公安大学出版社，2007.

［50］罗伯特·桑普森，约翰·劳布. 犯罪之形成——人生道路及其转折点［M］. 汪明亮，等译. 北京：北京大学出版社，2006.

［51］亚历克斯·皮盖蕊. 犯罪学理论手册［M］. 吴宗宪，等译. 北京：法律出版社，2019.

［52］戴维·亚瑟·琼斯. 天下·犯罪学的历史［M］. 郭建安，宋金莹，译. 北京：法律出版社，2019.

［53］阿·鲍·萨哈罗夫. 论苏联的犯罪人和犯罪原因［M］. 陈汉章，译. 北京：法律出版社，1964.

［54］库德里亚夫采夫. 违法行为的原因［M］. 韦政强，译. 北京：群众出版社，1982.

与本书配套的二维码资源使用说明

本书部分课程及与纸质教材配套数字资源以二维码链接的形式呈现。利用手机微信扫码成功后提示微信登录，授权后进入注册页面，填写注册信息。按照提示输入手机号码，点击获取手机验证码，稍等片刻收到 4 位数的验证码短信，在提示位置输入验证码成功，再设置密码，选择相应专业，点击"立即注册"，注册成功。（若手机已经注册，则在"注册"页面底部选择"已有账号，立即登录"，进入"账号绑定"页面，直接输入手机号和密码登录。）接着提示输入学习码，须刮开教材封底防伪涂层，输入 13 位学习码（正版图书拥有的一次性使用学习码），输入正确后提示绑定成功，即可查看二维码数字资源。手机第一次登录查看资源成功以后，再次使用二维码资源时，在微信端扫码即可登录进入查看。